立足当下，赢得未来
——大学生入学教育教程

主　编　孙建冬　张　昊
副主编　彭　莹

西北工業大學出版社
西　安

【内容简介】 本书以关爱、引导和服务大学新生为宗旨，以贴近大学生学习和生活为出发点，从大学新生学习、生活和修身三个维度对其进行入学教育引导，内容涵盖了大学新生进入大学、适应大学到融入大学的各个过程，有助于使其以积极的心态和进取的精神迎接新的人生阶段。

本书可作为大学新生入学教育的参考用书，也可供相关人员参考、阅读。

图书在版编目（CIP）数据

立足当下，赢得未来 ： 大学生入学教育教程 / 孙建冬，张昊主编. — 西安 ： 西北工业大学出版社，2022.8

ISBN 978-7-5612-8380-6

Ⅰ. ①立… Ⅱ. ①孙… ②张… Ⅲ. ①大学生－入学教育－高等学校－教材 Ⅳ. ①G645.5

中国版本图书馆 CIP 数据核字(2022)第 199951 号

LIZU DANGXIA YINGDE WEILAI——DAXUESHENG RUXUE JIAOYU JIOACHENG

立足当下，赢得未来——大学生入学教育教程

孙建冬　张　昊　主编

责任编辑：杨　倩　　**装帧设计：**许　康

责任校对：李　欣

出版发行：西北工业大学出版社

通信地址：西安市友谊西路 127 号　　邮编：710072

电　　话：(029) 88493844，88491757

网　　址：www.nwpup.com

印 刷 者：北京市兴怀印刷厂

开　　本：787 mm×1 092 mm　　1/16

印　　张：11.75

字　　数：290 千字

版　　次：2022 年 8 月第 1 版　　2022 年 8 月第 1 次印刷

书　　号：ISBN 978-7-5612-8380-6

定　　价：49.00 元

前言

作为人类精神的神圣殿堂，大学一直是知识创新的智慧库和人才成长的摇篮。一代代有志之士从大学走向社会，以自己的智慧和创造力，点燃文明的火炬，推动社会的进步，成为社会的栋梁，也成为莘莘学子效法的榜样。对于刚踏入大学校园的新生来说，这里既新奇，又陌生。面对新的环境，新的生活，能否尽早融入；面对新的学习挑战，能否应对自如；面对诸多诱惑，能否保持清醒；面对生理、心理不适，能否合理调整；面对未来，能否有明确的人生及职业规划，等等。这些都是每位新生需要直面的人生课题。

大学阶段是人生的重要阶段，大学生活是人生的美好时光，大学学习是人生最系统、资源最丰富的学习阶段，大学的能力锻炼、素质提升是人生的重要加油站。作为一名大学新生，应当清醒地认识到：大学是放飞梦想、追求理想的净土，但不是想象中的“乐园”；大学可以为学生搭建展示才华的舞台，但大学不是你安身立业的“保险箱”。

从进入校门的那一刻开始，大学生就渴望在大学校园这片沃土里演绎青春、张扬自我、展现个性；渴望学会做人和做事，学会学习和独立；渴望成为对自己、对父母、对他人、对祖国、对社会有担当的人。但现实中，有的同学虽然一路上带着对知识与成才的渴望，带着激情与梦想，但在毕业时，却仍然因为没能储备足够的知识、技能与能力而留下遗憾。究其原因，他们从跨入大学校门，在面对新的环境、新的人生旅程缺乏认识和心理准备，面对烦恼、问题和矛盾时，缺乏指导和相应的心理调试，因此无法沉下心来学习，不能适时的给自己的成长、发展重新正确定位，进而会否定自我信心和自我理想的否定，距离大学初心越来越远。

本书共分为五篇十二章，内容涵盖了走进大学、认识自我、坚定理想、专注学业、身心健康、人际交往、投身实践等诸多方面的内容，旨在帮助初入大学的青年学子以积极的心态和进取的精神迎接新的生活。其中，“适应篇”主要介绍了大学与中学的不同之处，帮助大学生适应环境和专业；“思想篇”主要介绍了正确的理想价值观，帮助大学生认识自我，坚定信念；“学业篇”主要介绍了大学阶段的学习和职业生涯规划的方法，分析了大学生职业生涯规划中的常见问题和应对策略，帮助大学生的学业和职业规划的顺利完成；“生活篇”主要介绍了大学生身心健康、人际交往、社交礼仪和理性上网的相关知识，帮助大学生身体和情感健康发展，获得正常、有益的社交圈，规避网络风险，以保证大学生的人格健康；“实践篇”主要介绍了校内外的实践活动，包括学生组织、党团组织、社团组织、勤工助学、毕业实习、志愿服务和各类竞赛活动，帮助大学生从理论走向实际，为大学生从校园走向社会作好铺垫和准备。

本书由孙建冬、张昊担任主编，由彭莹担任副主编。具体分工如下：孙建冬负责编写第一章至第五章，张昊负责编写第六章至第九章，彭莹负责编写第十章至第十二章。

本书在撰写过程中，参考并借鉴了众多专家学者的研究成果和观点，在此表示最诚挚的感谢！由于水平有限，疏漏不妥之处在所难免，敬请广大专家、同行和读者批评指正！

编　者

2022 年 4 月

目录

第一篇　适应篇：走进大学　扬帆起航 ……1

第一章　认识大学　了解高等教育 ……2
第一节　何为大学？ ……2
第二节　大学与中学的区别 ……7
第三节　高等职业院校的特色与优势 ……9
思考题 ……14
第二章　了解学校　开启大学生活 ……15
第一节　适应环境 ……15
第二节　了解专业 ……22
第三节　校情概览 ……23
思考题 ……27

第二篇　思想篇：坚定信念　立志高远 ……28

第三章　克己正身　崇尚美德 ……29
第一节　诚信立身 ……29
第二节　崇尚美德 ……32
思考题 ……39
第四章　认识自我　立志高远 ……40
第一节　自我认知 ……40
第二节　正确对待成败 ……50
第三节　坚持追求卓越 ……51
思考题 ……54

第三篇　学业篇：专注学业　着眼发展 ……55

第五章　专注学业　科学有效学习 ……56
第一节　转变角色，主动学习 ……56
第二节　掌握学习方法 ……58
第三节　培养学习习惯 ……61
思考题 ……69
第六章　着眼发展　规划职业生涯 ……70
第一节　职业生涯规划与人生发展 ……70
第二节　职业生涯规划的方法 ……72
思考题 ……76

第四篇　生活篇：修身立德　积极生活 …… 77
第七章　积极调适　享受健康生活 …… 78
第一节　大学生体育锻炼 …… 78
第二节　大学生心理健康 …… 86
第三节　大学生情感调适 …… 93
思考题 …… 106
第八章　学会交往　构建和谐交际 …… 107
第一节　大学生人际交往 …… 107
第二节　大学生人际交往技巧 …… 112
第三节　构建和谐的人际关系 …… 116
思考题 …… 126
第九章　学习礼仪　提升自身形象 …… 127
第一节　礼 仪 概 述 …… 127
第二节　大学生日常礼仪 …… 131
第三节　大学生社交礼仪 …… 140
第四节　大学生求职礼仪 …… 144
思考题 …… 146
第十章　理性上网　警惕网络陷阱 …… 147
第一节　大学生与网络 …… 147
第二节　健康消费，警惕网贷陷阱 …… 151
第三节　提高防范，预防网络诈骗 …… 154
第四节　适度上网，避免沉迷网络 …… 156
思考题 …… 158
第五篇　实践篇：积极实践　赢得未来 …… 159
第十一章　加入组织　参与组织活动 …… 160
第一节　加入学生组织 …… 160
第二节　加入社团组织 …… 163
思考题 …… 167
第十二章　投身实践　参与实践活动 …… 168
第一节　勤工助学活动 …… 168
第二节　毕业实习活动 …… 169
第三节　志愿服务活动 …… 172
第四节　各类竞赛活动 …… 178
思考题 …… 180
参考文献 …… 181

第一篇

适应篇：走进大学　扬帆起航

开学前夕，你可曾想过美妙的大学时光怎样度过？是泡在图书馆、实验室、博览群书徜徉在知识的海洋；是投身火热的校园活动，去行动去实践；是抓住这难得的时光，去寻觅、去追求，结交良师益友；亦或是理论联系实际，在社会实践中挑战自己……大学是人生的一个关键时点，同学们会遇到哪些问题，如何克服困难尽快适应，度过有意义的大学时光，值得每一位同学认真思考。

不负韶华，面对未来立鸿鹄志

对于高中生而言，象牙塔充满着神秘的梦幻色彩，中学阶段的奋斗目标非常明确，即一切围绕高考而拼搏。考入大学后，新的目标尚未确立，很容易出现目标的丢失和理想真空，使人缺乏方向感，无所适从。有的新生觉得高校管理不像中学那么直接和严格，不知自己该干什么、干什么好，不善于自主安排自己的生活和学习，一下子从高中时代如上弦箭般的紧张过渡到无拘束的生活，人就很容易变得慵懒。空虚茫然，是许多新生进大学后很常见的状态。

步入大学的校门，意味着成年的你要对自己的未来负责，要学会把握自己的方向，不轻易随波逐流。“为天地立心，为生民立命，为往圣继绝学，为万世开太平”是古代读书人的最高理想。同学来们也应该思考一下你的理想是什么？想想四年后的路应该怎样走？为自己树立一个目标。因为有目标才会有动力，有动力才会有行动，有行动才会有结果。

去探索、去追求、去感受

在交友方面，大学时代意气风发，正是建立友情的最佳时期。孔子曰：“益者三友，友直，友谅，友多闻，益矣。”同正直的人交朋友，同诚实的人交朋友，同见多识广的人交朋友们。同学们可以结交一些志同道合、兴趣相投的朋友，在求知路上、在人生旅途中，真诚相待，互相勉励，相互促进。

大学时光是一个不容忽视的关键时期，有人在这里厚积薄发，赢在起点；有人在这里无所事事，迷失自己。愿你掌握这份人生成长“秘笈”，不负美好的大学时光。衷心祝你前程似锦！

资料来源：刘京艳.怎样有意义的度过大学时光[E/OL].教育部阳光高考信息平台.（2013-10-9）[2022-8-10].https://gaokao.chsi.com.cn/gkxx/ksbd/202208/20220810/2209418449.html

第一章　认识大学　了解高等教育

经过十几年的寒窗苦读，承载着梦想，各位新同学跨进了大学的校门。在欢欣喜悦的同时，我们更应该思考几个问题：大学是什么？为什么要上大学？大学的学习和生活是怎样的？大学这几年，我们应该如何度过？

第一节　何为大学？

大学是人类文明发展到一定阶段的必然产物，从它诞生到现在，已有百余年的历史。最初，大学主要是在德国、英国等国家最早发展起来。西方的现代大学产生于19世纪初，是指启蒙运动以后、经过理性主义思潮改造、以德国的柏林大学为代表的新型大学。一般认为，1809年德国柏林大学的创立标志着现代意义上的大学的诞生。而中国近代大学的起源是北洋大学堂。1895年，中国在中日甲午战争中惨败后，变法之声顿起，此时天津中西学堂改办为北洋大学堂，这标志着中国近代第一所大学诞生。

一、大学的内涵

“大学”一词从拉丁语“universitas”派生而来，大致意思是“教师和学者的社区”。大学的教学层次通常分为两种类型，分别是研究生和本专科。其中，研究生包括硕士研究生和博士研究生两个层次，本专科分为本科和专科两个层次。大学的教学方式主要分为全日制和非全日制两种。关于大学的内涵，不同的学者有不同的说法。

杜德斯达说：“大学不仅仅是知识的加工厂，还是一个以传统经久不衰的价值观为基础的复杂的机构”“大学不仅是知识的守望者，也是价值观、传统和社会文化的守护神”“大学不只在于教育和发现，也在于向现存秩序发出挑战并促其改革”。约翰·亨利·纽曼说：“大学是一个传授普遍知识的地方，是通过一种伟大而平凡的手段去实现伟大目的的场所。”蔡元培先生说：“大学者，研究高深学问者也。大学者，囊括大典，网罗众家之学府也。”梅贻琦说：“就其所在地言之，大学俨然为一方教化之重镇，而就其声教所暨者言之，则充其极可以为国家文化之中心，可以为国际思潮交流与朝宗之汇点。”施莱尔马赫说：“真正的大学，即作为科学团体的大学，仅仅体现于哲学院中”。赫钦斯说：“现代大学好似一本百科全书。”雅斯贝尔斯说：“大学是研究和传授科学的殿堂，是教育新人成长的世界，是个体之间富有生命的交往，是学术勃发的世界。”

由此可见，大学泛指实施高等教育的学校，是一种功能独特的文化机构，是与社会的经济和政治机构既相互关联又鼎足而立的传承、研究、融合和创新高深学术的高等学府。大学是人类文化发展到一定阶段的产物，并在长期办学实践的基础上，经过历史的积淀、自身的努力和外部环境的影响，逐步形成了一种独特的大学文化。

拓展阅读

世界上最早的大学是意大利的博洛尼亚大学（University of Bologna），它成立于1088年，1158年皇帝弗德里克一世颁布法令，规定其不受任何权力的影响，作为研究场所享有独立性。早期的大学规模都不大，因此传授的知识也不全面，通常只有两大类：神学和写作，哲学和自然科学。这些内容通常混在一起，也没有不同学科一说。学生学习收获的多少，完全取决于老师的水平和教学方式，整体来说，大学的教学水平都不高。

同时期，在教会学校基础上成立的法国巴黎大学是当时世界上最好的大学，吸引了横穿英吉利海峡去求学的英国人。巴黎大学虽然如今并非名校，但它却因法国人的排外，派生出了牛津和剑桥这两所顶级学府。1167年英法关系恶化，很多英国学者被驱赶回了英国，于是这些学者就在伦敦郊外的小城牛津继续办学，牛津大学也成了英国第一所大学。剑桥大学实际上是从牛津大学脱离而出的，它的成立则和牛津的一次骚乱有关，1209年牛津的一位大学生和当地的一名妇女通奸，导致了大学生们和当地居民发生冲突，一部分学生和教授只好到不远处的剑桥开始办学。这也是为何在这两所学校在校务运作、学术声望、社会地位等多方面都如此相似，有着“牛剑”一称的原因。

资料来源：流浪的浪漫主义.大学的起源与近代大学[E/OL].（2021-07-08）[2022-04-08].https://zhuanlan.zhihu.com/p/394008972.

二、大学的功能

顾名思义，大学功能是指大学所应发挥的作用，即大学能做什么的问题。大学功能不是一成不变的，而是随着时代的变化而不断丰富，由单一功能向多元功能扩展。从大学的发展历程可以发现，每一次大学功能的变化都伴随着生产力的变革，并推动着科学和技术的发展。进入新世纪，随着大家越来越关注人类的共同发展，大学的功能进一步扩大，大学之间的国际科技合作与人文交流越来越多、越来越重要，大学逐渐成为民间外交的主要渠道之一。

（一）培养人才

培养人才是高等学校的基本职能。现代大学制度延绵800多年，其间经历了深刻的变革。然而，大学作为教师和学生学习共同体的本质没有变，培养人才始终是大学的首要功能。

长期以来，我国大学教育扎根中国大地办学，走出一条建设中国特色、世界一流大学的新路，为服务国家富强、民主和人民幸福贡献力量。大学作为高等教育培养人才的主阵地，肩负着“为党育人、为国育才”的时代重任，中国大学的发展要与时代同行，立足中国实际、解决中国问题，要想国家之所想，急国家之所急，应国家之所需，培养德才兼备的高质量人才。

（二）科学研究

发展科学，是高等学校的重要社会职能。教学与科研相结合的着眼点是培养有创新精神的高级专门人才。大学把科研引入教学过程，是培养大学生科研能力、创新精神、开拓精神的重要措施。大学教师在知识传授中主要培养学生的科学态度、科学精神，促进学生创新能力的发展。

科学研究是教师成长的必经之路。培养创新型人才是高校的历史使命和根本任务，这也是科学研究和学科建设的主要目的。要培养高素质的人才，首先需要一批具有较高科研能力的“研究型”教师。教师通过科学研究、多出成果、多出精品，才能准确地把握学科发展方向，在自己所研究的领域处于领先地位，并将自己的研究成果用于教学实践，以增强教学效果，提高教学质量。

科学研究活动有利于培养学生的创新思维、创新能力。高等教育不仅是向学生传授现有的知识，进行知识积累，更重要的是培养学生的创新精神和实践能力。通过科学研究，教师可以带领学生进入学术前沿地带，激发学生的求知欲和创新精神，对学生进行研究方法、研究习惯和研究能力的训练，培养人才的创新品质。大学教师在授课时，不仅要向学生传授知识，更重要的是讲方法，指导学生如何去获取知识，激发学生自主学习、研究性学习和创造性学习。科研与教学相结合的研究型学习不仅改变了教学方式和教学内容，而且改变了传统的师生关系，使教师主导的课堂成为师生共同探究的场所。教师成为学生学习的促进者、合作者，而学生既学到了知识，又锻练了创新思维，从而养成了研究能力和创新能力。

科研活动有利于形成良好的学术氛围和学习氛围。良好的学术氛围和学习氛围建设离不开科学研究活动，而创新型人才的培养需要科研活动的浸润。在科研活动中，大学通过经常举办各种国际国内学术报告会、研讨会、科研成果展览会等活动，为师生提供更加广阔的学习、交流空间，充分调动广大学生的学习积极性、主动性，使各种学术思想、观点得以碰撞，启迪智慧，形成浓厚的学术氛围。

（三）服务社会

高等院校直接为社会服务的职能，不仅是社会的客观需要，也符合高等院校自身发展的逻辑。当前高等院校服务社会的功能不外乎两个方面，一是为社会输送人才，二是科技成果的社会转化。

向社会输送人才是高校服务社会最直接、最广泛的方式，也是现代大学的基本功能。高校向社会输送人才主要体现在向各行各业输送从事相关业务的合格毕业生。但这方面目前存在的一个问题，即便是在学校表现优秀的毕业生，走上工作岗位之后也会出现难以应付业务需要的窘境，从而使很多用人单位质疑高校毕业生的工作能力，这是制约高校学生就业的重要因素之一。究其原因，除了大学生自身能力有限外，还与很多高校因科研力量薄弱而导致研究型教学的缺失有直接关系。研究型教学的缺失，直接导致学生缺乏科学的思维方式，使学生难以做到用已有的理论知识去解决现实工作中遇到的问题。可以说，科学研究的相对薄弱成了高校向社会输送各类合格人才的一个重大制约因素。要从根本上提升高校服务社会的能力，需要尽可能增加对高校的科研投入力度，提升高校的科研实力，将最新的科研领域尽可能推广到广大学生群体之中，让更多的大学生有机会融入前沿科学研究中，充分培养和锻炼学生的实际思维能力，使之掌握用理论知识解决实际问题的方法和能力。

高校科技成果的转化是高校服务社会的另一个重要内容。高校科技成果转化就是利用高校本身所具有的人才和科研资源优势把高校科研成果及时转化为技术，并将其推广、应用到企业中，使其产品化、规模化。积极开展科技成果转化和产业化工作，是高校推动国家技术创新的重要环节，是高校服务社会的重要体现，对促进国家高新技术产业化具有重要的推动作用。高校科技成果的社会转化，是高校科学研究的直接结果，要提高高校科技成果的社会转化就必须加强高校的科学研究工作。高等院校应当采取各种方式同社会进行广泛的联系，尽可能帮助解决社会发展中遇到的种种理论和实际问题。比如与相关企业联合开展科研项目，进行技术指导，担任工厂企业的顾问，举办培训班或业余学校，为机构承担继续教育的任务等。高等学校直接为社会服务的形式和内容是多种多样的，根据不同科类和不同专业的特点，各有所长。这就需要高校积极创造条件，搞好社会服务工作。

（四）文化传承创新

文化是一个民族的灵魂和血脉，是一个民族的集体记忆和精神家园，是一个民族走向全球化进程的名片，体现了民族的认同感、归属感，反映了民族的生命力、凝聚力。

大学是一个国家的精神高地，是文化传承与创新的战略基地。从古代的学宫书院，到近代的私立大学，再到现代大学，没有教育，尤其是没有高等教育，就没有民族文化的传承与发展的场所。近代大学教育不仅为科学技术和文化繁荣提供基础理论和思想资源，而且是近代科学技术和文化变革的直接策源地。大学历来以培养人才、创新科技、促进社会进步和繁荣文化为己任。“大学之道，在明明德，在亲民，在止于至善。”大学只有明其德，求至善，才能造就一代又一代的“新民”，大学也正是通过“明德”“正道”和“求善”，引领和示范一个民族基础文化的形成。文化的纽带是知识，而大学是知识共同体，大学的全部活动以知识为连结。大学的教学是传播知识，大学的科研是创新知识，大学的社会服务是运用知识，大学的图书情报是收藏和处理知识，大学的国际交流是交换知识。

任何一种优秀文化传统，只有与时俱进，不断扬弃与更新，才能永葆青春与活力。当今世界激烈的综合国力竞争，不仅包括经济实力、科技实力、国防实力等方面的竞争，还包括文化方面的竞争。继承和发展本民族文化的优良传统，同时实现文化的与时俱进和开拓创新，是关系民族前途和命运的重大问题。中华文明的内在发展动力，在于它的刚健有力，在于它的开放包容，在于它的变革创新。在这里，悠悠古韵与勃勃生机是有机结合的，文化传承与文化创新是内在统一的。传承是基础，创新是生命，两者不可偏废。对此，我们必须始终保持清醒的认识。

人类已经进入了21世纪，如何应对全球化的冲击，如何在激烈的文化竞争中生存与发展，其核心是文化创新。创新是一个民族进步的灵魂，也是一个国家兴旺发达的不竭动力，还是文化生生不息的源头活水。即使是优秀的文化传统，也要适应时代的需要，实现现代化的创造性转化，同时融入民主精神、科学精神、法治精神、竞争精神、市场精神、公平精神等新理念。高校作为探求学术和真理的神圣殿堂、文化创新和知识传承的摇篮，在社会的发展中承担着重要的时代责任，是弘扬优秀传统文化，宣传时代精神的重要的媒介。譬如树木，非岁岁有新芽茁长，则其枯槁可立待；譬如井然，非时时有新泉喷涌，则其干枯有时也。只有充分激活大学的文化功能，保持锐意进取的创新的精神，才能谱写新时代民族文化的新篇章。

（五）国际交流合作

经济全球化已经成为当今世界经济发展的主要趋势，并促使世界各国政治、经济、文化、科技、教育等领域的联系日益密切，世界进入了“牵一发而动全身”的发展阶段。教育与经济历来有特殊的相互依存、相互影响的关系。当经济全球化已成为现实和必然的时候，势必对教育产生深刻而广泛的影响。伴随着经济全球化的发展，高等教育必然会走向国际化。20世纪90年代以来，高等教育国际化成了教育发展的热点问题。可以说，经济全球化直接推动了高等教育的国际交流与合作，而高等教育国际交流与合作又进一步推动了世界经济一体化和全球化进程。

中国高校注重发挥国际合作与交流职能，一是大学自身发展的迫切需要。只有通过有效的国际交流与合作，将自己置身于国际高等教育的大格局中，才能真正使中国高等教育以一流的办学水平和鲜明的办学特色屹立于世界教育之林。二是国家发展的迫切需要。在倡导构建人类命运共同体、促进全球治理体系变革中，大学发挥着不可替代的作用。大学是我国国际交流与合作的有生力量。全方位的合作与交流，可以进一步提高我国的国际影响力、感召力、塑造力，这是大学肩负的责任和使命。发挥大学国际交流合作职能，促进高等教育创新发展，根本在于坚持以人才培养为中心，“培养大批具有国际视野、通晓国际规则、能够参与国际事务与国际竞争的国际化人才”这不仅需要我国高校积极主动地与世界各地高校和其他组织机构进行教育、学术、文化，交流与合作，更需要高校自觉树立服务国家、贡献世界的使命，通过综合改革探索具有中国特色的发展道路和符合国际标准的现代大学制度。

总之，对于高校来说，人才培养是核心，科学研究是做好人才培养工作的前提，人才培养是服务社会、传承和创新文化的直接表现。

科学研究、服务社会、文化传承创新、国际合作交流应该围绕人才培养而开展，人才培养要通过科学研究、服务社会、文化传承创新、国际合作交流来实现。

第二节　大学与中学的区别

当新生们怀着激动、兴奋，还带着些许紧张的心情走进大学校门的时候，每个人面对的都是一个崭新的开始。然而，真实的大学生活总是和自己最初的想象有些许差距。这个转变不是从一所学校到另一所学校，而是从依赖走向独立，从幼稚走向成熟的一个过程。想要顺利完成这种转变，就必须清楚地认识到这一转变过程中发生的主要变化。

一、教育方式不同

中学教育是小学教育的继续和进入高等院校的预备学阶段，包括初中阶段和高中阶段两个层次的教育，是基础性教育，它强调对书本知识的牢记和掌握。大学则侧重于专业性教育，是为了学生今后的职业生涯，促进学生综合素质的全面发展，更注重学生各方面能力和素质的培养与提高。大学教育的培养目标是培养某一领域的高级专业人才。

大学是一个人世界观、人生观、价值观形成的重要阶段。在这一阶段形成什么样的理想信念，将会影响一个人甚至一代人的发展。因此，大学更注重思想政治教育，使大学生正确认识社会发展规律、认识国家前途命运、认识自己的社会责任，拥有正确、崇高的人生信仰，并为之坚定地奋斗。

二、学习内容不同

中学学习内容的基础性较强，目的是让学生经过一系列的训练打下坚实的知识基础，为进行更高层次的学习打下基础。大学则不同，它面向社会，是一种专业性质的教育，其目的是从未来社会生产建设和社会发展的实际需要出发，尽可能照顾到学生未来具体职业的特殊教育，通过对学生进行“通才教育”，促进学生素质的全面发展，培养出不仅能够独立于社会，而且能够担当大任，为国家建设做出贡献的高素质人才。

大学里的学习专业性强，课程设置复杂，学习内容广泛。在大学，教师讲授的有些内容都超出了教科书的范围，有的课程甚至没有教科书。除指定教科书外，还会有许多参考书。此外，大学尤为重视实践训练，不仅要求学生理论专业知识扎实，更要求学生具备专业理论与实践相结合的各种能力。

中学学习有统一的教学大纲，课程相同，教学内容和要求明确。学生需要按老师安排的进度和内容学习。而大学里上课时间相对较少，老师与学生接触时间相对较短。课后很少有老师督促和安排，需要学生自己管理时间。甚至连上课的教室都不再固定，需要在校园来回地穿梭寻找。授课和学习方式的转变，要求学生有很强的自主能力和自学能力。

三、课余生活不同

大学的课余生活和中学有很大的不同。中学阶段课余生活家长的参与度较高；大学的课余生活较为丰富，并且注重学生独立性的培养。为了鼓励学生全面、自主发展，大学校园内团组织、学生会、班委会等组织使课外活动增多。由志趣、爱好相同的同学自愿组织起来的各种学生社团的活动丰富多彩，使同学们参加各种社会活动的机会大大增加。大学生可以根据自己的特点和爱好、时间和精力积极参加各种活动，锻炼组织管理能力和社交能力。

四、学校管理不同

大学生活与中学时代的生活不同，由于个人自由空间的豁然开朗，学习内容及方式的巨大变化，课余生活的丰富多彩，再加上父母、亲友不在身边，大学生学会高度的自我管理将十分重要。

大学不仅要在思想上高度重视，而且要深入了解规章制度的具体内容。曾经有大学生在学校对其进行退学处理时还不知道自己违反了哪些规定，当了解到自己是因为考试不及格的门数达到了退学条件时，已经后悔莫及了。

六、人际交往不同

从高中到大学，人际交往的变化不仅仅是面对一些陌生的面孔，而是交往的全方位变化，人际交往的范围、标准、性质、重要性等，都发生了本质的变化。

1. 人际交往范围扩大

中学时代，生活范围较窄，交往的圈子大多限于家人、老师、同学。在大学，除了朋友、师生、同学之外，还有增加了新的人际关系，比如以地域关系为纽带形成的老乡关系，由于学习方式变化形成的不同于中学时代的师生关系和同学关系等。

2. 人际交往的重要性提高

对于青年期的大学生而言，他们思想活跃、感情丰富，人际交往的需要强烈、良好的人际关系，这样才能满足他们物质和精神上的需要。此外，大学生还可以通过人际交往，交流信息、借鉴经验、开阔视野、活跃思维，帮助其更好地认识自我、完善自我。

3. 人际关系更复杂

大学阶段的人际关系不仅是同学、朋友关系，还包括与各种不同的人相处的关系。随着交往范围的扩大，一个人同时处在很多种关系中，更复杂的是，每种关系对人的要求、标准都不同，大学生需要调整、适应。

第三节　高等职业院校的特色与优势

高等职业教育是我国高等教育的一个新类型。高等职业教育的产生，对我国高等教育的发展起到了补充作用，对我国整个民族素质的提高和综合国力的发展起到了巨大的推动作用。当前，党和国家把大力发展高等职业教育作为一项重大的战略决策加以实施。《国家职业教育改革实施方案》和《关于实施中国特色高水平高职学校和专业建设计划的意见》的公布实施，为新时代高职教育发展提出了要求，指明了方向。

一、什么是高等职业教育

高等职业教育具有高等教育和职业教育的双重属性，是职业教育体系的主体，是高层次技术技能人才的主要供给途径，是教育发展中的一个重要类型，肩负着为经济社会建设与发展培养人才的使命。同时，高等职业教育也是我国职业教育体系中的高层次教育，包括专科层次、本科层次、研究生层次的职业教育。职业专科教育的主要任务是培养能良好地胜任技术工作并具有较强职业迁移能力的高素质技术技能人才，学生毕业后可以升入职业本科教育继续学习，同时也拥有升入普通本科教育继续学习的机会。职业本科教育的毕业生要能够从事科技成果、实验成果转化，生产力加工中高端产器，提供中高端服务，能够解决教复杂问题和进行较负责操作。该层次职业教育在我国尚处于发展阶段，但它是我国职业教育发展的重要方向。

二、高等职业教育的基本特征

（一）培养目标的职业定向性

所谓培养目标，就是通过高等职业教育把受教育者培养成为什么样的人。培养目标规定了对受教育者培养的方向、规格与内涵，这是高等职业教育实践活动的出发点，也是检验高等职业教育实践活动成效的标准。高等职业教育培养目标具有明确的职业定向性，是一种具有明确职业价值取向和职业特征的高等教育，它培养的不是“通才”，而是具有综合职业能力、能胜任某一具体岗位的专业人才，是能够适应生产、建设、管理、服务第一线需要的等高级技术应用性专门人才。高等职业教育人才培养目标需满足以下的要求：获得就业谋生所必需的岗位技术能力与职业素质；具备一生职业发展与迁移所必需的相对完整的某一专业技术领域的知识、能力与素质结构；尽可能在人文素质、思维方法及终身学习能力等方面，为学生成就其人生的事业打好一定的基础。

（二）办学形式的开放性

面向市场、以就业为导向，实行“产教融合、校企合作、工学结合、知行合一”

的育人模式，决定着高等职业院校不可能关门办学。因此，开放办学是高等职业教育发展的必由之路。高等职业教育办学形式的开放性表现为教育观念的开放、教育过程的开放、教育方式的开放和教学资源建设的开放。高等职业院校在具体办学实践中，应向行业企业开放、向社会开放、向国际开放、向全体学习者开放，深化产教融合、校企合作、校校合作、国际交流等，实现学校全方位、人才培养全过程的开放，以达到促进高职院校高质量发展的目的。

（三）专业设置的灵活性

以就业为导向，是职业教育的定位，更是高等职业教育的核心要素。在经济全球化、社会信息化的今天，科学技术飞速发展，知识经济已见端倪，产业结构急剧变化，新技术、新工艺不断涌现，职业岗位不断更新，这就要求高职教育的专业设置必须跟上时代的步伐，及时调整，及时更新，旧中求新，稳中求活。因此，高等职业教育要时刻关注市场的变化，面对不断变化的新形势和新特点，在充分调研和论证的基础上，灵活调整专业设置，培养市场所需要的各类人才。

（四）课程建设的针对性

课程建设是专业建设的核心，也是人才培养工作的基石，直接影响人才培养目标的实现。高等职业教育课程目标的定位应面向整个职业，要把增强学生的职业适应能力和应变能力作为课程目标的基本要素，突出课程的针对性、实用性、先进性，以及就业岗位群的适应性。课程目标要明确地瞄准职业需求，与就业目标对接，为学生毕业上岗提供良好的条件,帮助学生实现零距离上岗。课程建设必须围绕职业能力这一核心，以专业技术应用能力和岗位工作技能为主线，对课程进行优化衔接、定向选择、有机整合和合理排序。重视教学内容的选取、教学方法和手段的改进，融“教、学、做”为一体，强化学生能力的培养，重视教学模式的改革，切实做到以工作过程为目的需要开发课程体系，按模块化、综合化构建课程体系，以项目教学、任务驱动为手段开展课堂教学，按照层层分解的职业岗位能力要素选取教学内容等。

（五）教育教学的实践性

实践教学与理论教学并重，是高等职业教育与普通高等教育的主要区别，也是高等职业教育的人才培养目标在教学计划和教学活动中的具体体现。高等职业教育为了实现其培养目标，在教学内容、教学过程、教学手段、教学方式上突破了普通高等教育的模式，凸显了教学的实践性。高等职业教育教学以岗位需要、实践操作为目的，使受教育者能熟练地掌握特定职业所需要的技术技能，掌握技术原理、熟练技术操作，具有较强的动手能力。因此，高等职业教育的教学内容以应用技术为重点，围绕实践组织教学内容。教学内容突出基础理论知识的应用和实践能力的培养，其中，基础理论课教学以必需、适用为度，专业课教学则重点突出针对性和应用性。

（六）师资队伍的“双师型”

高等职业教育具有“高等”和“职业”双重属性。建设“双师型”的师资队伍是职业院校的办学特点所决定的，也是办好高等职业院校的基本条件。职业教育师资队伍构成的鲜明特色，一是从教师个体而言，专业教师不仅要具备扎实的理论知识和较高的教学水平，还要具有较强的专业实践能力和丰富的实际工作经验；二是从教师队伍整体而言，要有结构比例适当的理论和实践课教师团队。高等职业院校要走校企挂钩、校所挂钩、与市场相结合的路子，“内培外聘”，多渠道、多方法不断扩大“双师型”教师队伍，增加实践型、技能型教师的比例。同时，要根据每个学校、每个专业、每个教师的具体情况，合理安排教师队伍学历层次和理论素质的进阶提高，为高等职业教育的健康发展提供强有力的保证。

（七）毕业生的“双证书”

“双证书”即学历证书、职业技能等级证书。学历证书全面反映学校教育的人才培养质量，在国家人力资源开发中起着不可或缺的基础性作用；职业技能等级证书是毕业生、社会成员职业技能水平的凭证，反映职业活动和个人职业生涯发展所需要的综合能力。《国家职业教育改革实施方案》指出：“要进一步发挥好学历证书作用，夯实学生可持续发展基础，鼓励职业院校学生在获得学历证书的同时，积极取得多类职业技能等级证书，拓展就业创业本领，缓解结构性就业矛盾”。实行职业资格证书制度，能大大提高职业教育学生的就业竞争力。目前，我国经济建设中缺乏大量适应一线岗位工作的中高级技术应用型人才，特别是掌握高新技术并具备较强实践能力的复合型人才和中高级技能型人才。有人将职业资格证书称为“就业绿卡”，这是因为职业资格证书反映的是特定职业的实际工作标准和规范，以及从事这种职业所达到的实际能力水平，职业资格证书的出现填补了市场人才需求与高校人才培养之间的“空洞”，大学生们不再因为没有所谓的“相关工作经验”而被企业拒之门外，取得职业资格证书的毕业生普遍受到用人单位的青睐。目前，职业资格证书制度在很多高职院校都已经开始实施。

（八）服务面向的区域性

高等职业院校大部分是地方院校。高等职业院校为地方经济建设和社会发展作出的贡献具有一定的区域性。高等职业教育要以就业为导向，紧紧围绕经济和社会发展的基本现实，充分发育区域教育资源的特色，结合区域经济发展的基本需求，培养具有扎实专业能力和知识素养的毕业生。高职院校应抓住全球化浪潮中区域经济崛起的机会及国家政策的优势，积极调整自己的战略定位，立足区域经济的实际需要，强化与当地政府、行业企业的合作。以发展区域经济为指导，深入研究区域经济发展对人才、技术和服务的需求，真正融入地方区域经济发展的整体规划之中，实现高职教育区域化，提升高职教育内涵，并最终实现高职教育的持续发展。

三、高等职业教育的优势

（一）面向人群更广

我国高等教育从精英化阶段走向大众化，扩招从 1999 年开始。高职教育目前已成为高等教育的半壁江山，是许多青年学生的归属。因此，发展高职院校是满足人们日益增长的对高等教育的需求，是提高全民族科技文化素质、提升全民受教育水平、促进广大青年成才的重要措施。

大众化教育要求教育多样化，这与市场上人才结构的多元化要求也是一致的。多元智能理论说明，每个人都有优势领域和兴趣倾向，高分数要求的一流大学或热门专业，不一定适合每个人；职业性、技术性、操作性强的职业技术院校，更符合一些青年的需求。职业教育是国民教育体系和人力资源开发的重要组成部分，是广大青年打开通往成功成才大门的途径的需求，肩负着培养多样化人才、传承技术技能、促进就业创业的重要职责，必须高度重视并加快高等职业教育的发展。要树立正确人才观，培育和践行社会主义核心价值观，着力提高人才培养质量，弘扬劳动光荣、技能宝贵、创造伟大的时代风尚，营造人人皆可成才、人人尽展其才的良好环境，努力培养高素质劳动者和技术技能人才，为“人人出彩”提供更多可能。

（二）发展充满活力

世界各国无不把职业教育作为国家发展战略之一，因为它直接为经济社会服务。我国从中央到地方，也越来越重视和关注高等职业教育的发展。高职院校面向市场，以就业为导向，实行“产教融合、校企合作、工学结合、知行合一”的育人模式，开拓与创新空间大，高职学生“下得去、用得上、留得住、干得好”，深受用人单位的欢迎。当前，国家正在大力实施的普通高校的“双一流”建设和高职院校的“双高计划”，必然会给高等院校发展带来质的飞跃。

（三）就业形势乐观

就业状况是风向标，高就业率必然带来吸引力。学校品牌、优势专业、人才质量都是用人单位所看重的，高职专业设置贴近企业需求，以“宽、浅、新、实”为培养新方向，特别是一些新型交叉专业已成为就业市场的宠儿。“入学就有工作、毕业即能就业”，就业好拉动生源好，进而促进学校发展好，这一过程逐渐形成良性循环。

（四）教育政策扶持

随着时代的发展，越来越多的用人单位对录用人才由重学历向重能力转变。中国制造迈向“中国智造”甚至“中国创造”，在这个转变过程中，需要更多的高素质劳动者和技术技能人才，而当下高素质技术技能人才和大国工匠缺口很大。《国家职业教育改革实施方案》明确规定：“支持技术技能人才凭技能提升待遇，鼓励企业职务职级晋升和工资分配向关键岗位、生产一线岗位和紧缺急需的高层次、高技能人才倾斜。”国务院人力资源社会保障行政部门会同有关部门，适时组织清理调整对技术技能人才的歧视政策，推动形成人人皆可成才、人人尽展其才的良好环境。在德国，大师傅没有失业的，博士却有无业者；职业教育教技术、教技能，使学历和职业资格证书并举，很多青年凭借一技之长实现人生价值，使得三百六十行人才荟萃、繁星璀璨，这也是部分高职院校就业率较高的原因之一。

拓展阅读

职业教育前途广阔大有可为

我们要构建新发展格局、推动高质量发展，在国际竞争中赢得主动，不仅需要大批拔尖创新人才突破“卡脖子”技术，也需要数以亿计的高素质技术技能人才

加快发展现代职业教育，是培养高素质技术技能人才最高效、最基础的途径，是推动高质量发展的重要支撑，也是建设教育强国的必然要求

改革开放以来，我国经济持续快速发展，职业教育功不可没。职业教育是培养技术技能人才、促进就业创业创新、推动中国制造和服务上水平的重要基础，已为各行各业累计培养输送2亿多高素质劳动者。在新征程上，加快构建现代职业教育体系，培养更多高素质技术技能人才、能工巧匠、大国工匠，职业教育战线责任重大、使命光荣。

当今世界正经历百年未有之大变局，我们要构建新发展格局、推动高质量发展，在国际竞争中赢得主动，不仅需要大批拔尖创新人才突破“卡脖子”技术，也需要数以亿计的高素质技术技能人才。“十四五”规划和2035年远景目标纲要提出：“坚持把发展经济着力点放在实体经济上，加快推进制造强国、质量强国建设，促进先进制造业和现代服务业深度融合。”当前，我国有1.13万所职业院校、3088万名在校生，在现代制造业、战略性新兴产业和现代服务业等领域，一线新增从业人员70%以上来自职业院校。加快发展现代职业教育，是培养高素质技术技能人才最高效、最基础的途径，是推动高质量发展的重要支撑，也是建设教育强国的必然要求。

2019年印发的《国家职业教育改革实施方案》指出：“职业教育与普通教育是两种不同教育类型，具有同等重要地位。”长期以来，不少地方把职业院校当作普通教育的“低配版”，存在重普通教育、轻职业教育的认识误区，一些职校按照办普通教育的方式办职业教育。事实上，职业教育在培养目标、课程体系、育人方式等方面与普通教育有着重要区别，必须遵循技术技能人才的培养规律，准确把握现代职业教育的思路和定位。

职业教育是培养能力的实践教育。随着社会分工变化，技能的传承方式发生了很大变化，但仍须在实践中培养磨练。目前，一些职业院校定位不清，以理论教学为主，丢掉了自己的优势，导致学生毕业后上岗还要“回炉再造”。职业教育必须瞄准技术变

革和产业优化升级的方向，让专业教材、课程对接市场需求，把产教融合、工学结合作为培养人才的基本模式，同时鼓励企业举办高质量职业教育，让学生在实际劳动中增长才干、提升技能。

职业教育是面向市场的就业教育。职业教育是为特定职业或岗位培养人才，必须面向社会开放办学、紧密对接就业需求。现在，一些职业院校对市场研究不够，专业设置和教学调整不及时，人才培养和市场需要出现“错位”。在今后的发展中，必须深入推进育人方式、办学模式、管理体制、保障机制改革，牢牢把握服务发展、促进就业的办学方向，优化学校专业布局，开设更多紧缺的、符合市场需求的专业。同时，还要探索中国特色学徒制，注重工匠精神和精益求精习惯的养成，帮助学生实现更高质量就业。

“所当乘者势也，不可失者时也。”抢抓机遇，增强职业教育认可度和吸引力，激励更多劳动者特别是青年一代走技能成才、技能报国之路，我们就一定能为全面建设社会主义现代化国家、实现中华民族伟大复兴的中国梦提供有力的人才和技能支撑。

资料来源：张硕.职业教育前途广阔大有可为[N].人民日报,2021-04-29.

思 考 题

1. 根据大学的内涵和功能，谈谈你对大学的认知。
2. 对于大学和中学的诸多不同，你是如何看待的？
3. 了解高职院校的特征和优势后，你希望如何度过自己的大学生活？

第二章　了解学校　开启大学生活

大学生活是人生中的重要篇章，作为学校的一员，了解学校环境和校情成为大学生进入大学的第一课。

第一节　适 应 环 境

一、了解学校环境

一名入学新生，离开了熟悉的环境，离开朝夕相处的老师和同学，离开疼爱自己的父母，踏入一个全新的环境，学会如何尽快适应这些变化、融入新的环境、开启下一段学业旅程是很有必要的。

（一）校园环境

要想在新的环境中自如地生活和学习，需要尽快了解和熟悉校园环境。

第一，尽快熟悉校园的“地形”。入校后，行李住宿安排妥当，可以到校园各处走走，了解一下教室、图书馆、商店、银行在什么地方，实验实训室、复印店、图书馆的开放时间，有哪些食堂，如何购买水、电，学校有几个门，等等。这样，在后续办理各种手续、解决各种问题的时候就会节省时间。

第二，多向高年级的同学请教。直接向高年级的同学请教是熟悉校园环境的一个快捷的方法。一般来说，学姐、学长都比较愿意把他们的经验传授给新同学，以帮助他们尽快适应校园生活。此外，向自己的同乡请教也是不错的选择。

第三，班级中担任职务，也能帮助自己尽快适应校园生活。对环境适应快的大学新生，可以很快成为班级中的核心人物，并担任一定的班级工作。这样，与老师、同学接触得越多，掌握的信息也就越多，锻炼的机会也越多。如此，在不断的工作和学习中，学生的能力和自信心得到快速提升，从而形成良性循环，更加敢于面对困难和挑战，快速适应大学的学习和生活节奏。

此外，大学新生还应该主动接触社会环境，了解学校所在城市的情况。大学作为校园生活和社会生活的过渡阶段，学生不能只待在校园里，也需要对学校所处的城市有大致的了解。学校处在这个城市的哪个位置，城市的名胜古迹有哪些，城市的历史传承和精神内核是什么，等等。走出“象牙塔”，到校园外面的世界看一看，不做无根据的幻想，有选择地进行一些对自己有利的社会实践活动，从而认清楚自己在这个社会环境中的角色和位置。

此外，了解大学里与学生关系比较密切的学校部门机构，对于大学新生来说也是非常重要的。一般需要了解清楚的学校部门包括以下七个。

（1）教务处。教务处是学校的教学管理机构，主管各学院的教学任务、目标、进度及计划，学生的学籍、学习要求、目标、计划及考试等教与学各方面的事务。

（2）人事处。人事处是统一管理全校人事工作的职能部门，主要负责全校机构编制管理工作、岗位设置与管理工作、工资及社会保障工作、人员公开招聘工作、教职工培训工等。

（3）党政办公室。办公室是学校党委和行政的综合协调部门，主要负责贯彻落实党的路线、方针和政策，执行上级部门指示和学校党委、行政决定，负责处理党委、行政日常事务。

（4）学生处。学生处是学院党政领导下的负责学生工作的职能部门，主要负责全院学生的思想政治教育、贫困生资助、奖、贷、勤，以及违纪处理等日常管理方面的工作。

（5）基建后勤处。基建后勤处是全面负责学校后勤服务保障工作的管理职能部门，担负着决策咨询、制度制定、资源配置、组织实施、监管协调等管理职能。

（6）招生就业处。招生就业处是负责学校招生及毕业生就业的工作机构，负责制定学校招生就业工作的发展计划，部署全校招生就业工作。

（二）人文环境

马克思说过："人创造环境，同样环境也创造人。"校园人文环境不仅包含了学校的办学理念、治校方针、育人标准、价值观念等教育思想，也包含了师生的衣着打扮、文明习惯等文化修养，它充分体现了一个学校的个性、品位与风范。

俗话说，"近朱者赤，近墨者黑。"校园的人文环境具有独特的育人作用，如同一本无言的教科书，潜移默化地影响着学生的思想和素养，让学生不自觉地在环境的熏陶下，规范自己的言行举止，并且内化为自觉的行动。与此同时，学校里的学习氛围也是一种"磁场"，大学生的整个大学时光都处在这种"磁场"中，对于养成良好的学习习惯具有积极作用。

二、尽快适应新环境

（一）调整心态，迎接独立长大

1．追求自立，学会独立

大学生处在由未成年向成年过渡的特殊时期，在大学这个由学校向社会过渡的特殊场所，追求自立、学会独立是必须做到的。独立性是广义上的，既包括日常生活行为的自主安排，也包括学业的自主规划以及心理状态的自我调整。比如：思想独立，遇事有自己的想法，不能盲目跟风；生活独立，有良好的生活习惯，能够解决生活中的基本问题，而不是什么事都需要人指导；学习独立，具有良好的自主学习能力和习惯，有自己的学习规划和安排；金钱独立，这个并非是要不顾学业和成长，盲目地去赚钱，而是要培养自己独立生存的能力和意识，不要无节制地挥霍金钱，有条件可以做一份兼职。

2．学会调节，保持健康心理

在入学适应期间，由于各种各样的变化和压力，大学生会遇到一些难以解决的问题，产生心理上的紧张、压抑以及大量的消极情绪，甚至是失眠、焦虑、社交恐惧等，这时候，大学生需要学会正确面对、处理和缓解压力，进行自我心理调节，摆脱不良心理状态，主要方法有以下五种：

（1）合理宣泄。这是最为常用的一种方法。当人的情绪处于压抑状态时，进行合理宣泄，从而恢复正常的情绪状态。具体方法有找人倾诉、畅快地大哭一场、在旷野中放声呼喊、拳击沙袋、参加体育运动等。不良情绪宣泄出来后，便会有一种释放感和轻松感，思维也会变得更灵活、更开阔。

（2）活动转移。活动转移是指苦闷烦恼时，可以出去散步、听音乐、看电影、安排其他的活动或学习等，从而避开引起不良情绪的事或人。人的大脑中常常有一个较强的“兴奋灶”，当出现不良情绪时，如果能及时建立一个新的“兴奋灶”，使注意力得以转移，就可以达到排忧解愁的效果。

（3）改变认知。心理学家艾利斯认为，人的情绪困扰并不是由诱发事件引起的，而是由对事件的非理性解释与评价引起的。如果改变了非理性观念，调整对诱发事件的认知，消极情绪就会消除。例如，如果对考试成绩不理想的解释是自身能力差所致，就会引发自我攻击、自卑自怨的情绪反应。而如果能换一种思考方式，客观地看待整个事件，也许会发现并不是自己能力不够，也有其他客观因素，或者运用成长型思维，明白能力并不是不可改变的，而是可以不断提高的，从而剖析和复盘自己的学习方法，困扰情绪也会随之减轻。

（4）善于遗忘。世界是多元的，人在一生中会遇到不同于自己认知的人和事，并不是每件事都需要“铭记于心”，而是懂得合理取舍，学会遗忘无意义的人和事，卸下负担，心怀美好，轻松前行。

（5）学会放松。在感到紧张、抑郁、焦虑时，有意识地主动学习科学的放松方法，将自己从不良情绪中解脱出来。比如，利用肌肉放松法、深呼吸放松法和冥想放松法等。

如果运用以上这些方法，都无法让自己的情绪得到有效疏导，应当寻求心理咨询的帮助，从学校心理咨询老师那里获得指导和支持，以免陷入心理障碍之中。

（二）遵守规矩，履行权利与义务

1．把握大学规律，顺应时代要求

从中学生到大学生的转换是人生中的一次大跨度转换。但有的新生不以为然，甚至认为：无论是中学还是大学，作为一名学生，生活的主旋律都是学习，始终都是在教室、宿舍、图书馆之间转动。课余之后，也都有班会、生活会、运动会等，似乎没有什么不同。可现实是，刚进校时，同专业、同年级、同班同学的学习成绩都差不多，又在同样的学习环境、学习条件下求学深造，由同样的教师传授相同的知识，在同一个校园里感受同样的学习氛围，在同样的管理模式下遵守同样的行为规范，但是一年后、两年后或是毕业时，每个人的学习成绩、动手能力、创新意识、社会交往等各方面的综合素质却会表现出非常大的差异。这个除了先天的生理、心理因素及在校努力程度的影响外，一个非常重要的原因就是从中学生到大学生角色转变的快慢不同。尽快适应大学的学习规律、独立生活规律和人际交往规律，大学的生活便会充实、圆满；反之，便容易有种种遗憾和不愉快。

2．遵守校园规范，避免重大失误

2017 年 9 月 1 日，修订后的《普通高等学校学生管理规定》全面实施，这个规定是各高校制订本校学生管理规定的依据，规定了学生的权利和义务，是学校和学生的行为准则。

学生在校期间按相关规定享有下列权利：参加学校教育教学计划安排的各项活动，使用学校提供的教育教学资源，参加社会实践、志愿服务、勤工助学、文娱体育及科技文化创新等活动，获得就业创业指导和服务；申请奖学金、助学金及助学贷款；在思想品德、学业成绩等方面获得科学、公正评价，完成学校规定学业后获得相应的学历证书、学位证书；在校内组织、参加学生团体，以适当方式参与学校管理，对学校与学生权益相关事务享有知情权、参与权、表达权和监督权；对学校给予的处理或者处分有异议，向学校、教育行政部门提出申诉，对学校、教职员工侵犯其人身权、财产权等合法权益的行为，提出申诉或者依法提起诉讼；法律、法规及学校章程规定的其他权利。

学生在校期间按相关规定履行下列义务：遵守宪法和法律、法规；遵守学校章程和规章制度；恪守学术道德，完成规定学业；按规定缴纳学费及有关费用，履行获得贷学金及助学金的相应义务；遵守学生行为规范，尊敬师长，养成良好的思想品德和行为习惯；法律、法规及学校章程规定的其他义务。

同时规定学生有下列情形之一，学校可予退学处理：学业成绩未达到学校要求或者在学校规定的年限内（含休学）未完成学业的；休学、期满，在学校规定期限内未提出复学申请或者申请复学经复查不合格的；经学校指定医院诊断，患有疾病或者意外伤残无法继续在校学习的；未请假离校连续两周未参加学校规定的教学活动的；超过学校规定期限未注册而又无正当事由的；本人申请退学的。

（三）学会取舍，量力而行

1．“取”与“舍”的辩证关系

新生从进校开始，就要懂得“取”与“舍”的辩证关系，这不仅对大学阶段的学习有用，而且对以后走向社会的人生发展也有用。“取”是一种本事，“舍”是一门哲学。没有能力的人取不走，没有悟性的人舍不得。“取”什么，怎样“取”，这是一个方法论的问题，在决定“取”的时候，同时就决定了“舍”。

2．量力而行，遵循规律

大学是知识的海洋，学科门类各样，各种活动不仅丰富多彩。面对如此多的知识和活动，大学生要学会如何“取”与“舍”。

（1）明确上大学的主要任务。《普通高等学校学生管理规定》要求学生在校必须完成学校规定的学业后才能获得相应的学历证书。学生进校后的第一要务就是学好规定的课程及参与各种实践活动，并取得学分，否则就不能获得相应的学历证书。

（2）根据自己的兴趣与爱好有选择地参加活动。大学的各种活动是校园文化的组成部分，可以活跃校园文化生活，提高学生的兴趣，增长学生的知识，锻炼学生的组织能力。

参加活动的原则主要有三个方面：①根据自身学习情况而定。自己是否学有余力，如果学习压力较大，课业没有完成，应该优先集中精力完成规定的学习任务，少参加活动。②根据自己的兴趣与爱好而定。尽量选择有兴趣的项目参加，让自己学在其中，乐在其中。③根据活动的参与程度而定。活动有组织者和参与者，二者付出的精力不一样，收获也不一样。一般情况下，组织者的活动不能过多，因为每一次活动尤其是大型活动都需要精心策划，花费大量时间。参与者投入的时间少，可以多选择几种活动，其目的以交流信息、广交朋友、丰富生活为主。

（3）根据自己的能力参加学生干部的竞选。学生干部是大学生中的骨干分子，必须具备一定的政治能力、组织能力、表率能力、管理能力等。要求参选学生具有热心为同学服务的意识、宽广的胸怀，能容纳各种不同意见，任劳任怨；能协调好人际关系，尊重人、理解人、关心人，与同学打成一片；要求学习成绩较好，能在同学中树立起自己的威信；要求严于律己、宽以待人，这样工作才有群众基础。

大学新生要参加学生干部竞选，首先需考虑自己的素质能否满足以上工作要求，否则，自己工作起来就会感到力不从心。

拓展阅读

有效利用大学资源

如何调整学习状态

学生问：我在高中一直是尖子生，可到了大学，身边强手如云，我很惶恐，也很迷茫。

西安交通大学彭康书院辅导员李楠：什么是“学习”？大学学习的内涵和外延是什么？我的大学学习对于这个国家这个社会的意义是什么？从终身学习的时代背景、个人命运与国家命运紧密相连、青年知识分子的正确道路等宏观视角思考自己的微观学习，才能在学习目标的确立、学习模式的探索、学习方法的转变、学习技能的习得上越走越宽。“高中是尖子生”不代表永远是尖子生；大学不是尖子生，不代表未来就不能走上人生巅峰。“强手如云”才能稳稳点燃再接再厉重新出发的斗志，与强手对决方能越练越强，感受“无敌是多么的寂寞”。“三人行必有我师”，抱着谦虚的态度看待身边的各路“牛人”，才能在良性竞争中实现友情与学业的双丰收。

新的环境、新的要求，一时“惶恐和迷茫”都是人之常情，但要看到，“惶恐”是在提示要积极改变，“迷茫”背后是希望明确目标，挑战带来机遇，挫折带来成长。主动学习心理健康知识，掌握调整心态的方法，学会如何在压力中培养积极情绪，学会用积极的眼光看问题、用积极的心态处理问题、用积极的行动解决问题，是大一新生适应期的重要课题。记得牢牢抓住大一的第一个学期，规律作息，劳逸结合，逐渐形成自己的学习节奏，把握学习、娱乐、工作和生活之间的动态平衡状态。找到并保持一个运动爱好，不仅可以解压，还能磨炼意志，更能在繁重的学业压力中保持充沛的体力。建立自己的情感支持系统，包括学业导师、辅导员、学长学姐、同学、亲人等不同群体，可以让自己快速走出学业低谷期，重拾自信。完善自己的学业支持网络，抱紧学霸大腿，向优秀学子虚心请教，不断总结提升自己的学习力。

高中与大学的学习有何不同

学生问：高中阶段和大学阶段在学习方面有很多差异，如何尽快完成从高中生到大学生的角色转变？

中国地质大学（北京）周彦：高中的学习以基础性内容为主，三年开设的课程基本相同，也就十几门，学习的重点则是高考规定的相应科目。而大学四年要学习的课程大多不同，一般有四十多门，甚至一个学期就可能学八九门课程。一、二年级是公共基础课，虽然与高中的课程有部分相似，但难度大大增加，老师讲课速度很快，有的课程只持续一两个月就结课。三、四年级则以专业课为主，专业性非常高，还会涉及专业前沿的知识，更新很快，学习内容相对陌生，增加了学习难度。此外，还有选修课程，可以满足个人的兴趣爱好。

就学习方式来说，高中阶段每天课程安排的很满，有固定的教室并且集中自习，同学们跟着老师被动学习，主要通过反复做题掌握知识。进入大学，课程安排相对宽松，给大家更多的自主学习时间，利用这些时间查阅资料、深入调研，大学的课程不仅需要掌握基本知识，更要学以致用，与实践结合。班级没有固定教室，也没有老师督促集中进行自习，由同学们自主安排学习的时间和方式，需要主动学习，所以自律性不强的同学不易适应。

就考核标准来说，高中阶段是标准化闭卷考核为主，多以期末考试成绩作为评价依据。进入大学之后，平时成绩所占比重大大提高，日常考勤、课堂表现以及实验成绩都会按相应比例计入最终成绩。甚至有的课程期末进行开卷考试或上交结课报告。大学的成绩考核更注重考查学生融会贯通的能力，单纯的死记硬背并不适合大学学习。如果挂科，可以补考和重修，但是任何一门必修课程没有通过考核，都无法获得毕业证。

如何应对这些变化？首先，要调整心态。考入大学并不意味着进入“保险箱”，而是新的起点、新的开始。要用积极的心态适应新环境、新生活。其次，要树立目标。结合社会发展需要和自身专业特点制定好未来的职业目标。最后，要制订计划。根据职业目标，明确在学业方面的努力方向，熟悉各种教学资源，订出具体任务和时间表，并落实到行动。

如何选择大学选修课和讲座

学生问：除了必修课之外，大学里还有很多选修课和讲座，我该如何选择？

对外经济贸易大学教育与开放经济研究中心助理研究员薛新龙：各高校不同专业的人才培养方案均包括诸如课程结构及学分要求、核心课程及毕业总学分等重要信息，会对必修课、选修课及社会实践等课程活动的学分要求作出明确规定。按照这些规定修满相应类型课程学分，是获得学位的必要条件，因此在选课之前，学生一定要了解专业培养方案，熟知其中有关必修课和选修课学分的具体要求，合理规划自己学位修读期间的课程表。此外，还要留意一些特殊重要课程的开设时间，防止因为自己错过选课时间，导致学分总数不满而未能达到毕业要求的情况出现。

必修课的学习能够使学生掌握某一专业领域基础性的知识技能，而选修课则能帮助学生提升综合素质，赋予学习更大自主权。学生在选择专业选修课和公共选修课时，除满足自己在知识探索方面的兴趣爱好外，还可以在对自己未来职业发展有较为清晰定位的基础上，根据行业发展的知识技能要求从学校的课程体系中选择合适的课程修习。除修习课程外，校内外广泛开展的讲座也是学生获取知识和信息的重要渠道。在教育技术现代化、通信便捷化的今天，讲座的潜在受众群体不再局限于本学院或本学校的师生，学生可以通过网络直播或新媒体等数字化方式了解讲座信息，跨校、跨地区甚至跨国参与在线讲座。

无论是必修课、选修课还是课外讲座，都凝结了老师的智慧劳动，学生要充分利用这些学习机会，不要为了凑够学分而随意选课或上课“划水”浪费时间。大家应当充分利用选课周的选择权，通过考量课程内容、开课时间、老师的教学风格等因素，选出符合自己实际情况的课程。

资料来源：支招大学新生：迈好大学第一步[N].光明日报，2020-8-26（5）.

第二节　了 解 专 业

一、专业的概念

专业指高等学校和中等专业学校根据社会专业分工的需要而设立的学业类别。中国高等学校和中等专业学校根据国家建设需要和学校性质设置各种专业。各专业都有独立的教学计划，以实现专业的培养目标和要求。

我国普通高等学校的专业是根据《普通高等学校本科专业目录》划分的，它规定了专业划分、名称及所属门类，是设置和调整专业、实施人才培养、安排招生、授予学位、指导就业、进行教育统计和人才需求预测等工作的重要依据。

二、认识自己的专业

每个学生在报考大学的时候都会填写自己的专业志愿，进入一个专业学习。很多学生在毕业后都会从事与个人专业相关的工作，所以专业学习尤为重要。而学好专业知识的第一步是认识自己的专业。

（一）理性看待专业

常常会有这样的学生：稀里糊涂地选择了现在的专业，或者是服从调剂被动地选择了现在的专业。当问到他们今后想朝什么方向发展时，他们会回答“不知道”。上高中、考大学对于他们而言只是时间表，并没有明确的方向。实际上，进入大学学习是为未来职业生涯作定向准备，如果一个大学新生从来没有思考过这个问题，那么进入大学的第一天就要开始考虑了。大学所学专业和未来职业是有很大关联的，在选择考研专业前，不要轻信所谓的热门专业和冷门专业，要考虑到自身以后的职业生涯发展，也要考虑到行业的稳定性。

（二）确定专业目标

新生入校后，可以从本校的人才培养方案的课程结构或者专业介绍中了解本专业的培养目标，它是确定专业目标的重要参考之一。

首先，通过阅读相关的专业书目，拓展和加深对专业的认识与了解。其次，利用课堂、讲座、活动等机会和专业老师多交流。再次，与本专业高年级学生交流对专业的看法。不少学校设立了学长制，通过举办多样化的活动，促进新老学生的交流，这些都是很好的学习机会。最后，与亲朋好友交谈，不同的社会阅历和经验，可以带来不同的视角和思路。

当然，确立专业目标的过程是一个动态的过程，目标会根据自身和外部环境的改变而改变，但是也会越来越具体、越来越清晰，科学的专业目标是在不断调整中确定的。

（三）培养专业兴趣

兴趣是最好的老师，合适而科学的专业目标对提升专业兴趣至关重要。以前，大学新生一旦选定专业，几乎是没有机会调整的。现在，大部分高校对入学新生都制定了针对性的转专业政策，入学一个学期之后通过综合考评来判断转专业的标准。不过，作为学生，一方面要挖掘和提升自己的专业兴趣，另一方面也要避免走入另一个极端——对专业挑花了眼，在举棋不定中浪费了时间。兴趣是最好的动力，在学习中探索，在探索中找到答案，在得到答案后享受乐趣，在享受乐趣中提升兴趣，在提升兴趣中挖掘动力，一个良性的循环对学习非常有益。

总之，正确认识和了解专业，要在具体的专业中讨论。“专业无好坏”“术业有专攻”，大学生要端正态度，树立目标，培养积极的专业兴趣，就可以走上通往成功的道路。

第三节　校情概览

重庆工业职业技术学院的发展历程，是一部艰苦创业、自强不息、负重前行、努力奋斗的历史。重庆工业职业技术学院是由重庆市政府举办、重庆市教委主管的全日制公办普通高等院校。学校前身是重庆机器制造学校，1956 年，由原国家机械工业部创建；2000 年，重庆机器制造学校和重庆机械职工大学合并升格为重庆工业职业技术学院；2006 年获批为首批 28 所国家示范性高职院校建设单位；2010 年整体搬迁入住渝北空港；2019 年获批中国特色高水平高职学校和专业建设计划建设单位（B 档）。

学校占地 1287.79 亩，建筑面积 34.2 万平方米，现有全日制在校学生 18 000 余人，设有机械工程与自动化学院、车辆工程学院、电子与物联网工程学院、人工智能与大数据学院、建筑工程学院、设计学院、轨道交通与航空服务学院、化学与制药工程学院、经济与管理学院、马克思主义学院（思想政治理论课教学研究部）、通识教育学院（体育工作部）11 个二级学院和教学单位，开设 53 个专业。

学校先后三次被评为全国职业教育先进单位，在中国教育质量评价中心、武汉大学中国科学评价研究中心等联合研发的2020年中国高职高专院校竞争力排行榜中位列全国第 9 位，并获得全国职业院校“教学管理 50 强”“学生管理 50 强”“育人成效 50 强”等 6 个“50 强”荣誉称号，办学成效显著。

1．办学理念先进

学校始终坚持党对教育事业的全面领导，坚持社会主义办学方向，落实立德树人根本任务，秉承“工成于思，业精于勤”的校训，坚持“以行业为先导，以能力为本位，以学生为中心，以就业为目标”的办学理念，大力实施“党建领校、专业立校、人才强校、科研兴校、文化铸校、开放活校、基建固校、依法治校”八大工程，深化产教融合、校企合作、工学结合，发挥学校人才培养、科学研究、社会服务、文化传承创新、国际合作交流作用，培养德智体美劳全面发展的高素质技术技能人才、能工巧匠、大国工匠。

2．区位优势明显

党中央对重庆实施“两点”定位、“两地”“两高”目标，要求发挥好支撑、带动、示范“三个作用”。作为直辖市的重庆，是国家物流枢纽、西部大开发重要战略支点，“一带一路”和长江经济带联结点，正在加快建设内陆开放高地、山清水秀美丽之地，努力推动高质量发展、创造高品质生活；正在推动成渝地区双城经济圈建设，是构建以国内大循环为主体、国内国际双循环相互促进的新发展格局的一项重大举措。学校位于第三个国家级新区、内陆唯一国家级新区—两江新区腹地，地处重庆临空经济示范区，紧邻中国（重庆）自由贸易试验区、仙桃国际大数据谷，空港工业园、龙兴工业园、水土工业园区，产教融合、科教并进的背景极为深厚，学校区位优势明显。

3．党建引领发展

学校强化党建引领，不断将党建优势转化为改革发展优势。近五年来，拥有首批全国党建工作样板支部 1 个，第二批全国党建工作标杆院系、样板支部培育创建单位各 1 个，重庆市标杆院系、样板支部、“双带头人”教师党支部书记工作室培育创建单位共 5 个，市委表彰的先进基层党组织 1 个，重庆市教育系统先进基层党组织 1 个。学校团委获全国五四红旗团委称号，团委书记当选为第十八届团中央委员。学生会当选中华全国学生联合会第二十七届委员会委员团体，是全市唯一入选的高等职业院校。

4．专业建设一流

学校面向中国制造转型升级关键领域，凸显产业支撑型专业特征，构建了以服务先进制造、汽车产业等为主要特色的专业发展体系。专业设置与国家战略和重庆支柱产业契合度达 92.5%。现有国家双高专业群 2 个，国家示范院校建设专业 5 个，央财支持服务产业发展能力建设专业 2 个，市级双高专业群 2 个，全国职业院校示范专业点 2 个，高等职业教育创新发展行动计划（2015—2018 年）骨干专业 7 个，市级服务产业发展能力建设专业 3 个，市级骨干专业 11 个。主持国家级专业教学资源库建设项目 2 个。

5．育人成效显著

学校以培养高素质技术技能人才为目标，持续落实立德树人根本任务，以“四个育人”为基础，抓牢抓实“三全育人”工作。学校是国家首批现代学徒制试点单位、1+X 证书试点单位。毕业生就业率连续多年保持在 96%以上，多项人才培养质量指标位居全国高职院校前列。近千名毕业生进入中国工程物理研究院、中国航空成都飞机有限公司等全国顶尖级科研单位和知名企业。30 余名毕业生作为企业技术代表赴“一带一路”沿线国家开展技术服务。学生荣获全国职业院校技能大赛奖 121 项（一等奖 20 项），中国技能大赛奖 9 项（一等奖 4 项），全国青年岗位能手 5 人；全国高等职业院校体育竞赛奖 7 项；全国大学生数学建模国家一等奖 1 项；全国大学生广告艺术大赛全国奖 6 项（一等奖 1 项）；2020 年全国行业职业技能大赛奖 26 项（一等奖 9 项）。国家级创新创业大赛奖一等奖 10 项。全国青年职业技能大赛决赛（学生组）20 强 5 人，其中前五 2 人。“中国电信奖学金 · 飞 Young 奖”“中国大学生自强之星”各 1 人。

6．名师巧匠辈出

学校坚持人才强校战略，培育打造一大批杰出人才和高水平团队。现有教职员工 1 000 余人，副高以上职称或博士学位人才 400 余人，具有博士、硕士学位教师占专任教师总数 74.7%，“双师型”教师占比 90%。建成国家级教学团队 1 个、首批全国高校黄大年式教师团队 1 个、国家级职业教育教师教学创新团队 2 个，重庆市高校黄大年式教师团队 2 个、教学团队 6 个、首席技能大师工作室 1 个、“双师型”名师工作室 1 个。拥有国家“万人计划”教学名全国技术能手、全国优秀教师、全国“最美教师”、享受国务院政府特殊津贴人员、全国第五届黄炎培杰出教师、“巴渝特级技师”、市级英才计划教学名师、技术能手、高校巴渝学者、高校中青年骨干教师等 100 余人。

7．教学成果丰硕

学校坚持产教融合发展主线，持续深入推进教育教学改革。荣获国家级教学成果奖 5 项，重庆市教育教学成果奖 12 项；建有国家级精品课程 3 门、精品资源共享课程 1 门、精品在线开放课程 1 门；荣获全国优秀教材二等奖 2 种、国家规划教材 24 种，成功立项国家级职教教师创新团队课题研究项目 1 项；教师荣获全国职业院校教学能力比赛奖 5 项，中国技能大赛奖项 3 项（一等奖 1 项）。现建有市级、中央财政支持建设的实训中心 18 个，校内实训室 170 余个，校外顶岗实习基地 190 个，为学生成长积极搭建实习实训平台。

8．研发实力雄厚

学校深入推动科研与创新发展，全面提升科技服务能力。建有市级科研创新平台 7 个，市级创新团队（群体）2 个。获重庆市教育研究成果奖 6 项。荣获省部级技术进步奖 2 项，省部级科技奖励 5 项；市级以上课题 500 余项，发表 SCI、EI 等高水平文章 1 200 余篇，国家专利授权 1 964 件（发明专利 243 件），专利保有量连续三年居重庆市高职院校第一；软件著作权 41 项。获批重庆市博士后工作站 1 个。

9．培训服务卓越

学校高度重视职业培训和社会服务工作，坚持学历教育与职业培训并举并重。学校是人社部国家级高技能人才培训基地、中华全国总工会职工培训示范点、首批国家级职业技能鉴定所、全国第一批示范性职教集团（培育）单位和重庆市首批社会培训评价组织。近 3 年，年均培训、鉴定认证人数达在校生 2 倍以上，各类培训服务创收突破 1 500 万；依托校内建有的重庆市汽车动力系统测试工程技术研究中心、数字化设计与制造重庆市高校工程中心、模具制造重庆市高等职业技术院校应用技术推广中心等 6 个市级科技创新与成果转移平台，为中国航空成都飞机工业集团、长安工业集团等市内外企业提供技术服务近百项，为企业年增产 2 000 万元以上，年度成果转移转化收入超过 2 000 万元。

10．文化底蕴深厚

学校立足“文化引领、‘三匠’育人”核心文化理念，明确核心文化理念内涵，构建形成了完善的工业文化建设体系，全方位发挥育人作用。学校是教育部职业院校文化素质教育指导委员会副主任单位、校园文化建设专委会主任单位，牵头成立全国首家职业院校劳动教育研究院，是首批全国职业院校工业文化研究院成员单位、劳动教育研究院成员单位、红色文化研究与教育联盟副理事长单位。获批重庆市文明校园、重庆市“三全育人”综合改革试点高校。学校文化育人建设成果先后荣获国家级教学成果二等奖、教育部职业院校文化素质教育指导委员会特等奖和市级教学成果一等奖。打造“工业文化大观园”，形成“工业文化”品牌，并成为首批全国职业院校“一校一品”校园文化品牌示范基地。

11．国际交流广泛

学校坚持开放办学，通过实施多层次、宽领域的教育国际交流合作项目，不断拓宽交流合作领域，加深交流合作层次，国际合作交流水平显著提升。学校是教育部“百千万交流计划”院校，陆海新通道职业教育国际合作联盟理事长单位，市属公办高校国际交流合作示范校、重庆高职教育国际合作联盟理事长单位。先后与德国、俄罗斯等国家和地区的 30 多个院校及企业开展了 150 多项合作，开展中外合作办学项目 3 个。先后联合长安等企业，在俄罗斯等国家建立了 3 个职教海外“鲁班工坊”及“人才培养基地”，俄罗斯鲁班工坊纳入“中俄地方合作交流年”国家框架。成功申报智能制造中外人文交流人才培养基地 1 个。

学校是首批国家“十三五”产教融合发展工程规划项目学校、全国机械行指委模具专指委主任单位、机械行业智能装备制造（西南）职教集团、重庆智能制造职教集团理事长单位、重庆市技术转移示范机构、成渝地区双城经济圈职业教育协同发展联盟第一届理事会理事长单位和联盟职业教育发展研究院主任单位。先后获得全国大中专学生志愿者暑期“三下乡”社会实践活动先进单位、重庆市依法治校示范校、重庆市五四红旗团委、重庆市五一劳动奖状等省市级荣誉近百项。当前正积极在高赋能先进制造业中挑重担作贡献，朝着建成“中国特色、世界水平”的高水平高等职业学校阔步前进。

思　考　题

1．面对新的学习环境，你有哪些了解？

2．对于自己所学专业，你有哪些认识？

第二篇

思想篇：坚定信念　立志高远

志存高远，就是胸怀远大理想、坚定信念，具有为崇高理想信念而不懈奋斗的精神追求。“志之所趋，无远弗届，穷山距海，不能限也。志之所向，无坚不入，锐兵精甲，不能御也”。回首百年漫漫征途，一代又一代青年在崇高理想信念的引领下，积极投身中国共产党领导的革命、建设、改革事业，在站起来、富起来、强起来的征程中，英勇战斗、拼搏奉献、砥砺奋进，用热血和汗水谱写了一曲曲壮丽的青春之歌。从“星星之火，可以燎原”到“革命理想高于天”，从“砍头不要紧，只要主义真”到“亏了我一个，幸福十亿人”，人民军队是广大青年官兵茁壮成长的沃土，我军能够战胜千难万险，不断从胜利走向胜利，彰显了理想信念的伟力。历史告诉我们，崇高理想信念是点燃青春梦想和激情的火炬，是引领青年勇往直前、开创美好未来的精神支柱。新时代青年官兵把崇高理想信念化作接力奋斗的坚定志向、成长成才的不竭动力，就能书写熠熠闪光的军旅人生，奏响新时代的青春之歌。

“立志以定其本，居正以持其志”。志存高远，实质上是一个人世界观、人生观、价值观的反映，必然体现在把崇高理想信念视为安身立命的根本上。人民军队的性质、宗旨和职能使命，决定了革命军人的理想追求同牺牲奉献紧紧联系在一起。只有把“小我”融入祖国和人民的“大我”之中，把为祖国和人民的利益甘于牺牲奉献当作至高荣耀，才能升华人生境界、更好地实现军人的职业理想和价值。“志于事业，则富贵不足道；志于富贵，则其人不足道”。选择了军人这个为社会所尊崇的职业，就意味着必须跳出“小我”的狭小天地，不能沉湎于小家庭、满足于“小确幸”，更不能醉心于为个人捞实惠，而要把强军事业作为实现人生价值的广阔舞台，具有军兴我兴、军荣我荣的“大我”情怀。新时代青年官兵应当把立志和立德、立身统一起来，把个人和家庭幸福系于国家发展强盛的基础之上，把人生价值追求融入强国强军的伟大事业之中，用强军志激发爱国情、砥砺报国志，让青春年华在守护国家安宁、人民幸福的奉献中焕发出绚丽光彩。

资料来源：邓一非.志存高远激扬青春力量[N].解放军报，2019-5-21.

第三章　克己正身　崇尚美德

《礼记·大学》中指出“修身齐家治国平天下”，意味着以德修身，学会做人是根本。大学生是国家的未来，社会主义事业的建设者和接班人，除了应当具备扎实的专业知识和实践技能外，还应当不断加强自身道德修养，树立正确的人生观、价值观和世界观，将其融入健康人格的塑造之中，将自身所学“内化于心，外化于行”，从而坚定理想和信念，把握人生航向。

第一节　诚 信 立 身

一、诚信的内涵

“诚信”一词最早是分开使用的。“诚”和“信”都是传统道德的主要内容之一。最早将“诚”与“信”连用的是春秋时代齐国著名的政治家、经济学家管仲。他明确提出“先王贵诚信。诚信者，天下之结也”(《管子·枢言》)，认为诚信是凝聚人心、使天下人团结一致的精神基础。

在中国古代，“诚”和“信”本来是两个意义相近的词，常常用来互相训释。在《说文解字》中的解释是：“诚，信也；信，诚也，从人言。”宋儒张载说：“诚善于心谓之信。”但细释古书可以知道，“诚”“信”二字，意义并不完全相同。诚是真实不欺的品格。古代思想家先后对“诚”做过很多解释，如：“诚者，真实无妄之谓”；“诚，实也”；“诚者，不欺者也”。这些解释的意义大体相同。概括地说，诚即是有真心、真言、真行，不存伪诈。诚的基本要求就是不自欺、不欺人。信的本义是“从人”“从言”“人言为信”。其意思就是说，一个人说出的话、许下的诺言，就一定要做到、要践行。信与诚一样，其基本要求也是真实不欺，但它更侧重于对人讲话的真实不欺，要遵守自己对他人的承诺。“就言上说，是发言之实”“就事上说，是做事之实”。也有人说，“诚”的本义是真实、真切，引申为人的道德情感和社会行为时则有诚实、真挚等含义。“信”的本义是求真、守诚，引申为人的道德情感和社会行为时则有追求真理、信守承诺等含义。

“诚信”包括两层意思，一是要以信用取信于人，二是对他人要给以信任。只有忠诚守实，诚恳待人，才会取得他人的信任；只有讲信用，人才会有信誉。孔子说“人而无信，不大知其可也”“民无信不立”。做人，首先要诚实，诚实守信是为人处事的基本准则，安身立命之所在，因为自古以来就有国人“修身、齐家、治国、平天下”的优良传统。从商鞅辕门立木到曾子杀猪教子，“言必行，行必果”作为衡量个人品行优劣的道德标准之一，是中华民族最重要的传统美德，是一个人的首要品德，对民族文化、民族精神的塑造起到了极其重要的作用。

拓展阅读

一诺千金的故事

秦朝末年，在楚地有一个叫季布的人，性情耿直，为人义气，好打抱不平。只要是他答应过的事情，无论有多大困难，都会设法办到，因此在楚地享有盛名。

楚汉相争时，季布是项羽的部下，曾几次率楚军打败刘邦的军队，使刘邦陷入窘迫的境地。刘邦夺取天下后，每想起败在季布手下的事，就愤恨不已，于是下令通缉季布。

季布逃到山东一户姓朱的人家当佣工。朱家明知他是季布，但出于对他的仰慕依然收留了他。后来，朱家又到洛阳请刘邦的心腹夏侯婴替季布说情。刘邦在夏侯婴的劝说下撤消了对季布的通缉令，还封季布做了郎中。此后，季布又升任河东郡守。

季布有一个同乡叫曹邱生，专爱结交有权势的官员，得知季布做了大官，就通过窦长君的引荐去拜访季布。

季布一向看不起曹邱生，听说曹邱生要来，准备让他下不了台。谁知曹邱生一进厅堂，不管季布的脸色多么阴沉，话语多么难听，对着季布又是打躬，又是作揖，要与季布拉家常叙旧，并吹捧道："我听到楚地到处流传着'得黄金千两，不如得季布一诺'这样的话，您怎么能够有这样的好名声流传在梁、楚两地的呢？作为同乡，我处处宣扬你的好名声，你为什么不待见我呢？"季布听了曹邱生的一番恭维，心里顿时高兴起来，把曹邱生当成最尊贵的客人来招待，留他住了很久。临走，还送给他一笔厚礼。

正如曹邱生所说，他每到一地，就宣扬季布如何礼贤下士，如何仗义疏财。于是季布的名气也就越来越大了。后来，人们就用"一诺千金"来形容一个人很讲信用，说话算话。

资料来源：趣历史.季布一诺千金的故事[E/OL].（2022-08-10）[2022-4-10].http://www.qulishi.com/news/201310/7558.html

诚信具有双重属性，它属于个体道德范畴，强调人的内在品格（即素养），表现为个人本身，人与人，人与社会，人与国家之间真实无欺，不自欺，也不欺人，信守诺言，重信誉，讲信用，诚信又属法律范畴，属于民事法律领域中的"帝王法规"，强调外在的强制性，要求人们在从事民事活动、行使民事权利和履行民事义务时要有契约精神，讲信誉，恪守信用，行为合法合情。

二、失信的危害

随着中国各地领各领域不断深入推进诚信建设，如今，"守信受益、失信难行"的社会氛围已初步形成。不讲诚信的社会是混乱的社会，不讲诚信的国家是没有希望的国家。

据媒体报到，2017 年，中国已开始步入无现金社会，无现金社会就是信用社会，支付宝旗下的蚂蚁金服的免押金信用服务现在已经覆盖全国 381 个城市。专家预测，在未来的无现金生活中，信用将取代押金，而消灭现金支付的不是支付公司，而是信用。如今，凭借芝麻信用的积分，人们可以免押金租车，住酒店，消费等。而对失信人，国家已在全国建立起个人征信系统，失信人上黑名单，被曝光，被限制高消费，坐飞机、高铁，贷款……在评价机制和信用体系已相对完备的今天，人们已经深刻认识到诚实守信是一种宝贵的社会资本，透支信用最终要付出惨重的代价。

拓展阅读

《最高人民法院关于限制被执行人高消费及有关消费的若干规定》第三条规定：

被执行人为自然人的，被采取限制消费措施后，不得有以下高消费及非生活和工作必需的消费行为：

（一）乘坐交通工具时，选择飞机、列车软卧、轮船二等以上舱位；

（二）在星级以上宾馆、酒店、夜总会、高尔夫球场等场所进行高消费；

（三）购买不动产或者新建、扩建、高档装修房屋；

（四）租赁高档写字楼、宾馆、公寓等场所办公；

（五）购买非经营必需车辆；

（六）旅游、度假；

（七）子女就读高收费私立学校；

（八）支付高额保费购买保险理财产品；

（九）乘坐 G 字头动车组列车全部座位、其他动车组列车一等以上座位等其他非生活和工作必需的消费行为。

资料来源：最高人民法院.最高人民法院关于限制被执行人高消费及有关消费的若干规定[A/OL].（2015-7-21）[2022-4-10].https://www.court.gov.cn/fabu-xiangqing-15046.html.

三、诚信对大学生的重要意义

（一）诚信是大学生树立理想信念的基础

一个没有诚信品质的人，不可能有坚定的理想信念。一个在平时不讲诚信的人，在关键时刻不可能为崇高的理想信念作出牺牲。大学生只有具有诚实守信的道德品质，才能真正忠诚于国家和民族，坚定地在中国共产党领导下走中国特色社会主义道路，树立为实现中华民族伟大复兴终生奋斗的理想和信念。

（二）诚信是大学生全面发展的前提

大学生只有以诚实守信为重点，加强思想道德修养，讲诚信、讲道德，言必行、行必果，诚心做事、诚实做人，言行一致、表里如一，自觉端正态度，坚守道德、规范，才能不断提高思想道德素质和科学文化素质和健康素质，实现全面发展。

（三）诚信是健全大学生人格的保障

人格的健全对于大学生的人生具有重要意义。大学生讲诚信，重信誉，就能够正确认识评价自己和自己的行为（真善美、假丑恶），评价他人和他人的行为，从而建立和谐的人际关系，使自己成为一个有道德的人，一个有益于社会的人。

（四）诚信是大学生进入社会的“通行证”

大学生只有树立以诚信为本、以操守为重的信用意识和道德观念，“以诚实守信为荣、以见利忘义为耻”，以社会主义核心价值观为导向努力培养诚实守信的优良品质，奠定立足现代社会的道德基石，才能成为高素质的人才，承担起社会责任和历史使命。

第二节　崇 尚 美 德

一、崇尚社会公德

（一）社会公德的概念

社会公德有广义和狭义的之分。广义的社会公德是指反映阶级、民族或社会共同利益的道德。它包括一定社会、一定国家特别提倡和实行的道德要求，甚至还以法律规定的形式，使之得以重视和推行。狭义的社会公德是特指人类在长期社会生活实践中逐渐积累起来的、为社会公共生活所必需的、最简单、最起码的公共生活准则。它一般指影响着公共生活的公共秩序、文明礼貌、清洁卫生以及其他影响社会生活的行为规范。

（二）社会公德的主要内容

（1）文明礼貌。社会公共生活中人与人之间应该和谐相处，举止文明，以礼相待。

（2）助人为乐。助人为乐是社会成员在公共生活交往中用以调整相互关系的最一般的行为规范之一。

（3）爱护公物。一个公民是否爱护公共设施，从小处讲可以反映出一个人道德素质的高低，一个学生是否爱护学校公共事物也反映出校风的好坏。

（4）保护环境。为了保持社会公共生活的环境整洁、舒适和干净，保障社会成员的身体健康，每个公民都应当讲究公共卫生、保护生活环境，这也是社会公共生活中人们应当遵循的最基本的行为规范。

（5）遵纪守法。法律是对公民行为的必要约束及规范，是对道德的补充。自觉遵守法律法规、纪律，是社会公德最基本的要求。

社会公德涵盖了人与人，人与社会，人与自然之间的关系，在人与人之间关系层面上，社会公德主要体现为举止文明，尊重他人；在人与社会之间关系层面上，社会公德主要体现为爱护公共财物，维护公共秩序；在人与自然关系层面上，社会公德主要体现为关爱自然，保护环境，推进生态文明。因此，在建设社会主义强国的过程中，大学生应积极遵守以"文明礼貌、助人为乐、爱护公物、保护环境、遵纪守法"为主要内容的社会公德。

（三）大学生要自觉践行社会公德

1．积极参与各种社会活动，在实践中践行社会公德

参加志愿者服务等公益事业和社会实践活动对大学生了解社会、提升实际工作能力，尤其是增强大学生的社会责任感有极大的帮助。大学生培养社会公德意识的实践活动有很多种方式，既可以参加社会公德的宣传活动，普及社会公德规范、传播文明新风，也可以结合自身的专业特点服务社会、回报社会；既可以参加学校的各种社会公益活动，也可以结合自己的兴趣爱好加入各种社会公益组织。大学生参与社会公德实践活动本身就是一种学习，可以从实践中体会到什么是符合社会公德规范的言行，从而在实践中不断提高自身的社会公德素养，并带动他人，影响他人，营造良好的社会氛围。

2．从小事做起，从小节改起，带头践行社会公德规范

社会公德所规范的行为包括社会公共生活中最微小的行为细节，这些细节极易被人们忽略，而它一旦被社会群体中的大多数人所忽视，往往可能形成不良的社会风气。因此，社会公德意识要在点点滴滴的日常小事中培养，古人云"勿以善小而不为，勿以恶小而为之"，讲的就是这个道理。其实，践行社会公德并不难，提升敬人礼让的境界同样不难，比如，见到老师、长辈主动问候是讲社会公德；乘坐公交车主动为老幼病残乘客让座是讲社会公德，在银行、邮局等公共场所排队时自觉站在"一米线"外是讲社会公德，最后离开教室时随手关灯是讲社会公德；外出旅游时不在景点设施上随意刻画是讲社会公德，等等。社会公德的境界，就是在这些不起眼的一举手一投足间慢慢升华的。

二、职业道德的培养

（一）职业和职业道德的概念

职业是指人们所从事的某项工作。社会分工造成了职业的多样性，职业也因此具

备了特定的业务要求和职责规定。一定的职业是从业者（劳动者）获取生活来源、扩大社会关系和实现自身价值的重要途径。

职业道德是指人们在所从事的职业过程中所形成的行为规范总和，是从业人员在职业活动中应当遵循的行为准则，具有普遍的道德约束力和纪律约束力。

（二）职业道德的主要内容

1．爱岗敬业

爱岗敬业是对人们工作态度的一种普遍的要求，在任何部门、任何岗位工作的公民，都应爱岗、敬业。从这个意义上说，爱岗敬业是社会公德中一个最普遍、最重要的要求。

爱岗，就是热爱自己的本职工作，能够为做好本职工作尽心尽力；敬业，就是要用一种恭敬严肃的态度来对待自己的职业，对自己的工作要专心、认真、负责任。爱岗与敬业是相辅相成、相互支持的。

要达到爱岗敬业的职业道德要求，首先要有献身事业的思想意识，应当把自己的职业当成一种事业来看待。献身于事业就是要把自己的才华、能力以至于生命都投入到事业当中去，认认真真、毫不马虎。只有具备这样的思想意识，才能以从事本职工作为乐。第二，要培养干一行、爱一行的精神。只有干一行、爱一行，才能认认真真“钻一行”，才能专心致志搞好工作，出成绩、出效益。随着市场经济的完善和人才的相对饱和，用人单位会倾向于选择那些踏踏实实工作、有良好工作态度的人。所以，干一行、爱一行在今天仍有特别重要的意义。第三，爱岗敬业要贯穿工作的每一天。提倡爱岗敬业，并非说一个人一辈子只能呆在某一个岗位上，而是无论他在什么岗位，只要在岗一天，就应当认真负责地工作一天。岗位、职业可能有多次变动，但对其工作的态度始终都应当是勤勤恳恳、尽职尽责。

2．诚实守信

诚实守信，是为人处世的基本准则，是一个人在社会生活中安身立命之根本。诚实守信也是一个企业、单位行为的基本准则。企业若不能诚实守信，它的经营则难以持久。可见，诚实守信也是社会主义社会公民的职业道德之一，每一位公民、每个企业主、每个经营者，都要遵守这一基本准则。

诚实是人的一种品质。这种品质最显著的特点是，一个人在社会交往中能够讲真话，他能忠实于事物的本来面貌，不歪曲事实，不隐瞒自己的真实思想，不掩饰自己的真实情感，不说谎，不作假，不为不可告人的目的而欺骗别人。

守信也是一种做人的品质。就是讲信用，讲信誉，信守承诺，忠实于自己承担的义务，答应了别人的事一定要去做。

诚实守信四个字，说起来容易，做起来不易。首先在经营活动中仍存在大量“不诚不信”的现象，一些人在私利的驱动下，缺斤少两、坑蒙拐骗、偷工减料、假冒伪劣、不讲信誉、不履行合同，坑害消费者，这实际是一种不公平的竞争。“不守信”也存在于其他领域，如有些干部有意夸大成绩，缩小问题（或者是有意夸大问题，缩小成绩），总而言之这是不实事求是的一种表现。这种不诚实、不守信的现象在日常生活中也存在。如有的人不注重“守信”，说话往往言而无信，出尔反尔；开会或赴约，总是迟到，不能遵守时间，这样的人就不具有“守信”的美德。

要在全社会发扬诚实守信的职业道德，改变一些人不诚实、不守信的行为。首先，要靠教育。其次，要靠自我养成，从说真话、守时间、讲信誉等一点一滴的小事做起；最后，要发挥道德舆论的力量，对不讲信誉、不讲真话的行为予以批评、谴责，使他们脸上无光、心中内疚；对于讲信誉、以诚待人的公民要予以赞扬，号召向他们学习。我们也要看到，道德教育不是万能的，仅用道德手段还不能完全解决问题。必须在发挥道德作用的同时，与完善法纪、加强管理、改革用人制度等措施相配合。

3．办事公道

办事公道是很多行业、岗位人员必须遵守的职业道德，其涵义是以国家法律、法规、纪律、规章以及公共道德准则为标准，秉公办事，公平、公正地处理问题。其主要内容有：第一，秉公执法，不徇私情，坚持法律面前人人平等的原则，正确处理执法中的各种问题。第二，在体育比赛和劳动竞赛等裁决中，提倡公平竞争，不偏袒，无私心，作出公平、公正的裁决。第三，在政府公务活动中对群众一视同仁，不论职位高低、关系亲疏，一律以同志态度热情服务，一律照章办事，不拉关系、走后门。第四，在服务行业的工作中做到诚信无欺、买卖公平、称平尺足，不能以劣充优、以次充好。

4．服务群众

服务群众是为人民服务的道德要求在职业道德中的具体体现，是国家机关工作人员和各个服务行业工作人员必须遵守的道德规范。其主要内容有：第一，树立全心全意为人民服务的思想，热爱本职工作，甘当人民的勤务员；第二，文明待客，对群众热情和蔼，服务周到，说话和气，急群众之所急，想群众之所想，帮群众之所需；第三，廉洁奉公，不利用职务之便谋取私利；第四，对群众一视同仁，不以衣貌取人，不分年龄大小，不论职位高低，都以同志态度热情服务；第五，自觉接受群众监督和群众批评，有错即改，不护短，不包庇，不断提高服务水平。

5．奉献社会

奉献社会是社会主义职业道德的最高要求，是为人民服务和集体主义精神的最好体现。每个公民无论在什么行业，什么岗位，从事什么工作，只要他爱岗敬业，努力工作，就是在为社会作贡献。在工作过程中不求名、不求利，只奉献、不索取，体现出宝贵的无私奉献精神，是社会主义职业道德的最高境界。

奉献社会职业道德的突出特征是：第一，自觉自愿地为他人、为社会贡献力量，完全为了增进公共福利而积极劳动；第二，有积极为社会服务的责任感，充分发挥主动性、创造性，竭尽全力为社会作贡献；第三，不计报酬，完全出于自觉精神和奉献意识。在社会主义精神文明建设中，我们要大力提倡和发扬奉献社会的职业道德。

（四）弘扬工匠精神，培养职业道德

恪尽职守、乐业奉献、读万卷书、行万里路，在于一个“勤”；业精于勤，荒于嬉，工作从业，同样也在于一个“勤”。中华民族最重要的品质中，“勤劳”所占的地位尤其崇高。工匠精神就是一生专做一件事，一生勤做一件事，默默坚守，孜孜以求，在平凡的岗位上，追求职业技能的完美，把不可能变成了可能。匠人也因此成为企业不可或缺的财富、国家强大的支柱和人人学习的榜样。在更加注重个人价值的当今社会，大学生传承匠人精神、争做优秀员工，是人生精彩、人生出彩，贡献人生价值之所在。大学生在弘扬工匠精神，培养职业道德，争做优秀员工方面要坚持做到以下几点：

（1）对自己所从事的工作倍加热爱，并为之努力奋斗。

（2）不慕虚荣，干一行爱一行，时刻把责任烙在心上。

（3）高效执行，将工作落到实处。

（4）业精于勤，成功需要比别人付出更多的汗水和辛劳。

（5）专心致志，要全心全意只做“一件事”。

（6）一丝不苟，用细节成就伟大。

（7）勇于创新和突破，练就完美的技艺。

（8）团队合作，让力量更强大，自己更优秀。

拓展阅读

大国工匠胡双钱

胡双钱至今工作了 37 年，生产了数十万个飞机零件，从没有出现过任何差错，因为从无差错，他连续 13 年获得厂里“质量信得过岗位”，享受产品免检的待遇。在中国民用航空工业生产一线，很少有人能比他更有发言权。

在胡双钱工作的车间，目前还生产着波音和空客的零件，但胡双钱始终觉得，生产外国人的飞机零件，就像是个机器人，只有制造中国人自己的飞机，才能发挥自己的特长，做技术的创新，这种感情和造外国人的飞机是完全不一样的。

2006 年，中国国产大飞机 C919 终于立项，大飞机的制造让胡双钱忙了起来，不仅要做各种形状各异的零件，有时还要临时救急。有一次，急需一个特殊零件，从原厂调配需要几天的时间。为了不耽误工期，只能用钛合金毛坯来现场临时加工，这个任务交给了胡双钱。胡双钱回忆：“一个零件要 100 多万，关键它是精锻锻出来的，所以成本相当高。因为有 36 个孔，大小不一样，孔的精度要求是 0.24 毫米。”0.24 毫米，相当于人头发丝的直径，这个本来要靠细致编程的数控车床来完成的零部件，在当时

却只能依靠老胡的一双手和一台传统的铣钻床，连图纸都没有。打完这36个孔，胡双钱用了一个多小时。当这场金属雕花结束之后，零件一次性通过检验，被送去安装。

2017年5月5日，C919在上海浦东机场成功完成首飞。“很自豪，我当时眼眶也湿润了。”胡双钱回忆说。在《榜样》节目录制现场，当谈及“工匠精神”，胡双钱认为，所谓工匠精神就是工匠的良心，飞机关乎乘客生命，飞机零部件制造绝不能出差错，99.99%和100%有天壤之别，是生与死的差别。

现在，胡双钱的工作车间成立了“胡双钱大国工匠工作室”，用以培养更多优秀青年人才。在培养青年人的方式上，他有自己的风格。他说自己绝不会直接告诉年轻人如何操作，而是让他们去反复思考和琢磨，在关键的时候，才会去点拨。胡双钱一周有六天要泡在车间里，有时候加班加到第二天早上，看到同事都来上班了，他倒觉得比别人多活了一天，觉得很开心，根本不觉得苦。已近退休年龄的他，似乎身上有用不完的劲儿，他说，别说是再干10年，哪怕再干20年，自己也很乐意，希望天上飞的飞机，都写着“中国制造”。

资料来源：共产党员网.走近《榜样》（十二）|大国工匠胡双钱[E/OL].（2017-9-28）[2022-4-12].https://news.12371.cn/2017/09/28/ARTI1506577597133621.shtml.

三、家庭美德的培养

（一）家庭美德的内涵

家庭美德是指人们的内涵在家庭共同生活过程中所形成的人们应当遵循的行为规范的总和，集中体现为“爱”。2016年12月12日，党和国家领导人习近平会见第一届全国文明家庭代表时说：“要积极传播中华民族传统美德，传递尊老爱幼、男女平等、夫妻和睦、勤俭持家、邻里团结的观念，倡导忠诚、责任、亲情、学习、公益的理念，推动人们在为家庭谋幸福、为他人送温暖、为社会作贡献的过程中提高精神境界、培育文明风尚。《人民日报》评论指出：家是构成社会的基本细胞，是人生的第一所学校。家是最小国，国是千万家，家庭是国家发展、民族进步、社会和谐的基点。家风相连成民风，民风相融汇国风。廉洁政风和清湛家风犹如车之两轮，相得益彰。”

（二）家庭美德的主要内容

家庭美德的内容主要包括尊老爱幼、男女平等、夫妻和睦、勤俭持家、邻里团结等。“尊老爱幼”就是继承中国传统家庭美德中“老吾老以及人之老，幼吾幼以及人之幼”的优良传统，子女对父母有尊敬之心，父母给予子女亲情和关爱，互相尊重人格权利和个人隐私。父母和子女在共同承担家庭责任与义务中，尽力为家庭多作贡献，共同建设幸福之家。

拓展阅读

人民日报青春日记：孝亲敬老 重在用心

姥爷又住院了，三年多来，姥爷进出医院十余次，我的母亲经常一宿连着一宿，衣不解带地守在病床边。母亲对我说，她16岁离家当兵，长大后还能在父母身边尽孝，也是知足。我手里握着为母亲新织的围巾，话在嘴边却没说出口：这些年，她用实际行动教会我孝道，我也要让孝的种子生根发芽，把孝在代际间传承。

人间亲情贵，儿女孝心美，孝是善的根基，也是道德之本。作家毕淑敏在《孝心无价》一文中说：“我相信每个赤诚忠厚的孩子，都曾在心底向父母许下孝的宏愿，相信来日方长，相信自己衣锦还乡的那一天，可以从容尽孝。”然而有时候，父母变老就在不经意间，年轻人应该用陪伴代替想念，用行动弥补遗憾，与其在指尖转发，不如抽空回家看看，陪爸妈吃顿晚饭。

时代飞速发展，年轻人尽孝的方式也会发生改变。一组漫画走红网络，其中“教父母学会上网”的漫画体现了孝行的时代印记，“打开父母心结”的漫画强调了尽孝不能停留于物质层面，更要注重“情”的沟通。古人事亲日夜陪伴，尽心尽力；如今，离家千里也并不代表无能为力，年轻人可以借助方便的物流服务，给父母送去贴心礼物，也可以借助互联网技术，和父母视频通话，把过去的“儿行千里母担忧”，变成“母行千里儿操办”。

如果说青春是一首动人的乐曲，缺少孝的音符，便会失去饱满的和弦；如果把青春比作绚丽的画卷，没有孝的元素，就失去了铺陈渲染的底色。孝是年轻人成长的必修课，用心才会合格。

资料来源：邝西曦.人民日报青春日记：孝亲敬老 重在用心[N].2019-1-13（5）.

“男女平等”是指男女在家庭中具有平等的权利与义务、平等的地位与价值、平等的人格与尊严。在这方面要特别注意对传统社会“男尊女卑”“男主女从”道德规范的辩证扬弃，因为今天我国的宪法及各种法律都已贯彻了男女平等原则，在社会各个领域实现了男女之间权利与义务、地位与价值、人格与尊严平等，充分体现社会主义婚姻家庭制度的本质特征，使男女平等真正成为家庭美德的应有之义。

“夫妻和睦”强调夫妻之间在生活上要相互关心、相互帮助，在事业上相互理解、相互支持，在感情上相互爱恋、相互体贴。特别是在处理各种家庭矛盾时，要以坦诚的态度彼此相待，以相互理解的精神包容对方，夫妻感情与父母子女感情的最大区别是爱情，只有持之以恒地珍惜、培育和增进这种感情，才能永葆夫妻和睦关系的存在。

“勤俭持家”是保证家庭物质基础稳固的前提条件，家庭生活的幸福美满需要良好的物质基础，这就要求每一个家庭成员必须通过勤勉刻苦、节约简朴、奋发努力来丰富家庭的物质财富。中国古人历来强调通过勤勉劳作来磨练人的心性，使其不断转归朴实无华，避免骄奢淫逸。孔子的“温、良、恭、俭、让”和老子的“慈、俭”，都将“俭”视作家庭生活的重要美德，它们是建构当代中国家庭美德的重要思想资源。

“邻里互助”是家庭内生德性的外在延伸，因为聚群而居是人类生活的本质属性，任何家庭必然处于邻里关系之中，邻里之间团结互助、彼此关照、和睦相处，能为家庭提供快乐融洽的外部环境。如果邻里之间各种纠纷不断，彼此关系紧张，每个家庭都不会获得安宁。这就要求邻里之间以诚相见，互帮互助，才能最终建立起良好的邻里关系。

（三）大学生家庭美德的培养

家庭是社会的细胞，国家力量的源泉。家庭的幸福安康、和谐美满是国家富强、社会和谐的基础。当代大学生，既是家庭的一员，又是社会的一份子，进入大学，才真正从家庭的怀抱中逐渐走出，今后也会有一个幸福美满的家庭，在培养家庭美德方面要努力做到“六要”：

（1）要努力学习，严格要求自己，加强自身思想修养，让自己变得更优秀，不辜负父母的期待。

（2）要继承和弘扬中华家庭文化，恪守中华民族优秀传统美德，建立良好家风、家训。

（3）要尊重父母。尊老爱老是中华民族的传统美德，好好和长辈说话，为长辈做一些力所能及的事情。

（4）要勤俭。一粥一饭，当思来之不易；半丝半缕，恒念物力维艰。大学生在家庭生活中要尊重父母的劳动，珍惜、珍爱父母的劳动成果，在生活中秉持勤俭节约的良好品质。

（5）要诚信。诚实守信是做人之本、立家之本，大学生要诚信对待家庭和父母，不欺骗父母。

（6）要有责任心，爱需要付出，责任需要担当，恋爱、婚姻、家庭因为责任而圆满。

思 考 题

1. 诚信对大学生有什么意义和影响？你如何看待诚信？

2. 社会公德、职业道德和家庭美德的主要内容分别是什么？对照自身，你觉得自己哪些方面需要加强？

第四章　认识自我　立志高远

大学阶段，学生思维趋于成熟和完善，开始全面认知自我，探寻价值观和职业观等问题，并将内在自我和外在现实联系起来，形成统一稳定的生存方式。正确的自我认知，能够引导大学生明确自我价值，以积极健康的心态面对生活与学习。

第一节　自 我 认 知

一、自我认知的概念

自我认知是指个体对自己的洞察和理解，包括自我观察和自我评价两个方面。自我观察是指对自己的感知、思维和意向等方面的觉察，自我评价是指对自己的想法、期望、行为及人格特征的判断与评估。

正确地认识自我、实事求是地评价自己，是做好职业生涯规划的关键，也是自我调节和人格完善的重要前提。

二、自我认知的内容

个体进行自我认知时，需要对自己的兴趣、性格、能力和职业价值观进行评估。

（一）兴趣

兴趣是人们注意与探究某种事物或从事某种活动的积极态度与倾向。例如，一个人对某种职业感兴趣，就会对该职业活动表现出肯定的态度，并积极思考、探索和追求。

1. 兴趣的分类

根据不同的分类标准，兴趣可以分为不同的种类。

（1）物质兴趣和精神兴趣。物质兴趣主要指人们对舒适的物质生活（如衣、食、住、行方面）的兴趣和追求，精神兴趣主要指人们对精神生活（如学习、研究、文学艺术、知识等方面）的兴趣和追求。

（2）直接兴趣和间接兴趣。直接兴趣是指对活动过程的兴趣，间接兴趣主要指对活动过程所产生的结果的兴趣。直接兴趣和间接兴趣是相互联系、相互促进的，只有把直接兴趣和间接兴趣有机地结合起来，才能充分发挥个人的积极性和创造性，并能持之以恒，取得成功。

（3）个人兴趣和社会兴趣。个人兴趣是个体以特定的事物、活动及人为对象，所产生的积极的、带有倾向性、选择性的态度和情绪。社会兴趣指社会成员对某一领域的普遍兴趣，或社会某一领域对社会成员的普遍需求。

2．职业兴趣对大学生就业稳定的作用

职业兴趣是一个目标管理的过程，探索职业兴趣不是单纯依靠学校的学习过程获得，更多来自于各种社会活动中。简单地从优势学科中去探讨职业兴趣，往往是不得其解的。如同一个大学生很喜欢数学但未必愿意做数学研究一样，或许有一天，这个学生由于数学成绩优异而被保送读数学博士，结果发现，这根本不是他想要的职业。

发现自己的职业兴趣，不仅能帮助学生获得目标管理能力，还能督导学生培养自己的专业习惯，以应对未来的职业需要。早日获得职业兴趣方向，对规避日后就业过程中的盲目性和不稳定性有良好的作用。

（二）性格

性格是指由人对客观现实的稳定态度和行为方式中经常表现出来的稳定倾向。性格是一个人对现实的态度及与之相适应的习惯化的行为，是个性心理特征中最重要的方面，它通过人对事物的倾向性态度、意志、活动、言语等方面表现出来，是人的主要个性特点即心理风格的集中体现，如大公无私、勤劳、勇敢、自私、懒惰、沉默、懦弱等，都反映了自身的性格特点。

1．性格的基本特征

（1）性格的态度特征。性格的态度特征表现为个人对现实态度的一般倾向性。例如，对社会、集体、他人的态度，对劳动、工作、学习的态度及对自己的态度等。

（2）性格的理智特征。性格的理智特征表现为心理活动过程方面的个体差异。例如，在感知方面，是主动观察型还是被动感知型；在思维方面是，具体罗列型还是抽象概括型；在想象力方面，是丰富型还是贫乏型等。

（3）性格的情绪特征。性格的情绪特征表现为个人受情绪影响或控制情绪程度的状态。例如，个人受情绪感染和支配的程度，情绪受意志控制的程度，情绪反应的强弱、快慢，情绪起伏波动的程度等。

（4）性格的意志特征。性格的意志特征表现为个人自觉控制自己的行为及行为努力程度方面的特征。例如，个人是否具有明确的行为目标，能否自觉调适和控制自身行为，在意志行动中表现出的是独立性还是依赖性，是主动性还是被动性，是否坚定、顽强、忍耐、持久等。

2．性格的类型

性格的类型是指一类人身上所共有的性格特征的独特结合。由于性格结构的复杂性，在心理学的研究中，至今还没有公认的性格类型划分原则与标准，以下是几种具有代表性的观点：

（1）以心理机能优势分类。这是英国的培因和法国的李波特提出的分类法。他们根据理智、情绪、意志三种心理机能在人的性格中所占优势程度，将人的性格分为理智型、情绪型、意志型。理智型的人通常以理智来评价周围发生的一切，并以理智支配和控制自己的行为，处世冷静；情绪型的人通常用情绪来评估一切，言谈举止易受情绪左右，这类人最大的特点是不能三思而后行；意志型的人行动目标明确，主动、积极、果敢、坚定，有较强的自制力。除了这三种典型的类型外，还有一些混合类型，如理智-意志型，在现实生活中大多数人都是混合型。

（2）以心理活动的倾向分类。这是瑞士心理学家荣格的观点。荣格根据一个人里比多的活动方向来划分性格类型，里比多指个人内在的、本能的力量。里比多活动的方向可以指向内部世界，也可以指向外部世界。前者属于内倾型，特点是处世谨慎，深思熟虑，交际面窄，环境适应能力差；后者为外倾型，特点是心理活动倾向于外部，活泼开朗，活动能力强，容易适应环境的变化。

（3）以个体独立性程度分类。美国心理学家威特金等人根据场的理论，将人的性格分成场依存型和场独立型。场依存型者倾向于以外在参照物作为信息加工的依据，他们易受环境或附加物的干扰，常不加批评地接受别人的意见，应激能力差；场独立型的人不易受外来事物的干扰，更多地习惯利用内在参照即自己的认识，他们具有独立判断事物、发现问题、解决问题的能力，而且应激能力强。这两种类型的人是按两种对立的认知方式进行工作的。

（4）以人的社会生活方式分类。德国的心理学家斯普兰格从文化社会学的观点出发，根据人认为哪种生活方式最有价值，把人的性格分为六种类型，即经济型、理论型、审美型、宗教型、权力型、社会型。

（三）能力

能力是直接影响活动效率，使活动、任务得以完成的个性心理特征，是那些与活动的要求相符合、能保证活动顺利完成的稳定的心理特征的综合。通常说一个人解决问题速度快、任务完成质量高，就是指这个人的能力强。

能力总是和人的活动联系在一起，是在具体活动中体现出来的。能力是顺利完成活动的一种必备心理条件，如感觉力、观察力、记忆力、想象力、思考力、操作力等。

1. 能力的分类

根据不同的分类标准，能力可以分为不同的种类。

（1）一般能力和特殊能力。一般能力是指在不同种类的活动中表现出来的能力，包活注意力、想象力、观察力、思考力、记忆力、创造力等；特殊能力是指在某种专业活动中表现出来的能力，是顺利完成某种专业活动所必须的心理条件。

（2）认知能力、操作能力和社交能力。认知能力是指人脑加工、储存和提取信息的能力，即人们常说的智力；操作能力是指人操作自己的肢体以完成各项活动的能力；社交能力是人们在社会交往活动中表现出来的能力。

（3）模仿能力和创造能力。模仿能力指人们通过观察别人的行为、活动来学习各种知识，然后以类似的方式作出反应的能力；创造能力是指产生新的思想和设计新的产品的能力。

（4）流体能力和晶体能力。流体能力是指信息加工和问题解决过程中所表现的能力，如对关系的认识、类比、演绎推理能力等，它取决于个人的禀赋，较少依赖于文化和知识内容；晶体能力是指在实践中以习得的经验为基础的认知能力，如人类学会的技能、语言文字能力等，它受后天的经验影响较大。

拓展阅读

职场成功人士必备的能力

1．解决问题时的逆向思维能力

面对工作中遇到的新问题，他们擅长用逆向思维去探索解决问题的途径。他们清楚具体业务执行过程，采用逆向思维找寻问题的解决方法，会更容易从问题中解脱出来。

2．换位思考能力

在考虑解决问题的方案时，常人通常站在自己职责范围立场上希望尽快妥善处理，而他们却总会自觉地站在公司的立场去考虑解决问题的方案。

对于公司或老板，解决问题的出发点首先考虑的是如何避免类似问题重复出现，而不是头疼医头、脚疼医脚地就事论事。面对人的惰性和部门之间的推诿，只有站在公司的角度去考虑解决方案，才是比较彻底的办法。

3．强于他人的总结能力

他们对问题的分析、归纳、总结能力比常人强，总能找出规律性的东西，并驾驭事物，从而达到事半功倍的效果。人们常说苦干不如巧干，但如何巧干，也是有办法的，需要不断总结。

4．简洁的文书编写能力

学会编写简洁的文字报告和编制赏心悦目的表格尤为重要。即便是很复杂的问题，他们也能将其浓缩为简洁的文字和报表。有必要详细说明的问题，再用附件形式附在报告或表格后面，让老板仅仅浏览一页纸或一张表格便可知道事情的概况。如其对此事感兴趣或认为重要，可以通过阅读附件里的资料来了解详情。

5．信息资料收集能力

他们很在意收集各类信息资料，包括各种政策、报告、计划、方案、统计报表、业务流程、管理制度、考核方法等，尤其是竞争对手的信息。因为成熟的业务流程本身就是很多经验和教训的积累，这在教科书上很难找到的，也不是在课堂中学到的。

6．解决问题的方案制定能力

遇到问题，他们不会让领导做“问答题”，而是做“选择题”。常人遇到问题，首先是向领导汇报、请示解决办法，带着耳朵听领导告知具体操作步骤，这就叫让领导做“问答题”。而他们常带着自己拟定好的多个解决问题方案供领导选择、定夺，这就是常说的给领导出“选择题”。领导显然更喜欢做的是“选择题”。

7. 目标调整能力

当个人目标在一个组织里无法实现，且又暂时不能摆脱这一环境时，他们往往会调整短期目标，并且将该目标与公司的发展目标有机地结合起来。这样，大家的观点就容易接近，或取得一致，就会有共同语言。反过来，别人也会乐于接受他们。

8. 超强的自我安慰能力

遇到失败、挫折和打击，他们常能自我安慰和解脱，还能迅速总结经验教训，而且坚信情况会发生变化。他们的信条是：塞翁失马，焉知非福。上帝在为你关上一扇门的同时，一定会为你打开一扇窗。

9. 书面沟通能力

当发现与老板面对面的沟通效果不佳时，他们会采用迂回的办法，如利用电子邮件、书面信函或报告的形式尝试沟通。因为，书面沟通有时可以达到面对面语言沟通所无法达到的效果，可以较为全面地阐述想要表达的观点、建议和方法，从而能够让老板把话听完，也可方便老板选择一个其认为空闲的时候来“聆听”他的“唠叨”。

10. 企业文化的适应能力

他们对新组织的企业文化都有很强的适应能力。

11. 岗位变化的承受能力

竞争的加剧，经营风险的加大，企业的成败可在一朝一夕之间发生。对他们来讲，岗位的变化，甚至于工作的丢失都无所畏惧。因此，他们承受岗位变化的能力是常人所无法比拟的。在他们看来，这不仅是个人发展的问题，更是一种生存能力的问题。

12. 客观对待忠诚

他们身上你会发现对组织很忠诚。他们清楚地意识到忠诚并不仅仅有益于组织和老板，最大的受益者是自己。责任感和对组织的忠诚习惯一旦养成，会使他们成为一个值得信赖的人，可以被委以重任的人。

13. 积极寻求培训和实践的机会

他们很看重培训的机会，往往在招聘时就会询问公司是否有提供培训的机会。如果一个企业的薪酬福利暂时没有达到他们的满意程度，但却有许多培训和实践的机会，他们也会一试。毕竟，有些经验是需要通过培训和实践来获得的。

14. 勇于接受分外之事

任何一次锻炼的机会他们都不轻言放弃，而把它看成是难得的锻炼机会，并意识到今天的分外之事，或许就是明天的分内之事。常看见他们勇于接受别人不愿接受的分外之事，并努力寻求一个圆满的结果。

15．职业精神

他们身上有一种高效、敬业和忠诚的职业精神，主要表现为思维方式现代化，拥有先进的管理理念并能将其运用于经营实践中。言行举止无私心，在公司的业务活动中从不掺杂个人私心。有了这种职业精神的人，到任何组织都是受欢迎的，而且，迟早会取得成功。

资料来源：马海洋.职场成功人士应具备的15种能力[E/OL].（2013-4-23）[2022-4-15].https://www.mahaixiang.cn/zcfz/201.html.

2．能力与知识、技能的关系

（1）能力与知识、技能的区别。知识和技能是能力的基础，只有那些能够广泛应用和迁移的知识与技能，才能转化为能力。能力不仅包含了一个人现在已经达到的成就水平，而且包含了一个人具有的潜力。例如，一个读了很多书的人，可能有较丰富的知识，但在解决实际问题时却能力低下，这说明他的知识只停留在书本上，既不能广泛迁移，也不能用来解决实际问题。可见，知识、技能与能力是有区别的。

（2）能力与知识、技能的联系。

1）能力是掌握知识、技能的必要前提。能力的高低直接影响着掌握知识、技能的难易、速度和程度，也影响着对知识、技能的运用及解决问题的程度。

2）知识和技能是形成能力的基础。一个人掌握一定的知识和技能，同时也会促进能力的提高。某种水平的知识、技能为高水平能力的发展提供了新的可能。

3）具有同等水平知识、技能的人，不一定具有同等水平的能力。学历、文凭只反映一个人具备了一定的一般知识和技能或某种专业知识和技能，并不反映其具备从事特定专业的特殊能力。在人才测评中，不能把文凭和能力画等号，否则就混淆了知识和能力的界限。

能力是掌握知识、技能的前提，又是掌握知识、技能的结果，两者是互相转化、互相促进的。正确理解能力与知识、技能的关系，有助于大学生科学地掌握知识、培养技能、发展能力，这对社会进步和个人发展都具有重要意义。

（四）价值观

价值观是指一个人对周围的客观事物（包括人、事、物）的意义、重要性的看法和评价。价值观，一方面表现为价值取向、价值追求，凝结为一定的价值目标，另一方面表现为价值尺度和准则，成为人们判断客观事物有无价值及价值大小的评价标准。

价值观具有相对稳定性和持久性的特点，在特定的时间、地点、条件下，人们的价值观总是相对稳定和持久的。人们对某种事物的好坏总有一个看法和评价，在条件不变的情况下这种看法不会改变，但随着其经济地位的改变以及人生观和世界观的改变，其价值观也会随之改变。

价值观分为普适性价值观和特定性价值观。人们追求真善美为价值取向的观念是普适性价值观，而个体对周围客观事物（包括人、事、物）的意义、重要性的看法和评价是特定性价值观。

1．价值观的作用

价值观对人自身行为的定向和调节起着非常重要的作用。价值观影响着人的自我认识，它直接影响和决定一个人的理想、信念、生活目标和追求方向的性质。价值观的作用主要表现在两个方面。

（1）价值观对动机有导向作用。人们行为的动机受价值观的支配和制约，价值观对动机模式有重要影响。在同样的客观条件下，具有不同价值观的人，其动机模式不同，产生的行为也不相同。

（2）价值观反映了人们的认知和需求状况。价值观是人们对客观世界及行为结果的看法和评价，它从某个方面反映了人们的世界观和人生观。

2．价值观的评定

价值观是一个相对宽泛而抽象的概念，对学生的价值观进行评价并非易事。一方面，价值观涵盖领域广，评价目标较难具体化，需要对外显行为进行合理的推断；另一方面，价值观形成所需时间长，影响范围广，不易改变。价值观的评定目前还没有明确的标准，一般来说，对学生，价值观的评定内容包括以下几个方面：

（1）对知识价值的看法。随着科学技术的快速发展，人类进入了知识爆炸时代，大学生所面临的学习量越来越大。所学的知识内容与实际生活是否相关、是否具有现实价值和意义，影响着学生对所学知识价值的认识。

（2）对学习活动目标的认识。目前，很多大学生处于为学习而学习的状态，对学习活动的目的缺乏明确的认识。了解大学生对学习活动目的的认识情况，可有效改善大学生的学习观念。教师为大学生制定明确的学习目标时，必须了解大学生对该学习目标的认识状况，这样才能真正有效地达成目标。

（3）对学业要求的认同。目前许多学者的调查结果都显示，当前大学生的学业压力非常大，一些大学生由此产生对学习活动的厌倦和惧怕。其中很重要的一个原因是老师或父母对学生的学业要求过高、过严，抱有太高的期望值，没有考虑学生自身的情况，特别是他们对自己学业的要求与老师、父母认定的要求不同。学生对老师、父母所认定的要求不认同，或者认为不合适、不必要，或者认为根本就不可能达到时，就会直接影响到他们的学习动力、学习行为和学习的实际成效。

（4）对培养自主学习能力意义的理解。社会越进步，竞争的压力越大，就越需要个体持续不断地学习，直到终身学习。这就有必要提升学生的自主学习能力，学会自我管理、自我规划和自我调节。学生对自主学习意义的理解往往决定了其是否愿意进行这方面的训练，培养学生主动、独立学习的能力，养成自主学习的习惯，从而对个体的学习行为产生实质性影响。

（5）对外在世界的看法。无论多小的学生，都生活在社会化的大环境中，也都有自己眼中独特的世界。他们通过接触各类媒体，各类不同品性、生活方式的人，从而形成自己对外在世界的独到看法和稳定的内在观念。要了解学生的价值观状况，就有必要了解学生对外在世界的真实想法，从而更好、更有针对性地改善学生的实际情况。

三、自我认知方法

自我认知的方法很多，大学生可用橱窗分析法、SWOT 分析法、测试法等进行自我认知。

（一）橱窗分析法

心理学家把对个人的了解比成一个橱窗。为了便于理解，可以把橱窗放在一个直角坐标中加以分析（见图 1）。横轴的正向表示别人知道，负向表示别人不知道；纵轴的正向表示自己知道，负向表示自己不知道。

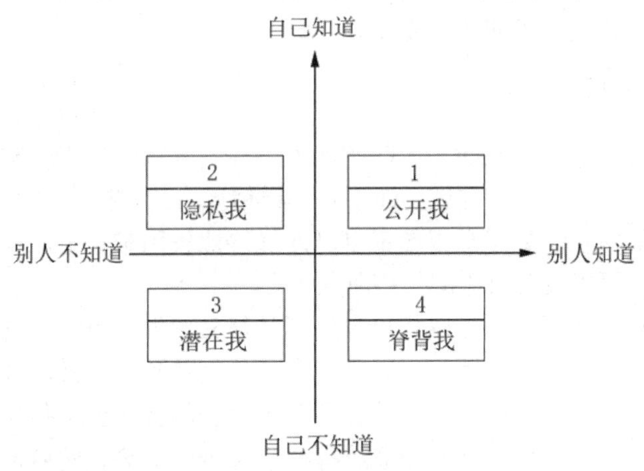

图 1　坐标橱窗

在上述坐标中，橱窗 1 为自己知道、别人也知道的部分，称为“公开我”，属于个人展现在外、无所隐藏的部分；橱窗 2 为自己知道、别人不知道的部分，称为“隐私我”，属于个人内在的私有秘密部分；橱窗 3 为自己不知道、别人也不知道的部分，称为“潜在我”，是有待开发的部分；橱窗 4 为自己不知道、别人知道的部分，称为“脊背我”，就如一个人的背部，自己看不到，别人却看得很清楚。

通过四个橱窗的含义可知，在进行自我认知的时候，重点是了解橱窗 3 和橱窗 4 这两部分。

橱窗 3 是“潜在我”。科学家研究发现，每个人都有巨大的潜能，人类平常只发挥了极小部分的大脑功能。著名心理学家奥托指出，一个人一生所发挥出来的能力只占他全部能力的 4%，也就是说一个人 96%的能力还未开发。由此可见，认识、了解“潜在我”是自我认知的重点之一，把个人潜能开发出来，也是职场新人的头等大事。

橱窗 4 是“脊背我”。如果诚恳地征询他人对自己的意见和看法，就不难了解“脊背我”。我们可以通过与家人、朋友交流，或者借助录音、录像设备来了解自己。要想真正了解“脊背我”，需要开阔的胸怀，能够正确对待错误，有则改之，无则加勉；否则，别人是不会说实话的。

（二）SWOT 分析法

SWOT 分析法是由旧金山大学的管理学教授于 20 世纪 80 年代初提出来的。SWOT 四个英文字母分别代表：优势（Strength）、劣势（Weakness）、机会（Opportunity）、威胁（Threat）。所谓 SWOT 分析，即态势分析，就是将与研究对象密切相关的各种主要的内部优势、劣势，外界的机会和威胁等通过调查列举出来，并依照矩阵形式排列，然后用系统分析的思想，把各种因素相互匹配起来加以分析，从中得出一系列相应的结论，而结论通常带有一定的决策性。

SWOT 分析是检查一个人的技能、能力、职业、喜好和职业机会的有用工具。如果我们对自己做一个细致的 SWOT 分析，就可以了解自己的优点和缺点在哪里，并且仔细地评估出自己所感兴趣的不同职业道路的机会和威胁所在。一般来说，在进行 SWOT 分析时，应遵循以下四个步骤。

1．评估自己的优势和劣势

每个人都有自己独特的技能、天赋和能力。在当今社会分工非常细化的市场经济里，每个人通常只擅长于某一领域，而不是样样精通。请根据表 1 列出自己喜欢做的事情和自己的优势所在（如果觉得界定自己的优势比较困难，可以找一些测试习题做一做，做完之后，可以发现自己的优势所在）。

同样，通过列表，每个人可以找出自己不是很喜欢做的事情和自己的劣势。找出的劣势与发现优势同等重要，因为可以基于自己的优势和劣势做两种选择：一是努力去改正常犯的错误，提高技能；二是放弃那些不擅长的技能要求很高的职业。列出自己认为所具备的很重要的优势和对职业选择产生影响的劣势，然后再标出那些对自己很重要的优势和劣势（见表 1）。

表 1　个人 SW 分析

优势（S）	劣势（W）
（1）	（1）
（2）	（2）
（3）	（3）
……	……

2．找出自己的职业机会和威胁

不同的行业（包括这些行业里不同的公司）面临不同的外部机会和威胁，所以，找出这些外界因素将帮助自己更加有效地找到一份合适的工作，对个人求职是非常重要的，因为这些机会和威胁会影响大学生的第一份工作和今后的职业发展。

如果公司处于一个常受到外界不利因素影响的行业里，很自然，这个公司能提供的职业机会将很少，而且没有职业升迁的机会；相反，充满了许多积极的外界因素的行业将为大学生提供广阔的职业前景。

3．提纲式地列出今后五年内的职业目标

仔细对自己做一个SWOT分析评估，列出自己从学校毕业后五年内最想实现的4～5个职业目标。这些目标可以包括：想从事哪一种职业，将管理多少人，或者希望自己拿到的薪水属哪一级别。请时刻记住，自己必须竭尽所能地发挥出自己的优势，使之与行业提供的工作机会相匹配。

4．提纲式地列出一份今后五年的职业行动计划

请拟出一份实现上述每一职业目标的行动计划，并且详细说明为了实现每一目标，需要做的每一件事，以及何时完成这些事。如果觉得自己需要一些外界帮助，请说明需要何种帮助和如何获取这种帮助。例如，个人的SWOT分析可能表明，为了实现理想中的职业目标，自己需要进修更多的管理课程。那么，个人的职业行动计划就应说明何时进修这些课程。

（三）测试法

测试法包括自我测试法和计算机测试法两种方法。

1．自我测试法

自我测试法是通过回答有关问题来认识自己、了解自己，是一种比较简单、易操作的自我认知法。测试题目由心理学家经过精心研究设定，只要如实回答，就能了解自己的有关情况。在回答问题时，切忌寻找标准答案，而是自己怎么想、怎么认识就怎么回答，这样的测试才有实际意义。

2．计算机测试法

计算机测试法是一种了解自己、认识自己的现代测试方法，科学性、准确性相对较高。目前国内外比较常用的计算机测试法有以下四种。

（1）人格测试。人格是个人带有一定倾向性的、比较稳定的、本质的心理特征的综合，包括气质、能力、性格、兴趣等心理特征。目前，常用的人格测试量表有明尼苏达多项人格测验、卡特尔16种个性测验、艾森克人格问卷等。

（2）智力测试。智力具有抽象性与隐蔽性的特点，难以把握，大学生有必要了解一些智力测试的方法，以便提高自我剖析的水平。常用的智力测试量表有韦克斯勒智力量表和瑞文推理测验量表等。

（3）能力测试。这里的能力包括文职人员能力与机械能力两种。文职人员是指工作地点在办公室而主要从事创造力要求较低的脑力劳动者，如会计、出纳、秘书等，其测验方法有明尼苏达办事员测验、一般办事员测验等；机械能力包括感觉和动作能

力、空间知觉、学习机械事物的能力，以及理解机械关系的能力等，测验量表有明尼苏达拼版测验、贝内特理解测验等。

（4）职业倾向测试。职业能力的大小与任职者对职业的倾向与兴趣有很大关系。职业倾向测试量表有爱丁堡职业倾向问卷、霍兰德职业兴趣问卷表、明尼苏达职业兴趣问卷表等。

第二节　正确对待成败

从古至今，成功与失败总是联系在一起。其实，成功与失败都是对个人的考验。失败可能是人人都不愿意面对的，但是失败能激发人的斗志，使人慢慢走向成功；成功是人人都想得到的结果，但是成功会使一部分人变得骄傲自满、得意忘形，从而一步步迈向失败的泥潭。

因此，无论是成功还是失败，我们都要用正确的心态去面对。

一、面对成功的正确态度

1．保持良好的心态

俗话说："胜不骄，败不馁。"面对成功时，要保持良好的心态，坦然而对、虚心进取，并认识到成功只是暂时的。如果一味地沉迷于成功的喜悦中，成功便会离我们而去，我们面对的将会是失败的深渊。

2．坚持学习

要清楚地认识到成功只是自己在某一方面取得的成绩，并不能说明自己在其他方面有同样的才能。因此，要坚持学习新的知识，开拓新的领域，并不断地提升自己。要相信只有不断地学习才能走向更长久的成功之路。

3．总结经验，不断进步

总结经验，就是对整个事情的过程进行回顾与复盘，总结"为什么做、怎么做和做得怎么样"，特别是对于那些错综复杂和突如其来的问题是怎么发现、怎么解决的，从中有什么重要启示和规律性认识，并梳理提炼其中蕴含的道理。成功的时候，及时复盘，理清脉络，挖掘成功背后的原因，这样才能知道这次成功有几分靠运气，有几分凭实力，并将收获的经验内化为适合自己的做事方法，在前行的路上不断进步。

二、面对失败的正确态度

1．找到原因，汲取经验

失败并不是一个问题，只有当人们无法从失败中汲取教训时，它才会变成一个问题。忘掉失败，但要牢记失败中的教训。“失败乃成功之母”并不是一句空话。一个真正善于学习的人，不仅仅要学习励志的成功事例，还必须懂得如何从失败中学习。面对失败时，告诉自己失败并不可耻，但要避免在下次犯同样的错误。只有当自己经历过失败并总结出失败的原因后，才能渐渐找到成功的方法。

2．认清失败，勇敢面对

失败者遇到困难会告诉自己：“我已经尝试过了，倒霉的是我失败了。”其实，他们并没有弄清楚失败的真正含义。失败者总是把挫折当成失败，并让挫折深深地打击追求胜利的勇气；而成功者则是从不言败，在一次又一次的挫折面前对自己说：“我不是失败了，只是还没有成功，我还没有输。”

人人都有经历失败的时候，但每个人的感受都会不同。有的人会把失败视为一种耻辱，从此自卑自馁、失去信心；而有的人则会把失败当作一种迈向成功的动力。其实失败并不可怕，可怕的是不敢面对失败。只有正视失败、勇敢面对，才能离成功更进。

3．满怀热情，坚持到底

经历了一连串的失败仍然充满热情，这就是成功者具备的条件之一。成功的人即使知道迈向成功的道路充满了阻碍与挫折，却仍然勇敢地前进。一个人成功的原因有很多，其中一个关键因素便是对自己所做的事情抱有极大的热情。一个人如果满怀热情，朝自己的理想前进，并努力活出自己想要的人生，就会有意想不到的收获。

以正确的心态对待自己的成功与失败，通往成功的道路才会更加顺畅。

第三节 坚持追求卓越

一、理性看待理想与现实的差距

有人说：“理想是石，敲出星星之火；理想是火，点燃熄灭的灯；理想是灯，照亮前行的路；理想是路，引你走到黎明；理想是罗盘，给船舶导引方向；理想是船舶，载着你出海远行。”我们在理想的引领下去探索，去发现，一步一步地实现我们的理想。然而在这个过程中我们会发现，现实很残酷，它与理想之间总是存在着一定的距离。

那么，什么是理想？什么是现实呢？理想是我们为之努力、为之奋斗的目标，是我们朝思暮想渴望达到的一种人生境界；而现实是我们不想承认却又不得不承认的一种结果，是我们想要改变却又常常苦于无法改变的一种生存状态。

理想来源于现实，是对现实的反映，是现实的升华。同时，理想又不能脱离现实，要与现实相符合，只有这样，理想才能在一定的条件下转化为现实。

理想是美好的，但现实却不总是一帆风顺。面对理想与现实的距离，要从以下几个方面作出努力：

1. 正确认识理想与现实的关系

在确立和追求理想的过程中，常常会感受到理想与现实的矛盾，这种矛盾使我们对理想产生困惑和质疑。如果我们能够正确地认识和把握理想与现实的关系，以积极乐观的心态面对理想与现实之间的距离，并把理想与现实相结合，理想才可以转化为现实。

2. 拥有坚定的信念

追求崇高的理想，仅有美好的愿望是远远不够的，还需要有坚定的信念。只有朝着理想的目标坚持不懈地努力和奋斗，才有可能实现最终的理想。另外，自信和毅力也是实现理想的强大精神力量。

3. 脚踏实地地做好每一件事

理想必须通过实践才能转变为现实，再好的理想如果不付诸行动，也没有实际意义。在通往理想的道路上，要脚踏实地、认认真真地做好每一件事，不给自己留下任何遗憾。

面对理想与现实的距离，要努力奋斗，如果仍不能实现理想，也无需气馁，因为在追求理想的道路上会收获许多宝贵的经验，这足以把我们的人生谱写得绚丽多彩。

二、坚持追求卓越

卓越不是一个标准，而是一种境界。同时，卓越也是一种追求，它在于将自身的优势、能力及所能使用的资源，发挥到极致的一种状态。

每个人来到这个世界上，都希望演绎辉煌的人生，得到社会的认可和他人的赏识与赞美，然而，并不是每个人都能在灯光闪烁的舞台上神采飞扬。因此，要坚持追求卓越，超越自我，在有限的时间里缔造属于自己的奇迹，就要做到以下三点。

1. 明确目标

卓越并不意味着做的所有事情都比其他人好，而是要有明确的人生目标，并通过不懈的努力去追求目标，实现自身的价值。有了明确的目标，就会在追求卓越的过程中找到自己生命的价值和意义，从而超越自我，达到理想的人生境界。

2. 刻苦勤奋

著名科学家爱因斯坦曾说：“在天才和勤奋两者之间，我毫不迟疑地选择勤奋，她几乎是世界上一切成就的催产婆。”他还总结了成功方程式：$a=x+y+z$。其中 a 代表成功的大小，x 代表刻苦和努力，y 代表适当的方法，z 代表少说废话。由此可见，刻苦勤奋是追求卓越、超越自我必不可少的条件。

3. 坚持不懈

在追求卓越的过程中一定会遇到挫折与艰难，这就需要我们克服困难、磨炼意志、坚定信念、永不言弃。林书豪通过坚持不懈的训练谱写了人生传奇，成为世界瞩目的焦点；刘伟通过坚持不懈的努力成为进入维也纳金色大厅的断臂钢琴师，感动了世界；奥运健儿们通过坚持不懈的拼搏让五星红旗一次次高高飘扬，扬我国威。只有通过坚持不懈的努力，才能在挑战中实现自我，超越自我，铸就辉煌。

追求卓越是一种知难而进的自信，是一种卧薪尝胆的魄力，是一种惊心动魄的搏击，是在智慧和勤劳的基础上，以辛勤的汗水焕发生命的光彩，以卓越智慧折射生命之光的璀璨。一个追求卓越的人必定是一个目标明确、充满自信、刻苦勤奋、坚持不懈的人。只要我们能够不断努力，必将得到生活的回馈和社会的认可。

拓展阅读

让青春在不懈奋斗中绽放绚丽之花

奋斗是青春最亮丽的底色。青年一代有理想、有本领、有担当，国家就有前途，民族就有希望。

“当代中国青年是与新时代同向同行、共同前进的一代，生逢盛世，肩负重任。”习近平总书记在清华大学考察时强调，广大青年要肩负历史使命，坚定前进信心，立大志、明大德、成大才、担大任，努力成为堪当民族复兴重任的时代新人，让青春在为祖国、为民族、为人民、为人类的不懈奋斗中绽放绚丽之花。谆谆话语、殷殷嘱托，鼓舞人心、催人奋进，激发了广大青年为梦想不懈奋斗的澎湃力量。

国家的希望在青年，民族的未来在青年。青春理想，青春活力，青春奋斗，是中国精神和中国力量的生命力所在。在疫情防控斗争中，不畏艰险、冲锋在前，彰显了青春的蓬勃力量；在脱贫攻坚战场上，倾情投入、奉献自我，谱写了新时代的青春之歌；在基层工作岗位上，志存高远、脚踏实地，把个人的理想追求融入党和国家事业之中……广大青年用行动证明，中国青年是有远大理想抱负的青年，是有深厚家国情怀的青年，是有伟大创造力的青年。无论过去、现在还是未来，中国青年始终是实现中华民族伟大复兴的先锋力量。

时代呼唤担当，民族振兴是青年的责任。全面建成小康社会、实现第一个百年奋斗目标之后，我们要乘势而上开启全面建设社会主义现代化国家新征程、向第二个百年奋斗目标进军。新时代中国青年处在中华民族发展的最好时期，也处在实现中华民族伟大复兴的关键时期，既面临着难得的建功立业的人生际遇，也面临着“天将降大任于斯人”的时代使命。要珍惜这个时代、担负时代使命，在担当中历练，在尽责中成长，让青春在新时代改革开放的广阔天地中绽放，让人生在实现中国梦的奋进追逐中展现出勇敢奔跑的英姿，努力成为德智体美劳全面发展的社会主义建设者和接班人。

一代人有一代人的长征，一代人有一代人的担当。习近平总书记深刻指出：“广大青年要爱国爱民，从党史学习中激发信仰、获得启发、汲取力量，不断坚定‘四个自信’，不断增强做中国人的志气、骨气、底气，树立为祖国为人民永久奋斗、赤诚奉献的坚定理想。要锤炼品德，自觉树立和践行社会主义核心价值观，自觉用中华优秀传统文化、革命文化、社会主义先进文化培根铸魂、启智润心，加强道德修养，明辨是非曲直，增强自我定力，矢志追求更有高度、更有境界、更有品位的人生。要勇于创新，深刻理解把握时代潮流和国家需要，敢为人先、敢于突破，以聪明才智贡献国家，以开拓进取服务社会。要实学实干，脚踏实地、埋头苦干，孜孜不倦、如饥似渴，在攀登知识高峰中追求卓越，在肩负时代重任时行胜于言，在真刀真枪的实干中成就一番事业。”广大青年按照习近平总书记提出的明确要求，勇做走在时代前列的奋进者、开拓者、奉献者，努力成为堪当民族复兴重任的时代新人，就一定能不辜负党的期望、人民期待、民族重托，不辜负我们这个伟大时代。

国家的前途，民族的命运，人民的幸福，是当代中国青年必须和必将承担的重任。以社会主义建设者和接班人的使命担当，在全面建设社会主义现代化国家新征程上奋勇争先，广大青年必能用青春和汗水创造出让世界刮目相看的新奇迹，让中华民族伟大复兴在我们的奋斗中梦想成真。

资料来源：人民日报评论员.让青春在不懈奋斗中绽放绚丽之花[N].2021-4-22（1）.

思 考 题

1．可以从哪些方面进行全面的自我认知？

2．尝试运用一种或多种自我认知的方法，对自己进行自我认知的分析。

3．如何正确面对成功和失败？在你以往的经历中，面对成功和失败，你是如何做的？

第三篇

学业篇：专注学业　着眼发展

大学怎么过　先得有规划

收到大学录取通知书时，喜悦之情自然难以言表。对于即将开始的大学生活该如何度过这个问题，也该提上议事日程了。虽然之前或许有过诸多设想，但许多人未必有明确的规划。

其实，持有“高考结束就彻底解放了”这个念头的人不在少数，其中包括学生、家长甚至是老师。不得不承认，有时正是对“自由轻松”大学氛围的向往，成为支撑不少学生在压力中坚持前行的重要动力。然而，大学氛围“自由轻松”并不代表没有学业任务和压力，迈入大学只是学习新征程、新挑战的开始。“凡事预则立，不预则废”，如何做好大学生涯规划，理应成为准大学生们入学前都要预选的必修课。

规划本身并不是现在完成时，而是需要结合兴趣和能力等不断修正的将来进行时。“谋先事则昌”，树立规划的意识便迈出了成功的第一步。我们从身边的事例不难看出，那些注重大学生涯规划的同学，一步一个脚印，学习扎实稳健，业余生活也安排得丰富多彩，而有些同学则没有具体的规划和目标。有人说：“四年后，你们同学中的一些人能做另外一些同学的老师。”四年的积累和惯性，规划与否结果殊异。

大学是人生学习和成长的关键阶段。知识和技能的积累，社交能力的锻炼，独立思考能力的培养，世界观和人生观、价值观的确立，都是这一时期的重要任务。把这些任务规划好，“扣好人生第一粒扣子”，对自己赢得更好的未来显得尤为重要。

在知识爆炸性增长和社会竞争日趋激烈的当下，对于不学无术者来说，“毕业即失业”并非危言耸听。与其事后自怨自艾，不如事前做好规划；与其今后在“回炉重造”和现实困境中左支右绌，不如把握当下。每个人的青春只有一次，做好大学生涯规划，收拾好行囊再出发，前方风景正好。

资料来源：姚志源.大学怎么过 先得有规划[N].人民日报，2018-08-07.

第五章　专注学业　科学有效学习

大学是人生很美好也很重要的阶段。在大学里，我们可以跟随学识丰富的学者遨游知识的海洋，可以享受自由的课余生活，可以在闲暇时间独立思考人生，也可以自主选择自己想要的生活……很多人会感受到这些事情的美好。但同时，在一定意义上，大学也是我们最后一次有整段时间进行系统学习，最后一次有丰富的学习资源供我们任意享用，最后一次为人生发展作全面准备的阶段，所以显得格外重要。

第一节　转变角色，主动学习

相对中学而言，大学的学习氛围较为宽松，学生自我支配的时间多，学习的自主性强，学习环境由“硬”变“软”，这对自制力和自律性强的学生是十分有利的，而对自制力差的学生无疑是严峻的考验。因此对于大学新生来说，及时转变学习模式，才能掌握大学的学习之道。

一、大学学习的特点

大学教育是专业化很强的教育，其目的是培养国家建设所需要的各类高级专门人才。大学生的学习与中小学学生的学习相比有明显区别，主要表现在以下四个方面。

1．自主性

在大学阶段，学习虽然也有一定的强制性，但较中小学要少得多。首先，大多数大学生的所学专业是自愿选择的，是他们所感兴趣的。其次，大学生除了要学习基础知识外，还要掌握各种专门知识，成为某学科的专门人才。这就要求大学生必须善于自觉的、主动的学习。最后，大学生可以根据自己的兴趣和爱好，选择某些选修课，独立地阅读各种书籍，制订学习计划，采用适合自己的有效的学习方法，也体现出较大的自主性。

2．专业性

大学学习的专业性十分明显。大学生的学习实际上是专业学习。从入学开始就有了职业定向，再经过几年的学习，大学生逐步成为基础知识扎实、专业知识结构合理、能力强、创造性高、品行高尚的德智体全面发展的高级专门人才。

3．多样性

大学生的学习形式多种多样。在大学，虽然课堂教学还是主要形式，但大学生可以通过多种渠道来获得知识，同时大学的实践性教学活动也占有很大的比例。因而大学生要通过自学、讨论，听学术讲座、参加第二课堂等活动也来获取知识，加强实验、实习、社会实践和科研等实践性的环节，这些都是大学生增长知识和才干的重要途径。

4．探索性

大学生的学习具有明显的探索和研究的性质。大学的教学内容由确定结论的论述逐步转向介绍各派理论观点和最新学术发展动向方面的知识。人文学科的内容变化更大，知识更新更快。这就要求大学生的学习观念从正确再现教学内容向汇集百家之长、形成个人见解的方向转变。大学生从在教师指导下完成作业，到独立完成毕业论文（或毕业设计），都带有明显的探索性质。

二、适应学习上的变化

1．学会清零

也许我们曾经是一名优秀的高中生，是班级的佼佼者，是同学的榜样。而在人才济济的大学校园里，其他同学同样优秀，也曾经是高中的佼佼者。进入大学后，会失去往日众星捧月的感觉，心里空荡荡的。其实，刚入大学，大家机会均等，站在同一起跑线上，至于最后的结果如何，全看自己的努力。因此，大学新生需要调整心态，从零开始。只有适应这种转变，克服失落感和自卑感，才能为自己的成长成才打下坚实的基础。

2．转变思维方式

很多大学生在入学前会把大学想象成象牙塔：轻松的学习环境、丰富的课外活动、优美的生活环境、高效的学习方式……但步入大学校门，却发现实际并非如此。此时，转变自己的思维方式，调整自己的惯性思维非常重要。要意识到，大学并不是传说中的美好天堂，也不是无忧无虑的游乐场，刻苦学习和磨炼自己才是每个学生的主要任务。

3．学会抵制诱惑

很多大学生都有这样的经历：买电脑原是为了学习，方便自己看课件、查资料、学外语等，偶尔用来放松娱乐一下。可是真等到有了电脑，学习的设想基本上破灭，电脑很快被各种游戏、电影所占据，变成了名副其实的游戏机。于是，大把的时间用在了玩游戏上，逃课现象就多了起来，晚自习更是不去了。有人甚至就此沉迷下去，学业慢慢也荒废了。随着科技的发展，对于大学生的诱惑越来越多，手机游戏、抖音短视频等都可能成为吸引大学生注意力的因素。只有在平时的生活中学会抵制诱惑，增强自控能力，才能更好地适应大学生活，做一名合格乃至优秀的大学生。

三、明确学习方向

1．学会学习

大学生应把“学会学习”作为成才道路上的重要一环。学会学习有两方面含义：

一方面，善于将老师传授的知识融会贯通，高效率地掌握知识；另一方面，具备独立吸收知识、获取信息的能力。未来的文盲不是不识字，而是不会学习、获取新知识能力差的人。在知识经济时代，知识和技术的更新速度越来越快，每个人都会有落伍的可能。因此，当代大学生必须确立“终身学习”的观念。

研究表明，一个科技人员应用的知识的总量大约只有 20%是在传统的学校学习中获得的，其余 80%是在工作和学习中为适应需要而获得的。如果不处于经常学习的状态，人们的知识结构很快就会落后于实践的要求。因此，时代要求大学生树立终身学习观念，使自己能紧跟知识进步和技术发展的步伐。

2．注重社会实践

现在大学毕业生的自荐书几乎千篇一律，大多数人都有这样那样的荣誉证书，用人单位很难据此判断应聘者的能力。许多大学生精心制作的厚达十几页甚至几十页的自荐书，招聘单位大多只是一翻而过。相对于学生的荣誉证书，他们更偏爱有实际能力的人。例如，某信息公司前后接待了两名应聘学生，前者拿了许多荣誉证书复印件，而后者递交了十几份已被采用的广告平面设计作品，招聘人员在简单询问后很快就跟后面这位同学签订了用人意向。该公司负责人说：“我觉得几件作品远比厚厚的荣誉证书更能证明学生的能力。”

3．学以致用

学习的知识如果不能运用到实践中发挥作用，那就是读死书、死读书，这样的大学生在当今的知识经济背景下是很难有前途和出路的。比如，外企招聘人员对外语的要求一向很高，如果口语不行，以后工作过程中势必有很多障碍，可应聘学生尽管不少都有英语四、六级证书，让他们流利地表达却很难。

4．学会创新

对于大学生来说，创新素质的重要性至少可以从近期和远期两方面论述。近期而言，具有创新素质的大学生在就业市场具有更强的竞争力。微软中国终身荣誉总裁唐骏曾表示，潜力比专业经验和在校成绩都重要，微软公司最需要的人才是具有潜力的人才，潜力包括聪明才智，更包括创造力和创新素质。

第二节　掌握学习方法

一、大学生的基本学习方法

1．制订科学的学习计划

大学学习单凭勤奋和刻苦是远远不够的，只有掌握了学习规律，相应地制定出学习规划和计划，才能有计划地逐步完成预定的学习目标。首先要根据学校的培养计划从个人的实际出发，根据总目标的要求，制订出基本规划，包括自己希望达到的总体目标、知识结构，在学好专业计划课程之外选修哪些科目，着重培养哪些能力等。

对大学新生来说，制定整体计划是困难的，可以请教本专业的老师（包括班导师）或求教高年级同学，制定好一年级的整体计划，经过一年的实践，待熟悉了大学的特点之后，再完善整体规划。

2. 讲究读书的艺术

大学学习不光是完成课堂学习的任务，更重要的是发挥自学的能力，在有限的时间里充实自己，选择与学业及兴趣有关的书籍来读是很好的办法。学会在浩如烟海的书籍中，选取自己必读之书，就需要有读书的艺术。

首先要确定读什么书；其次对确定要读的书进行分类，一般来讲可分为三类：第一类书只需浏览，第二类书需要通读，第三类书则需要精读。正如培根所说：有些书可供一赏，有些书可以吞下，不多的几部书应当咀嚼消化。浏览可粗，通读要快，精读要精。这样就能在较短的时间里读很多书，既能广泛地了解最新科学文化信息，又能深入地研究重要的理论知识。

3. 善于综合和分析

所谓综合，即对研究对象的各要素、方面、环节、过程的概括、抽象；所谓分析，即对研究对象的各要素、方面、环节、过程等作出解析性、还原性说明。这两方面能力的培养，一要通过哲学方法论的专门训练，二要在学习中不断积累。关于综合，不仅要综合客观对象的各方面，更重要的是要注意综合前人对研究对象的重要思路和各种结论，甚至注意综合自己的各种思考和成果；关于分析，就是在研究理论问题时，一定要弄清概念，从概念分析入手，把对象如何清晰地展示出来，然后才能进一步谈怎么办的问题。

4. 培养辩证思维

要培养敏锐的洞察能力，首先要培养自己对专业浓厚的兴趣，其次要培养细心的习惯，还要培养自己丰富的联想和想象能力。同时，要学会从正面、反面、不同侧面及动态变化中认识事物、分析问题。之所以要这样，是因为世界上的一切事物无不具有辩证的性质。

5. 完善知识结构

合理的知识结构，就是既有精深的专门知识，又有广博的知识面，具有事业发展实际需要的最合理、最优化的知识体系。不过，建立合理的知识结构是一个复杂、长期的过程，必须注意如下原则。

（1）整体性原则。即专博相济，一专多能，广采百家，为我所用。

（2）层次性原则。即合理知识结构的建立，必须从低到高，在纵向联系中划分基础层次、中间层次和最高层次。没有基础层次，较高层次就会成为空中楼阁；没有高层次，则不能提升自己的知识水平。因此任何层次都不能忽视。

（3）比例性原则。即各种知识要适当兼顾，数量和质量之间要合理配比。比例的原则应根据培养目标来定，成才方向不同，知识结构的组成也不同。

（4）动态性原则。即所追求的知识结构绝不应当处于僵化状态，而是能够不断进行自我调节的动态结构。这是为适应科技发展、知识更新、职业和工作变动等需要，否则难以跟上飞速发展的时代步伐。

二、大学生的科学学习法

1．循环学习法

学习成效与记忆能力密切相关。人的遗忘有先快后慢的规律，如果及时复习刚学过的知识，就可达到牢固记忆的目的。

事实上，在学习过程中，记忆力再强的人也难以做到对所学的内容一次性记下来。因此，循环法就是要求学生在新的信息传入大脑并且其印象还没有消去前，对所学内容及材料及时整理，在不同的时间内多次采取学习—复习—再复习的方法，以达到牢固记忆的目的，巩固学习内容。

2．四环节学习法

这种学习方法是指通过由面到点、由表面到实质的综合概括，把握学习内容之间的联系，在较短时间内掌握全部知识内容的一种方法。

四环节学习法包括精读材料、编写提纲、尝试背诵、有效强化四个环节。

（1）精读材料，即分析、综合，抓重点。就是对所学内容进行认真的分析、综合，把握其要点、重点和难点及材料间的必然联系。

（2）编写提纲，要求在理解所学内容的基础上，细致地进行筛选、概括、组织，然后根据所学知识的性质，用自己的语言提纲挈领，列出每一问题的要点。

（3）尝试背诵，对学习材料进行迁移内化，即对所编提纲及知识间的内在联系，进行背诵、记忆、分析、推理。

（4）是浓缩提纲、强化记忆，即用最简短的语言，抓住知识的实质和核心内容，把提纲压缩成简纲，以强化记忆、加深印象。

3．框架式学习法

这种方法是指将有关知识通过有条理的分析，归纳成一个个“框架”，以便理解和记忆。例如，我们在学习某一学科或阅读某一本书时，往往会根据学科或书本的知识和内容及其内部联系，建立一个知识框架，这样不仅便于我们理解和记忆内容，而且利于我们每学一点新的知识，就能自觉地把它装到这个框架里。不断向这个框架增加新的信息，并经常在头脑中呈现这个框架的内容，整理信息，调整信息的位置，这样就会取得更好的学习效果。

4．设问推敲法

在学习过程中，我们经常会遇到各种问题，对遇到的问题，要养成问“为什么”

的习惯。如果是前人问过的，但还没有解决，我们要敢于再问；如果是前人没有问过的，我们要敢于去问，不要怕错，错了就改。

只有根据遇到的问题迈出“问”的第一步，我们才能根据“问”发挥自己的主观能动性，主动查找资料，寻求解决问题的新方法，这有利于我们培养自己的创造性思维能力。常见的设问推敲法有五种提问形式：比较法、反问法、逻辑法、变化法、极端法。

5．螺旋式学习法

螺旋式学习法就是用一系列的循环知识单元来代替平铺直叙的知识积累和阐述，每一个循环都比前一个循环更高一层、更进一步。

这种学习方法以学习者所感兴趣或想研究的内容为目标，以某个基本概念、公式、实验现象为起点围绕着中心内容，通过查找有关学习材料，学习、掌握与中心内容直接关联的基本知识，并了解那些有联系但并不直接的有关知识。经过一个阶段的学习，使基本概念得到解释，设想得到丰富和完善。同时，还要了解与所学内容有关的知识领域。在这一循环的学习中，又会遇到新的概念、新的问题，再以此为新的起点，进一步循环、学习、开阔视野。这种学习法最大的优点在于：通过一个又一个的循环，人们不仅学习了新知识，还培养了自己查阅书刊文献、有效利用资料的能力。

6．理论与实践相结合的方法

大学生要树立在实践中学习的观念，在做中学。学习的过程是人的认识过程，它必须要符合人的认识规律。大学生所学的理论，是前人或他人在实践中升华了的知识，这种理论要在实践中才能检验其真理性。因此，为了更好地领悟理论知识的内涵，大学生应通过参加实训、实验、课程设计、实习等实践活动，将理论运用于实践，在实践中培养自己的动手操作能力，运用知识解决问题的能力、创新能力，真正做到学以致用。

以上介绍的几种学习方法，都是他人经验的总结。借鉴他人经验，可以少走弯路，提高学习效率。然而，由于个人习惯、思维方式、性格、气质、意志品德等具体条件不同，学习方法也因人而异，至于选择哪种学习方法，要结合自身的特点来选择，对别人的经验创造性地加以吸收。

第三节 培养学习习惯

一、提高课堂学习效率

（一）有效地利用课堂

课堂听课是学习的重要组成部分，也是学生学习的重要途径。在学习过程中，学生要努力使自己从“听课”变成“听懂”，以提高听课效率。

1．多种感官并用

做到眼到、耳到、心到、口到和手到，同时调动这些感官所获得的感受即一种综合的、立体的感受，可以让人保持注意力集中，大脑以更高的效率工作，从而提高听课效率。

2．把握重点内容

一堂课中，并非所有的知识都是重点。对于非重点的知识，老师一般会比较简略的进行讲解；而对于重点知识，则会着力讲解。老师一般会将本堂课的重点、难点明确地提出来，学生应予以足够重视。同时，老师在讲课的时候会对教材上的知识进行梳理，从而获得更好的教学效果。在听课时，学生要认真跟上老师讲课的思路，学习老师提出问题、分析问题和解决问题的方法。

3．参与课堂讨论

积极参与课堂讨论，既可以激发学习兴趣，活跃思想，培养自主学习的精神；又可以锻炼学生分析问题和解决问题的能力，提高语言表达能力，有利于对知识的理解和掌握。

为了做好课堂讨论，首先，要认真阅读教材，收集相关资料，做好充分准备。其次，讨论中要认真倾听他人的意见，分析对错，及时修正和补充自己的观点与材料。最后，要学会整理，形成适当的文字记录，综合各种观点，提升自己对问题的认识和理解。

4．做好课堂笔记

（1）记笔记并不是机械地抄记老师讲的每一句话，而是以补充课本内容为原则，把要点、难点记下。一般来说，有四种常用的记笔记的方法：一是概括、列提纲；二是列表；三是在课本上做评注、补充；四是在课本上将重点部分用彩色笔或荧光笔画出来。

（2）有选择地摘录典型事例和补充内容。一般有代表性的、很能说明问题的事例，应及时记录下来，以便以后复习。老师在课堂上补充的教材以外的内容，如作者的生平和写作材料等，对理解教材内容有重要意义，也要有选择地记录。

（二）课前预习、课后复习

1．课前预习

课前有计划地独立预习新课内容，大致了解新课的范围、重点、难点和疑点，为新课学习做好必要的知识准备。课前预习是大学课堂学习的起始环节，有利于提高课堂学习的主动性和听课的效率。

预习通常分为三个阶段：第一阶段先把教材通读一遍，在不甚理解的地方做上记号，带着疑问听课，以便取得较好的效果；第二阶段研究本课的问题或习题，将它们解答出来，上课时与老师的讲解进行对照；第三阶段利用参考资料，将没有学过的内容做一番预习。

2．课后复习

（1）及时进行复习。心理学研究表明，遗忘进程具有先快后慢的特点，即识记过的材料在第一天遗忘得最多，以后逐渐减少。因此，组织复习一定要及时，当天学的课程一定要在当天就安排复习。及时复习可以减缓大规模的遗忘，节省后续的学习时间，具有事半功倍的效果。

（2）分散复习。分散复习是指在复习过程中把需要复习的资料，分散在几个相隔不太长的时间内，每次复习一定的数量，直到记熟为止。由于遗忘是随时都在发生的，只进行一次及时复习还远远达不到牢固的记忆效果，因此，必须进行重复记忆，加深印象，提高复习效率。

（3）复习方式多样化。复习不等于简单重复。单调机械地重复，会使人感到枯燥乏味，容易使大脑皮层产生抑制，不利于知识的复习和巩固。因此，要提高复习的效率，就要适当变换方法、形式，也可提出新的理解要求，以培养学习的兴趣。

在复习过程中，要尽量用多种感官参与，使复习过程成为看、听、说、做的联合活动，这样就会使多种感觉通道的信息到达大脑皮层，留下“同一意义”的痕迹，并在视觉区、听觉区、言语区、动觉区等建立起广泛的神经联系，从而加强记忆的效果。

二、充分利用学校学习资源

1．图书馆资源

大学生不仅要依靠教材完成学业，还要学习从大量书籍中探寻必要的知识，培养自学能力，从而获得更广泛的文化知识。图书馆作为管理图书和交流信息的专门场所，是学生自学、深造的第二课堂。因此，大学生要学会充分利用图书馆的资源。

图书馆是一个完整而又复杂的系统工程，大学生首先需要了解文献资料资源类型、图书馆的组织结构，学会图书目录检索。同时，还需要了解图书馆的藏书范围、特点、数量，了解图书馆为读者服务的内容、借阅图书方法和规则等。

2．网络资源

网络是当前必不可少的学习资源之一，在大学生的学习、生活中发挥着不容小觑的作用。近年来，随着网络的普及，网络资源不断丰富，大学生通过网络可以快速查到所需的文献资料及本专业的相关知识和前沿科技。

（1）网络资源便捷丰富。网络资源具有查找方便、资源丰富等特点，大学生可以利用网络迅速查找与学习相关的文献和资料，寻求学习中遇到的难点和疑点讲解。

（2）网络资源迅速更新。随着网络技术的快速发展，很多科研成果和前沿科技都第一时间出现在网络上，很多权威期刊、专业图书也纷纷推出网络版本，这就为大学生学习知识创造了十分便利的条件。

（3）网络资源与图书馆资源相结合。网络资源虽然有其独特的优势，但它不能代替图书馆等传统的学习资源。书上的知识通常是经过实践验证的，具有完整的科学体系，相对于网络中部分有待考证的资源，其可信度更高。因此，在学习过程中，将网络资源与图书馆资源充分结合，能够帮助大学生更有效地学习。

（4）网络资源利弊共存。首先，尽管网络资源十分丰富，但内容鱼龙混杂，需要大学生认真选择，辨别真伪；其次，网络资源更新迅速，但有些未经实践检验的内容，很难辨别其科学性，也就无法参考使用；再次，过分依赖网络资源会导致大学生失去思考的动力，久而久之会产生懒惰的心理，不利于大学生思维的开发和利用。

3．善于和老师、同学沟通

比起图书馆和网络资源，授课教师的作用则更加重要。教师们在课堂上不仅为大学生讲授专业知识和技能，还会为大学生答疑解惑。因此，各学科的任课教师是大学生身边最好的学习资源，大学生可以随时向他们请教问题，从而得到系统和全面的解答。

与大学生朝夕相处、接触最多的莫过于自己的同学。因此，当大学生在学习中遇到问题时，第一时间可能想到的便是自己的同学。在日常学习中，由于每个人的学习能力、学习方法及学习的侧重点不同，对一些知识点的理解也会有所不同，这就需要大家勤沟通、多探讨。

三、培养良好的学习习惯

1．自学的习惯

自学是大学生获取知识的主要途径。教师是引路人，学生才是学习的真正主体，学习中的大量问题，主要靠学生自己去解决。读书是终身学习的重要手段。通过阅读书籍，大学生可以独立领会知识，把握概念的本质和内涵，分析知识前后联系，反复推敲、理解教材、加强记忆，并逐步将其转化为能力。

研究发现，学习层次越高，自学的意义越重要。因此，当代大学生应该有意识地培养自己的自学习惯。

2．总结归纳的习惯

许多知识的呈现是分散的、孤立的，要想形成知识体系，必须进行总结。总结的方法包括对所学知识进行概括，抓住每部分知识的重点和关键，利用比较等方式理解易混淆的概念等。每学习一个专题，应该把分散在各章中的知识点连成线、铺以面、结成网，使学到的知识在大脑中系统化、规律化、结构化，这样运用起来才能游刃有余。

3．反思的习惯

在读书和学习的过程中，通过练习检验和强化知识，做完题目并非最终目的，重点在于将练习反映出的问题进行分析，反思解题的重要环节。

4．互相交流的习惯

同学之间的学习交流和思想交流是非常重要的。《礼记·学记》里讲“独学而无友，则孤陋而寡闻”就是这个道理。遇到问题要互帮互学、展开讨论，这样每个人都可以吸取别人的优点，最终大家都能得到提高。

5．勤于观察的习惯

观察是一种有目的、有计划且比较持久的知觉，是知觉的高级形式。人们认识事物，获得系统的知识，都从观察开始。

观察是发展智力的重要途径。知识不仅可以从观察中汲取，也可以观察中活跃起来，知识借助观察而“进入周转”，像工具在劳动中得到运用一样。因此，一个有观察力的学生，一定不会是学业成绩落后或者文理不通的学生。

四、科学的时间管理

大学期间，除了上课、集体活动和休息之外，其余的时间机动性很大，科学地安排好时间对成就学业是很重要的。

1．对自己的时间安排作出准确评价

大学生可以通过时间日志来了解自己的情况。时间日志要准确地记录每天做的事情，至少连续记录一周，记录的人通常会发现，自己在某些活动上花费的时间比原来自己认为的要多，而某些重要事情占据的时间却比自己预想的要少。通过记录和评价，大学生会了解自己的时间利用情况，从而帮助自己明确下一步做事的时间规划。

2．掌握关键管理策略

采用优先顺序：决定哪件事情必须先做，哪些事情可以延缓处理等，明确任务的等级。大学生在面对若干事情的时候，可以根据任务的重要程度将其分为四类：A 类任务——非常重要的事情；B 类任务——重要的事情；C 类任务——不太重要的事情；D 类任务——不重要的事情。

根据任务类型的不同，大学生要采取不同的解决态度。可以参考以下时间分配法则：将一天中三分之一的时间用来解决 A 类任务，五分之一的时间用在 B 类任务上，六分之一的时间用在 C 类任务上，然后剩下的时间是否用来解决 D 任务由自己决定。例如，在筹办一项活动时，然后将 60%的时间用于处理较重要及紧迫的事情，20%的时间用于处理一般事务，20%可以保留作为弹性时间，这样可以确保任务的顺利完成。

人的精力和注意力是有限的，要做到每次只集中解决一件事情。大学生应该把重要的任务挑选出来，专心致志地完成，把时间用在更有意义的事情上。

拓展阅读

“交选题的时候我是最后一个，开题报告的时候我是最后一个，最后的论文终稿也是在‘死线’前一秒交上的。”王格格在经历了一次一次的拖延后，终于完成了她的毕业论文。这不是王格格第一次拖延。从小到大，她每次作业都拖延到最后一天交，赶火车总是赶着检票关闸时间到，看电影也是最后一刻到。由于没有合理地分配时间，王格格时常陷入焦虑中。

中青校媒调查显示，在被调查者中，17.86%对自己的时间管理满意，43.42%比较满意，但仍有38.72%对自己的时间管理不满意。

以前，单在管理自己的作息时间上，福建一所高校的黄董卿就感到很“挫败”。她给自己布置了每天11点睡觉的时间表。这对一个长期凌晨两点之后睡觉的“重度熬夜患者”来说，是“非常困难的任务。”她在一款睡眠时间管理软件上打卡，坚持了6天之后，她终于在第6天放弃了。

孟小晴就读于内蒙古一所高校，读大一时，每周五是她最不喜欢的一天。一次晚上11点，宿舍里的灯按时熄灭，她赶紧打开充满电的台灯，摆好刚刚打开的日语书，眼前的40个生词在她眼前打转。她本该在周一到周四晚上各背10个词，周五晚上还能留出复习时间。但拖延症一直“发作”到周五，“再不背就过不了周六的小测试了”。孟小晴只好焦头烂额收拾“烂摊子”。和40个日语词和一些知识点奋战到凌晨4点，没睡几个小时的孟小晴就忙着迎接小测试去了。“虽然仓促中背下来了，但第二天整个人都很不好，一到课间就去用凉水洗脸，不然下一节课就睡着了。”这不是孟小晴大一时经历的唯一一次“拖延后遗症”，不管是交作业，还是校园学生工作，她都不拖到最后不罢休。她比谁都知道后果：“仓促中完成的都是‘豆腐渣工程’，连自己都不满意，但我已经没时间了，只能这样交上去。”

吴亚坤给自己制定了详细计划，但执行起来却比想象中困难得多。吴亚坤将自己定义为“自我谬误”型人格。“认不清自己，以为能做完很多事情，做计划表的时候总是安排的满满当当，等到执行的时候才发现根本做不完。”除此之外，“完美主义”的她在执行计划的时候，总会因为一些细节问题而一改再改。“等改完，时间就过去很久了。”

“从心理学的角度分析，所谓拖延症和惰性，其实是结果性的表现，真正要做的是找到自己‘拖延’和‘懒惰’背后的原因。”烟台非木心理工作室首席心理咨询师赵秀萍介绍，拖延症其实是完美主义者的标配，“他们事事追求完美，在很多不重要的小事上浪费精力，导致一些重要的事反而提不上日程。”此外，有挑战性的任务也会让人因压力而感到焦虑，不知何从下手，也是造成拖延的重要原因。

懒惰的主要原因，在于没有目标或者目标不够清晰明确。赵秀萍认为，比起感叹自己太懒、太拖延，完美主义和目的不明这两个因素，才是人们在做规划时真正应该面对和解决的问题。

资料来源：毕若旭，程思，刘开阳.近四成大学生对个人时间管理不满意[N].中国青年报，2020-8-17.

3．安排好每日的时间表

根据自己的身体和用脑习惯安排好作息时间表，明确在大脑最清醒时干什么、大脑疲惫时干什么。一旦安排好时间表，就要严格执行。

时间是有限的，一天只有 24 小时，所以提高做事效率尤为重要。大量研究表明，人的体力和脑力有一个由低潮到高潮、再由高潮到低潮的周期变化。如果长时间从事一种活动，就会造成大脑疲劳，效率就会随之下降。可见，大学生要注意提高时间效率，在适合的时间做适合的事情，持续一段时间后，换换学习或工作内容，让身体处于休息和轮流活动中，可以延长高效的工作时间。

4．珍惜零星时间

大学生活丰富多彩，时间被切割得较细，零星时间较多。善于利用零星时间的人，可以做出更大的成就。上课前的三五分钟老师还没有开始讲课，不妨先把笔记本打开浏览一下以前的内容；晚上洗漱之后还未熄灯，可以背几个英语单词；走在校园的路上可以练练英语听力或者构思一下论文结构等。

5．要有自己不被干扰的时间和空间

安排每周、每天不被干扰的时间，专心做自己认为重要的事情。如每天晚餐以后，到教室或者图书馆等安静、有学习氛围的地方，去复习功课、完成作业、预习功课；每周的两天休息日是难得的自己可以支配的时间，一定要充分利用、加倍珍惜，一方面可做适当的休息和放松，另一方面可继续学习，拓展自己的知识面。合理的时间安排可以让易于散乱的周末变得井井有条。

6．学会拒绝

时间有限，我们不一定要答应所有人的请求，拒绝做一些消耗时间并会对完成自己的计划造成阻碍的事，并不代表不好相处。例如，朋友周末邀请我们去逛街，但原计划是周末复习准备周考试，如果陪朋友去逛街，就要耽误复习时间。在这种情况下，要真诚地对朋友说抱歉，并解释不能应邀的原因。

拓展阅读

管理“屏幕时间”是必修课

随着智能电子设备不断普及，儿童首次接触手机、平板电脑以及电视等“屏幕”的年龄逐渐降低，对孩子的“屏幕时间”进行限制的呼声也随之升高。

无节制“屏幕时间”带来的生理影响和心理影响，在不少国家都成为问题。比如，英国电信局最近的一项调查显示，一些孩子认为出门交友“太费力气”，不如在家看视频。毫无疑问，如果任凭沉溺于“屏幕时间”的惯性最终使孩子们不仅视力受损，还降低了交流欲望，就有可能催生心理健康风险，进而衍生出人们不得不认真对待的社会问题。

一些国家出台的相关建议，折射了人们对“屏幕时间”的戒备。美国儿科学会 2016 年即建议，1 岁半以下的孩子应杜绝“屏幕时间”，两岁至 5 岁的孩子应限制在每天 1 小时内。加拿大曾出台类似指南，建议将儿童的“屏幕时间”限制在两小时以内。不久前英国皇家儿科和儿童健康学院发布了首份针对青少年“屏幕时间”的指导意见，强调家庭作为一个整体应对孩子的“屏幕时间”有所规划，家长也应掌控孩子使用电子设备的时间和方式等，旨在保护孩子身心健康。

学校管控“屏幕时间”，在一些国家颇受关注甚至引发了争论。法国去年 9 月禁止 15 岁以下的孩子在学校和幼儿园期间使用手机后，不少英国等国教育界人士呼吁尽快学习法国，为手机进入学校设置“禁令”。但对此持保留态度的人认为，社会已进入信息时代，让孩子脱离电子设备不现实，有因噎废食之嫌；还有家长担心学校的“手机禁令”会让孩子想尽办法偷偷使用手机，使问题更加隐蔽化。

更深一步看，青少年在家或是在学校沉迷“屏幕时间”，往往核心问题未必在于是否允许他们使用手机。来自家庭的关怀不足，没有得到应有的重视，都可能成为青少年在网络和游戏中寻求认同感的原因。因此，能否在“屏幕时间”之外为孩子建立一片充满乐趣和知识的天地，比起简单地向手机说“不”更加考验成年人。

辩证看问题，才能找到解决问题的办法。“屏幕时间”管控，其实得不出非黑即白的简单结论。科技产品是辅助人们生活的手段，如何扬长避短，才是人们更应该认真思考的问题。有评论指出，现代人手机不离手，成年人每天“钻”进手机不能自拔，还如何要求孩子远离屏幕？显然，正确管理“屏幕时间”，日益成为每个现代人的必修课。

资料来源：强薇.管理“屏幕时间”是必修课[N].人民日报，2019.12.27（16）.

思　考　题

1．大学学习呈现出哪些特点？你如何认识大学学习？
2．回顾总结大学学习的基本方法。
3．培养学习习惯的过程中，主要应注意哪些方面？

第六章　着眼发展　规划职业生涯

职场上有句名言：今天我们站在哪里不重要，但是我们下一步迈向哪里却很重要。成功的人生需要正确的规划，合理规划自己的职业生涯，是每一名大学生迈向成功人生的第一步。

第一节　职业生涯规划与人生发展

一、职业生涯规划的概念

职业生涯规划，是指组织或者个人把个人发展与组织发展相结合，对决定个人职业生涯的个人因素、组织因素和杜会因素等进行分析，制订有关对个人一生中在事业发展上的战略设想与计划安排。具体来说，职业生涯规划是指客观认知自己的能力、兴趣、个性和价值观，发展完整而适当的职业自我观念，使个人发展与组织发展相结合，在对个人和外部环境因素进行分析的基础上，深入了解各种职业的需求趋势以及关键成功因素，确定自己的事业发展目标，并选择实现这一事业目标的职业或岗位，编制相应的工作、教育和培训行动计划，制订出基本措施，高效行动，灵活调整，有效提升职业发展所需的执行、决策和应变能力，使自己的事业得到顺利发展，并获取最大程度的事业成功。简而言之，职业生涯规划是指一个人对其一生中所承担职务相继历程的预期和计划。对大学生而言，职业生涯规划是指其在校期间，根据自己的特点，结合社会要求，为自己设计最适合的职业和职业发展道路。

职业生涯规划是一项系统工程，主要取决于两个方面：一是社会发展的客观需要，特别是社会职业的现实要求；二是自身的实际情况。职业生涯规划不是社会或学校强加于个人身上的实施方案，而是个人在内心动力的驱使下，结合社会职业的要求和社会发展需要，依据现实条件和机会所制订的个人化的实施方案。

二、职业生涯规划的分类

按照时间维度，职业生涯规划可以分为短期规划、中期规划、长期规划和人生规划四种类型。

1. 短期规划

短期规划指两年以内的规划。短期规划主要是确定近期目标，规划近期应完成的任务，如计划两年内熟悉社会，在社会上站稳脚，积累一定的工作经验等。

2．中期规划

中期规划一般指的是两年到五年的规划，是最常见的一种职业生涯规划。如三年后要有一个稳定的工作。

3．长期规划

长期规划一般指五年到十年的规划，主要是制订较长远的目标，以及为实现此目标应采取的具体措施。如五年后在公司里要成为中层领导等。

4．人生规划

人生规划是设计整个人生的发展目标和阶梯，一直贯穿到晚年。

从字面上看，个人职业生涯规划从短期到中期，再到长期，直至整个人生规划，如同台阶一样需要一步步地走。但在实际操作中，时间跨度太长的规划往往由于环境和个人自身的变化而难以把握，时间跨度太短的规划意义又不大，所以，一般人们把个人职业规划的重点放在2～5年内的中期规划，这样既便于根据实际情况设定可行目标，又便于随时根据现实的变化进行修正或调整。

三、大学生职业生涯规划的意义

1．有利于大学生建立科学的择业观

一般来说，大学生的第一份职业大多是父母的意愿、学校的推荐、社会单方面需求的结果，与大学生自身的条件（职业兴趣、职业能力）可能并不完全相符。而我们提倡的是科学择业，即求职者依照自己的职业期望和兴趣，凭借自身能力挑选职业，实现自身能力素质与职业需求的匹配和统一。

进行职业生涯规划可以帮助大学生认清自己的优势和劣势，使其客观地看待自己，树立科学的择业观，保持良好的择业心态，明确自己的发展方向。避免不切实际的片面求高，选择适合自身特点的职业，并在自己的工作岗位上脚踏实地，不断积累经验、完善自我，寻求职业生涯的更好发展。

2．有利于增强大学生应对社会竞争的能力

当今社会，竞争日益激烈，要在竞争中占据有利位置，就要找到一个适合自己发展的平台。职业生涯规划可以帮助大学生学会运用科学的方法，采取可行的步骤与措施，有针对性地学习及参加各种相关的培训和实践，充分发挥个人的长处，努力克服缺点，挖掘潜在的能力，不断增强自身的职业竞争能力，从而实现自己的职业目标与理想。

3．有利于提高就业成功率

在双向选择、自主择业的背景下，大学毕业生很看重各种形式的人才交流会，这也是他们走向社会、选择职业的主要渠道之一。然而据统计，人才交流会对接成功率

一般只有 30%左右，造成这种现象的原因之一就是大学生职业生涯规划的缺失，即大学生职业目标相对模糊，对自我缺乏认知。科学的职业生涯规划可以使大学生明确目标，有的放矢，选择适合自己的职位，提高求职成功率。

4．有利于稳定就业，增强发展后劲

由于缺乏职业生涯规划的指导和长远打算，一些大学生最初只是随波逐流地换工作，到了 30 多岁还没有职业定位。这样缺少规划地更换工作，一方面难以在一个合适的领域内积累必要的工作经验，很难为今后的职业发展奠定坚实的基础；另一方面，频繁跳槽会影响自己职业的稳定发展。而一个不具备应有的职业技能和经验，或是频繁跳槽的求职者，难以得到用人单位的青睐。

经过系统职业生涯规划培训的大学生一般都有明确的职业定位，对择业往往都很慎重。只有这样，才能在真正双向选择的基础上找到一个相对适合自己的职业，从而降低因人职不匹配而导致的离职概率。

第二节　职业生涯规划的方法

一、职业生涯规划的方法

1．五“W”的“归零思考”方法

许多职业咨询机构和心理学专家进行职业咨询与职业规划时常常采用的一种方法就是五个“W”的“归零思考”的方法：从自己是谁开始，顺着问清自己五个问题。

（1）Who am I？（我是谁？）应该对自己进行一次深刻的反思，想想自己到底是怎样的一个人，最好把自己的优点和缺点都列出来进行分析，使自己有一个比较清醒的认识，并对这些认识按照重要性排序，包括自己的专业、家庭情况、年龄、性别、动手能力、思考能力等。

（2）What will I do？（我想干什么？）这个问题是对自己职业发展的一个心理趋向的检查。每个人在不同阶段的兴趣和目标并不完全一致，有时甚至是完全对立的。但随着年龄和阅历的增长而逐渐固定，并最终锁定自己的终生理想。

（3）What can I do？（我能做什么？）可以把自己有能力做的，还有通过潜能开发能够做的事写下来。这是对自己能力与潜力的全面认识，一个人职业的定位最根本的还是要归结于他的能力，其职业发展空间的大小则取决于自己的潜力。对于一个人潜力的了解可以从对事的兴趣、做事的韧劲、临事的判断力、知识结构是否全面以及知识是否及时更新等几个方面着手去认识。

（4）What does the situation allow me to do？（环境支持或允许我干什么？）环境支持在客观方面包括本地的各种状态，比如经济发展、人事政策、企业制度和职业空间等；人为主观方面包括同事关系、领导态度和社会资源等。两方面的因素应该综合起来考虑。有时我们在做职业选择时常常忽视主观方面的因素，没有将一切有利于自己发展的因素调动起来，从而影响了自己的职业切入点。

（5）What is the plan of my career and life?（我最终的职业目标是什么？）明晰了前面四个问题，就会从各个问题中找到对实现有关职业目标有利和不利的条件，列出不利条件最少的、自己想做而且又能够做的职业目标，那么这个问题自然就有了一个清晰的框架。

2．SWOT 分析法

SWOT 分析法在第四章中已有详述，此处不再赘述。

3．斯温的生涯规划模式

斯温是美国伊利诺伊大学的教授，他于 1989 年提出了自己的生涯规划模式，旨在帮助大学生对自己的生涯做出一个良好的规划。斯温的生涯规划模式主要包括四个部分（见图 2），模式图中间的圆形是模式的核心部分，表示一个人所要达到的生涯目标，而这一目标的模式图设定又深深受到周围三个小三角形的影响，三个小三角形分别表示：个人、环境及信息。斯温认为这三个方面在生涯规划中同等重要。每一个小三角形又包含着丰富的内容，都是我们进行生涯探索和规划的重点。生涯决定是指圆形和三角形之间的联结点，由其形成最终的生涯目标。这一模式，为大学生进行个人职业生涯规划提供了一个良好的参照框架和思考方向。

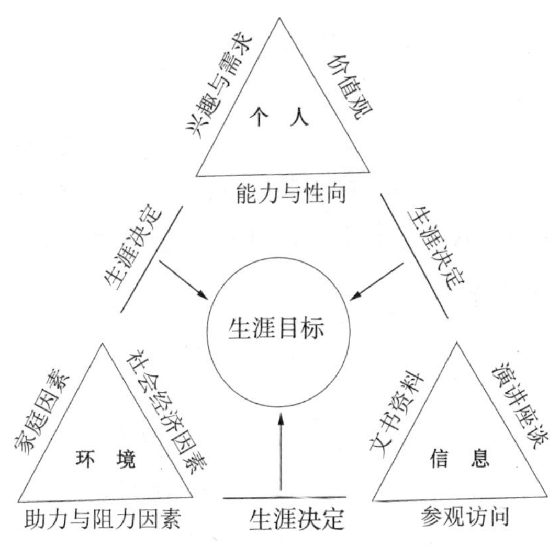

图 2　斯温生涯规划模式图

二、职业生涯规划的基本步骤

职业生涯规划是一个长期的、持续性的过程。因此，在漫长的职业生涯中如何制订科学合理的职业生涯规划流程方案高质量、高效率地实现设定目标，显得尤为重要。一般认为，这个过程应该包括自我评估、客观环境分析、确定职业目标、制订行动计划与措施、评估与反馈等步骤。

1．自我评估

自我评估就是全面地认识自己、了解自己，分析自身的优势和劣势，找出自身条件与实现目标所需要条件之间的差距，并及时学习提高自己。一个有效的职业生涯规划必须建立在充分认识自身条件与相关环境的基础上，正可谓“量体裁衣”。古希腊哲学家苏格拉底曾经说过：“未经审视的人生是不值得过的。”大学生更应该直面自身的不足，有效利用宝贵的大学时光，积极主动地完善自我，实现职业理想，实现自身价值。

2．客观环境分析

人，首先是一个社会人。每个人都处于一定的社会环境中，合理有效地认识、了解、分析、判断周围的环境，对于自身目标的实现有着重大的意义。这个客观的环境包括三个因素。

（1）组织环境。组织环境主要是组织内部的运行环境。

（2）社会环境。社会环境主要指社会的各项规章制度、经济形势等。

（3）人际关系环境。人际关系环境主要指个人与其他人，个人与组织之间的相互关系。

3．确定职业目标

这是职业生涯规划的核心内容，即在自我评估、客观环境分析的基础上，选择自己的职业方向，确立职业生涯发展目标。例如，一个一年级的大学生如果准备成为一个出色的心理学专家，他可以为自己确立职业早期、中期、晚期的各阶段目标和总体目标。大学生在做近期规划时，主要是确立初次择业的职业方向和阶段目标。

4．制订行动计划与措施

行动是职业生涯规划的关键环节。没有行动就无法实现目标，也就谈不上事业的成功。这里的行动，是指落实目标的具体措施。例如，为实现目标，在工作方面，计划采取哪些措施提高工作效率；在业务素质方面，计划如何提高业务能力；在潜能开发方面，采取哪些措施开发潜能等，都要有具体的计划和明确的措施。这些计划要特别具体，以便于定时检查。

5．评估与反馈

俗话说：“计划赶不上变化。”在人生的发展阶段，由于社会环境的变化和一些不确定因素的存在，会使原来制订的职业生涯目标与规划有所偏差。在这种情况下，要对职业生涯目标与规划进行评估和做出适当的调整，以更好地适应自身发展和社会发展的需要。

职业生涯规划的评估与反馈过程是个人对自己不断认识的过程，也是对社会不断认识的过程，是使职业生涯规划更加有效的有力手段。有些大学生在专业学习一段时间后发现本人不适应选定的专业，不得不换专业，这就是评估反馈后做出的生涯改变。

三、大学生职业生涯规划中的常见问题及对策

1．自身经验、兴趣和能力不能与职业目标有效关联

大学生在自我认知不足的情况下，很容易出现自身兴趣、经验和能力与未来职业目标关联度不大，未能突出自己的职业能力优势的情况。有的大学生把自己的社会实践活动不加选择地列上去，多达 20 余项，而且没有任何评价，也与未来职业没有实质上的关联。如未来职业目标是教师，社会实践是参加销售电话卡。

正确的做法应该是，兴趣、社会实践经验和能力的展示应与未来职业有一定的关联度，并且要认真地分析它们对未来职业有何帮助，如果没有，就不必列出来。有了职业生涯规划，学生的社会实践就不会盲目，而是有所选择。如未来职业目标是 IT 经理，那么社会实践就选择与 IT 行业有关的活动。

2．对行业和职位了解不清晰

大部分大学生是通过互联网对行业、职业进行了解，认识途径单一，对行业的政策扶持和发展潜力、职位的实际工作内容和所需能力了解不够多。除了互联网之外，还可以通过人才招聘会、行业展览会、专业协会、职业人物访谈（访谈毕业的师兄、师姐、在职人员及该行业的领军人物）、校友会，以及与相关职位的实际接触等方式，加强对行业和职位更准确的了解。

3．计划可操作性不强

计划的可操作性不强是大学生职业生涯规划中的常见问题。例如，大学阶段的计划没有突显达到该职位所需的社会实践和读书计划，即使有社会实践和读书计划，也没有定出执行时间，没有确定的社会实践的地点，没有计划读的具体书籍；大学毕业后的计划只是对未来职业的各个岗位的具体描述，而且多是从互联网搜索得来的，没有通过请教在职人员来了解职业的实际需求。这样的计划流于表面，可操作性较差。

大学生最好将计划分为总体计划和阶段性计划。总体计划指一生总的职业目标；阶段性计划至少是两大部分，一部分是在校期间，另一部分是大学毕业后。大学期间的计划应该具体，既要有学年计划，也要有学期计划；既要有月计划，也要有周计划，最好每天都要有计划。例如每天除了常规的上课外，应有自己的读书计划。此外，双休日怎样度过、如何安排勤工助学与学习的时间、寒假准备去哪家企业调研、暑假准备去哪家公司参加社会实践活动等，都要有计划。

此外，计划中应包括采用哪些措施来提高学习和工作效率，计划学习哪些专业知

识，掌握哪些职业技能，提高哪些业务能力，采用什么方法来开发自己的潜能，如何提高自己的情商水平，如何坚持计划，计划遇到挫折怎么办等内容。

思考题

1. 职业生涯规划主要分为几种类型？
2. 常用的职业生涯规划方法有哪几种？
3. 复述总结职业生涯规划的基本步骤。

第四篇

生活篇：修身立德　积极生活

修身立德本质上是对精神世界的塑造。建设社会主义现代化强国，实现中华民族伟大复兴的中国梦，不仅要在物质上强，还要在精神上强。古今中外，种种案例启示我们，一个人失去正确价值观锚定的“德”，就会陷入精神的虚无；一个民族、一个国家没有共同的价值观念，莫衷一是、行无依归，就不可能进步。广大青年不断锤炼品德修为，自觉树立和践行社会主义核心价值观，才能在精神层面获得更持久、更深沉的力量，坚定地前行。

“从善如登，从恶如崩。”修身立德没有捷径。广大青年坚持“吾日三省吾身”，做到“见贤思齐”，在提高自我修养方面下一番苦功夫，才能有所收获。中国共产党早期领导人恽代英，把记载自己缺点的日志晒出来，公示己过，在众人监督下完善自己；县委书记的榜样焦裕禄去世后，人们在其病床的枕头下发现两本书，一本是《毛泽东选集》，一本是《论共产党员的修养》。这些榜样矗立起一座座精神丰碑，也为广大青年点亮了人生航向。青年通过不断反思自己、不断加强学习，才能不断提升自我，实现人生价值、成就一番事业。

被称为“雷锋传人”的郭明义积极帮助他人、奉献爱心，感染、收获、带动了一大批“粉丝”；立志“奉献社会，服务人民”的华中农业大学本禹志愿服务队，先后 14 批 133 名志愿者一棒接一棒，在贵州山区 3 所乡村小学支教 16 年，滋润了山区孩子们的心灵。修身立德从来不是空洞的口号，而是体现在一言一行、一举一动当中。也只有在劳动实践、辛勤创造中，才能进一步磨练本领、砥砺品格，绽放人生的光芒。

青年是早上八九点钟的太阳，最活跃、最富朝气，拥有开风气之先的力量。广大青年应坚持修身立德，系好人生第一粒扣子、迈好人生第一步台阶，这不仅是对自己负责，更影响着一个时代的底色和基调。广大青年都追求更有高度、更有境界、更有品位的人生，就一定能让清风正气、蓬勃朝气遍布全社会，让青春成为中华民族生气勃发、高歌猛进的持久风景。

资料来源：人民日报评论部.修身立德走好人生路[N].2019-05-16（9）.

第七章　积极调适　享受健康生活

健康是人类生存和发展最基本的条件，也是创造社会物质文明和精神文明的基础。自古至今，健康一直是人类共同追求的目标。健康是生命强健的象征、幸福的保证。当代大学生是国家和民族未来的希望，健康对他们来说，更是学业有成、生活愉快、工作顺利的基础。用健康的身心享受生活，提高生命质量，是现代人和当代大学生新的生活理念。

第一节　体育锻炼

一、体育锻炼对大学生身体健康的促进作用

体育锻炼能够提高大学生中枢神经系统的平衡性和灵活性，使大学生思维活跃，反应敏捷，动作灵活，适应能力和工作能力都得到提高。

人在体育锻炼过程中，呼吸加深加快，吸进更多的氧气，排出更多的二氧化碳，从而使肺功能增强，肺活量增大。经常参加体育锻炼的大学生，呼吸肌发达有力，在吸气时，能够把胸腔扩张得更大，使更多的肺泡参与工作，由于身体适应能力强，其呼吸显得深沉、平稳、均匀，且频率较慢。

体育锻炼能够使人的肌肉纤维变粗，肌肉内蛋白质的含量增加，肌肉内毛细血管增加。据统计，系统从事体育锻炼的人，肌肉重量占体重的 45%～50%，而一般人只能达到 40%左右。这是因为，运动时肌肉活动增强，耗氧量增加，为了适应运动的需要，肌肉内毛细血管大量开放，超过安静时的 20～50 倍以上，大量的血液把营养物质输送到全身各个部位，促进了新陈代谢，使身体得到了发展。

大学生经常参加体育锻炼，能够使骨骼变粗，骨密质增厚，使骨骼的抗弯、抗 压、抗折能力得到提高。经常参加体育锻炼可以保持正常的体重，塑造男生魁梧有力、女生苗条健美的体形。

大学生参加自己喜爱的体育活动，不仅有助于身体健康，而且能够调整心理，减缓心理压力，消除紧张，使大学生心情舒畅，精神愉快，甚至产生一种美妙的快感，从而增强大学生的自信心和自豪感。美国心理学家德里斯考曾对大学生做过跑步的实验，他发现跑步可以大大减轻学生考试前的焦虑情绪。

大学生经常参加体育锻炼可改变忧郁、孤僻的性格特点，培养开朗自信、勇敢果断的良好性格特征。体育锻炼要求大学生情绪稳定、反应敏捷、动作灵活、意志坚强，从而有助于改善人的个性心理特征。

二、大学生体育锻炼的形式

（一）大学体育与健康课

大学体育与健康课程是学校人才培养方案中规定的必修课，承担着对学生进行系统的体育教育的重任。通过这门课的学习，同学们可以掌握具有实用性的健身技术和技能，掌握体育的卫生和保健知识，培养学生良好的体育锻炼习惯并树立终身体育的观念，培养学生良好的思想道德品质和意志品质。

（二）课余体育活动

课余体育活动是体育课之外同学们锻炼身体，增强体质，养成良好锻炼习惯的重要途径。课余体育活动主要包括课外体育锻炼、早操、课间操、班级体育锻炼，以及课余的体育训练和竞赛。课外体育活动是体育课的延续，在培养学生兴趣、自觉意识和独立锻炼学生身体的能力等方面有它独到的功能。课外体育活动搞得好，就更有可能变“要我体育”为“我要体育”，进而形成一种“我要终身体育”的观念。另外，课余体育训练和竞赛是学校体育工作中发展和培养运动人才的重要途径。

三、大学生体育锻炼应遵循的原则

（一）因人制宜，讲求实效

因人制宜，就是根据性别、年龄、爱好和不同的体育基础，来选择锻炼的内容和方法，并安排合适的运动量。大学生正处在生长、发育、发展时期，体育锻炼要具有全面性。一般以锻炼者自我感觉舒适且不影响学习、生活为准。

讲求实效，是指选择锻炼内容时，要注意对健康的价值，不要追求运动形式，以及本人力不能及的情况下去从事高难技术动作的训练。应选择简便易行、锻炼价值在大、效果好的运动形式作为身体锻炼的主要内容。

（二）坚持锻炼，持之以恒

如果不经常锻炼，锻炼效果就很差，甚至不起作用。常年不懈、持之以恒的锻炼对运动技能的形成，身体状况和人体结构、机能的改善，身体素质的提高起着关键性的作用。不经常锻炼，已取得的效果便会逐渐消退。

（三）循序渐进，逐步提高

首先，动作要由易到难，由简到繁，逐步提高。其次，在锻炼过程中，运动量的安排要由小到大，逐步增加，要在身体逐步适应的基础上，逐步增大，这样才能提高身体的适应能力，特别是运动量的安排，要因人而异，要根据具体情况而定。如果不科学、急于求成，就会引起身体的疲劳，甚至导致身体运动损伤等情况发生。

（四）餐前或饭后不宜剧烈运动

餐前血液中葡萄糖含量较低，如果进行剧烈运动，易出现心慌、头晕、无力甚至昏倒等低血糖症。如果饭后立即进行剧烈运动，肌肉中的毛细血管大量扩张，流到消化道的血液必然减少，消化能力会下降。此外，进食后剧烈运动，装满食物的胃就会随着运动而晃动或震动，易导致腹胀、腹痛，甚至发生胃下垂。

（五）锻炼前的准备活动和运动后的整理活动原则

准备活动能够提高神经的兴奋性和器官的活动能力，克服身体各部分机能的“惰性”，保证内脏的机能和运动的需要相一致。准备活动可使关节、韧带、肌肉得到初步的活动，可防止关节、韧带的意外扭伤和撕伤。锻炼结束后，再做一些使上肢、下肢、腰腹放松的动作，同时尽量使情绪放松。如果在剧烈运动后，特别是跑步后突然停止下来不动或坐下来，就会出现运动性晕厥而发生意外。

（六）锻炼要讲究方法

大学生学习任务重，不可能有过多时间从事众多体育项目锻炼。因此，锻炼时必须讲究方法和内容。大学生锻炼身体应将“身心保健锻炼”和“增强体质锻炼”结合起来。“身心保健锻炼”是指起到活动肢体、调节神经、服务学习工作的锻炼内容和方法，适应大学生的主要有早操、课间操、睡前锻炼等。“增强体质锻炼”是指有一定的运动负荷和强度要求，能起到增强体质作用的锻炼，如篮球、足球、羽毛球、乒乓球等。

四、大学生体育锻炼应注意的问题

（一）科学地安排锻炼

科学地安排锻炼要求进行锻炼时要因人、因时、因地制宜，根据自身的健康状况安排锻炼的时间和进度，充分考虑到季节、地区、自然环境等因素对锻炼效果的影响。运动量、运动强度要由小到大，并在锻炼过程中逐渐积累经验，掌握好适宜的运动量，以期达到锻炼身体的最佳效果。另外，还要注意采用多种多样的运动项目进行锻炼，尤其是对生长发育期的大学生，这样更有利于身体得到全面发展。

（二）避免有碍健康的锻炼方法

要根据人体的生理特点，按身体各部位器官不同的最佳发育期选择有针对性的运动项目，不能一味地追求大运动量；要注意全面发展的锻炼、运动环境和运动卫生；要遵循运动规律，不能扰乱体力和脑力劳动的生物节律；要保证运动的持续性，避免不能善始善终的突发性锻炼等。

（三）安排好一天的锻炼

如果同学们每天能有 1～2 小时的锻炼时间，就应该做以下的安排：早晨活动 20～

30 分钟，起床后在室外空气新鲜的地方做做操、打打太极拳或慢跑。应该注意的是，早晨运动不宜过久，运动量也不能太大，运动不要太复杂，否则会影响一天的学习和生活。下午课外是一天中最好的运动时间，此时可以安排比赛或进行较剧烈的运动。运动量以不过分疲劳，不影响晚上的活动为宜。这对消除一天的学习疲劳、增进健康是大有裨益的。晚饭后睡觉前则避免剧烈活动，可安排轻柔和缓的健身运动，如散步、气功、太极拳等。

五、大学生体育锻炼中损伤的预防与应对

（一）体育锻炼中常见的损伤

运动促进健康，但是错误的运动方法或器械等方面的原因，都可能导致运动损伤。常见的运动损伤主要有以下八种。

1．跑步、跳高与跳远的损伤

跑步常发生大腿后部肌肉拉伤、腰扭伤及踝关节扭伤。跳远和跳高常发生踝关节、腰关节扭伤和前臂骨折或脱臼。

2．跳马和单杠的损伤

跳马和单杠常发生双上肢或腋部损伤，下肢的膝部或踝部发生脱臼或骨折。

3．投掷的损伤

投掷常造成肩、肘、骨干等部位脱臼或骨折。

4．球类运动的损伤

球类运动常发生踝关节部位损伤、软组织损伤，韧带拉伤、扭伤，股骨损伤。

5．体操的损伤

体操常发生膝关节韧带损伤，跟腱断裂、扭伤。

6．举重的损伤

举重容易造成腕部、肩、腰和膝部损伤，且急性损伤比慢性损伤多见。

7．滑冰的损伤

滑冰经常出现头后部受伤，前臂与手腕捻挫、骨折和臀部损伤。

8．游泳的损伤

在患有疾病、准备活动不充分、空腹或脚抽筋、过度劳累等情况下游泳，容易导致溺水。

（二）大学生运动损伤、运动伤害的预防

运动损伤不可避免，但加强预防可以减少损伤。为此，大学生在运动中应注意以下四点。

（1）运动前先由慢而快做暖身运动，并连续做伸展操 5～10 分钟。

（2）运动后应续做缓和运动 10～15 分钟，由快逐渐变慢，整个运动才算结束。

（3）运动时应使用适当装备及护具。

（4）加强身体素质锻炼，避免疲劳运动。

（三）大学生体育锻炼中损伤的应急处理

1．皮肤擦伤的应急处理

皮肤擦伤就是皮肤受外力摩擦所致的皮肤出血或组织液渗出，划分为小面积擦伤和较大面积擦伤。

（1）小面积擦伤。若在一般部位小面积擦伤，可用红药水等涂抹，需包扎。若在关节及其附近小面积擦伤，则应局部消毒，再涂以消炎药膏，以免局部干裂影响锻炼。

（2）较大面积擦伤。首先应以生理盐水清理创面，然后进行局部消毒，最后盖以消毒凡士林纱布和敷料并包扎，必要时加抗菌素预防感染。

2．皮肤撕裂伤的应急处理

皮肤撕裂伤是指皮肤受外力严重摩擦或碰撞所致的皮肤撕裂、出血。轻者，消毒后，以胶布黏合或用创可贴敷盖即可；撕裂面积较大者，则需止血缝合及包扎。必要时酌情用破伤风抗毒素进行肌肉注射，以免破伤风感染。

3．肌肉拉伤的应急处理

肌肉拉伤是指在外力直接或间接作用下，使肌肉过度主动收缩或被动拉长所致的肌肉纤维损伤或断裂。轻者可立即休息，抬高患肢，局部冷敷并加压包扎。疼痛明显者，可酌情服止痛药，在 24 小时后开始理疗和按摩。如肌肉大部分或完全断裂，应立即送往医院处理。

4．软组织损伤的应急处理

软组织损伤时，最常用的处理方法是用冷毛巾包裹受伤的部位，促使受伤部位毛细血管收缩，减少出血。

在损伤后的 24～48 小时内，可服用活血化淤药、消炎药，同时进行局部理疗散热，以加快血液循环。发生软组织损伤后的 3～6 周内不宜过多运动，以利软组织的修复。

5．骨折的应急处理

发生骨折后，不可任意移动骨折部位，要利用板子、木棍等硬物使骨折处固定，以避免骨折处移位，然后尽快就医。

6. 溺水的应急处理

溺水者被救上岸后，应立刻倒水，使呼吸道畅通。若心跳、呼吸均停止，应立即进行人工呼吸和心肺复苏急救，尽快送往医院。

（四）大学生体育锻炼中损伤后的保健

1. 注意休息

休息的目的是为了减少继续活动所引起的疼痛、出血及肿胀现象，并防止伤势恶化。

2. 冰敷

运动受伤后，不管轻重程度如何，都有必要先做冰敷。冰敷除了具备止血、止肿的效果外，还具有止痛及放松筋肉的效果。冰敷可以使患部血管收缩，以减少淤血，也可以减轻患部的疼痛，还可以防止患部的发炎及肿胀。

3. 热敷

运动受伤后经 48 小时，可使用热敷。热敷的目的在于使患部的血管舒张，排泄淤血，并使肌肉及其他组织放松，对防止痉挛（抽筋）也颇为有效。

4. 压迫

压迫是指用一种带弹性的织物（护腕、护踝）裹在损伤的部位，并把冰袋裹缠紧，30 分钟后去除压迫和冰袋；再过 15 分钟，再裹缠受伤部位 30 分钟。如此反复做 3 小时左右。

5. 抬高

抬高是指把受伤部位置于比心脏更高的平面。如果是腰腿或足腕损伤，就要躺下，把腿放在被子上，抬高到与肩相平的位置，这是一种消肿的重要手段。

六、养成良好生活习惯

1. 规律作息时间

有规律的生活能使大脑和神经系统的兴奋与抑制交替进行，在大脑皮层上形成动力定型，这对促进身心健康非常有利。一些高校对学生的作息时间要求较为宽松，在缺乏有效监督的情况下，部分学生没有明确的学习目标和生活，在懒散的生活中形成了不良的生活习惯。

俗语说，“十补九不足”，身体经常处于这种张弛无度的状态，很容易转变成亚健康状态。由于年轻，机体暂时能恢复正常的状态，但这给以后的身体健康留下了隐患。所以，任何把身体健康作为代价去换取暂时的成功、快乐、幸福的行为都是不可取和不明智的，只有遵循“文武之道，有张有弛”的规律，才能使身体保持长久的良好状态。

2．合理安排饮食

饮食不良的现象在大学生中比较普遍，主要表现在以下几个方面。第一，饮食不规律；第二，不注重营养搭配、荤素搭配；第三，暴饮暴食。近年来，我国大学生因饮食问题产生的疾病，发病率越来越高，这与大学生不良的饮食习惯有关。此外，青少年肥胖率快速上升，高血压、高血脂等老年病的低龄化倾向等，都与不良的饮食习惯和饮食方式有关，这应该引起每一个人的注意。因此，大学生应注意安排好饮食，形成良好的饮食习惯。良好的饮食方式包括饮食要定时定量；早饭要吃好、午饭要吃饱，晚饭要吃少；吃饭细嚼慢咽，不要狼吞虎咽；注意营养搭配、荤素搭配，不挑食偏食，加强全面营养，多吃蔬菜和水果；尽量远离烟酒。

3．不沉溺网络

时至今日，网络已成为人们日常生活的重要组成部分。然而，网络在给大学生的学习和生活带来极大便利的同时，也对大学生的思想品德、学业、身心、人际关系、情绪情感、兴趣爱好等多方面带来不少负面影响。目前，部分高校不同程度地存在学生上网成瘾的问题，严重影响了学生的身心健康和学业成绩，对以后的工作和生活也产生了消极影响。

有些大学生进入大学以后，人生目标不明确，个别大学生甚至毫无目标，缺乏对生存问题的理性思考。人的生命是有限的，要使有限的生命有意义，就必须树立明确的奋斗目标，并在奋斗目标的指引下沿着正确的人生道路拼搏进取，这对人生具有决定意义。21 世纪是知识经济时代，知识经济对人们特别是对大学生的要求更高。大学生应志存高远，奋斗不息，努力创造人生的辉煌，为社会贡献出自己的一份力量。

4．保持卫生

生活中有些学生既不注意公共卫生，也不注意个人卫生。作为高素质的人才，作为肩负新时代历史重任的祖国接班人，大学生必须具备最基本的素质要求，养成良好的卫生生活方式，只有这样，才能促进自身不断成长。

拓展阅读

健康生活六个“不能等”

有些人虽注意保养，但收效甚微。究其原因，主要是观念过于陈旧，仍在沿用过去的不良习惯，在自我保健过程中存在许多误解。归纳起来，主要有以下六个方面：

1．不能等累了才歇

“过劳死”是一种未老先衰、猝然死亡的生命现象。人的生命也许就在无休止的加班熬夜、在无法摆脱的压力负担中受着侵蚀，那不堪重负的心脏正走入“生”的终结。许多人对过劳死不以为然，误以为累了是应该休息的信号，只有累了才证明身体需要休息了。其实“累”的感觉出现时，证明身体已进入相当疲劳的“自我感觉”，这时才休息已为时过晚。过度疲劳容易积劳成疾，降低人体免疫力，使疾病乘虚而入。不论是脑力还是体力劳动者，在连续工作一段时间后，都要适当地休息或调整。

2．不能等饿了才吃

快速的工作节拍，拥挤的城市交通，加快了人们日常生活的节奏。原本丰富的早餐也换成了多睡十分钟的快感，应该好好吃一顿的午餐也变成了应对客户的工作“简饭”，久而久之，吃饭成了负担，“不饿”也变成了不吃的理由。当然，还有的人为了身材苗条，故意跟自己的胃说：“我不饿，你别闹呀。”其实，食物在胃内早已排空，我们伟大的“胃先生”正在被胃液“消化”，引起胃炎或消化性溃疡。饮食规律、营养均衡是养生保健必不可少的物质基础。

3．不能等渴了才喝

平时不喝水，口渴时才饮水的人相当多，尤其是青年大学生和奋斗在一线“上班族”。他们不了解口渴是体内缺水的反应，这时再补充水分为时已晚。水对对人体代谢比食物还重要，生理学家告诉我们，每个成年人每天需饮水 1 500 毫升左右。晨间或餐前一小时喝一杯水大有益处，既可洗胃肠，又有助于消化，促进食欲。据调查研究，有经常饮水习惯的人，便秘、尿路结石的患病率明显低于不常饮水的人。

4．不能等急了才排

很多人只在便意明显时才去厕所，甚至有便不解，宁愿憋着，这样对健康极为不利。大小便在体内停留过久，容易引起便秘或膀胱过度充盈。粪便和尿液内的有毒物质被人体吸收，可导致“自身中毒”。因此，应养成按时排便的习惯，尤以晨间为好，以减少痔疮、便秘、大肠癌的发病机会。

5．不能等困了才睡

由于学习任务、工作忙碌、家务烦琐等原因，失眠成了不少人的常年困扰之一。专家指出，困倦是大脑已经相当疲劳的表现，人们不该熬到十分困倦才睡觉。长期熬夜，会使人因神经系统过度紧张，而导致神经衰弱、溃疡病、高血压和冠心病等一系列疾病。长期睡眠不足，还会使大脑受损，导致脑力早衰。养成按时就寝的好习惯，不仅能保护大脑，使人容易入睡，还能提高睡眠质量，减少失眠的发生。

6．不能等病了才体检

一心投身于忙碌的工作，当出现头晕、乏力、胸闷、心悸、胃痛、失眠、气短、食欲差时，却不以为然地熬着、拖着，有意无意地忽视身体发出的疾病信号，导致小病熬成大病，轻症拖成重症，直至失去治疗良机或疾病突发，酿成严重后果。这样的例子并不少见。专家提醒，每年定期到医院做一次全面体检，是保证身体健康必需的

“功课”。忙于工作的年轻女性，尤其不能忽视定期体检。不少在日常生活中容易被忽略的疾病，如肺结核、肝炎、高血压、心脏病、癌症，在早期阶段一般都能通过体检被发现。只有及早发现，及时治疗，才能取得理想的疗效。

资料来源：养生存在六误区[E/OL].（2021-11-13）[2021-5-25].https://baike.baidu.com/item/%E5%85%BB%E7%94%9F%E5%AD%98%E5%9C%A8%E5%85%AD%E8%AF%AF%E5%8C%BA/15640781

第二节　大学生心理健康

一、大学生心理健康的标准

（1）智力正常。智力是人的观察力、注意力、记忆力、想象力、思维力、创造力及实践活动能力等的综合，包括在经验中学习或理解的能力，获得和保持知识的能力，迅速和成功地对新情境作出反应的能力，运用推理有效解决问题的能力等。这是大学生学习、生活与工作的基本心理条件，也是适应周围环境变化所必需的心理保证。因此，衡量大学生的智力是否正常，关键在于其是否正常、有效地发挥了自我效能，即有强烈的求知欲，乐于学习，能够积极参与学习活动。

（2）情绪健康。其标志是情绪稳定和心情愉快。具体内容有：愉快情绪多于负面情绪；乐观开朗、富有朝气，对生活充满希望；情绪较稳定，善于控制与调节自己的情绪，既能克制又能合理宣泄自己的情绪；情绪的表达既符合社会的要求又符合自身的需要，在不同的时间和场合能恰如其分地表达情绪。

（3）意志健全。意志是人在完成一种有目的的活动时进行选择、决定与执行的心理过程。意志健全者在行动的自觉性、果断性、顽强性和自制力等方面都表现出较高的水平。意志健全的大学生在各种活动中都有自觉的目的性，能适时地作出决定并运用切实有准备的方式解决所遇到的问题。在困难和挫折面前能采取合理的反应方式，能在行动中控制情绪，而不是行动盲目、畏惧困难、顽固执拗。

（4）人格完整。人格是个体比较稳定的心理特征的总和。人格完整是指有健全统一的人格，个人所想、所说、所做都是协调一致的。人格完整包括人格结构的各要素完整统一，具有正确的自我意识，不产生自我同一性混乱，以积极进取的人生观作为人格的核心，并以此为中心把自己的需要、目标和行动统一起来。

（5）正确的自我评价。它是大学生心理健康的重要条件，大学生在进行自我观察、自我认定、自我判断和自我评价时能做到自知，恰如其分地认识自己，摆正自己的位置。既不以自己在某些方面高于别人而自傲，也不以在某些方面低于别人而自卑。面对挫折与困境，能够自我悦纳，喜欢自己，接受自己，自尊、自强、自制、自爱，正视现实，积极进取。

（6）和谐的人际关系。它是事业成功与生活幸福的前提，其表现为：乐于与人交往，既有广泛的人际关系，又有知心朋友；在交往中保持独立而完整的人格，有自知之明，不卑不亢；能客观评价别人和自己，善取人之长补己之短，宽以待人，乐于助人，积极的交往态度多于消极态度，交往动机端正。

（7）社会适应正常。个体应对客观现实环境保持良好秩序，既要进行客观观察以取得正确认识，以有效的办法应对环境中的各种困难，不退缩；又要根据环境的特点和自我意识的情况努力进行协调，或改变自我适应环境。

拓展阅读

心理健康水平的三个等级

一般常态心理者。表现为心情经常愉快，适应能力强，善于与别人相处，能较好地完成同龄人发展水平应做的活动，具有调节情绪的能力。

轻度失调心理者。表现出不具有同龄人所应有的愉快，和他人相处略感困难，生活自理有些吃力。若主动调节或通过专业人员帮助，可恢复常态。

严重病态心理者。表现为严重的适应失调，不能维持正常的生活和工作。如果不及时治疗，很可能恶化，成为精神病患者。

正确理解和运用大学生心理健康标准及等级时，应特别注意以下几个问题：

心理不健康与有不健康的心理和行为表现不能等同。心理健康与不健康不是泾渭分明的对立面，而是一种连续状态，偶尔出现一些不健康的心理和行为并不等于心理不健康，更不等于已患心理疾病。不能仅从一时一事简单地断定自己或他人心理不健康。

心理健康的状态不是固定不变的，而是一个动态变化的过程。随着人的成长、经验的积累、环境的改变，心理健康状况也会有所改变。

大学生心理健康的基本标准是能够有效地进行学习和生活。如果正常的学习和生活难以维持，应该及时调整。

资料来演：田野.基于积极心理学的大学生心理健康标准及教育对策[J].国际公关，2020（07）:89-90.

二、大学生心理发展的基本特征

青年期是个体生理和心理迅速发展的时期，也是个体心理迅速走向成熟而又尚未完全成熟的一个过渡期。大学生处于这一个体生命的黄金阶段，其心理发展具有以下基本特征：

1．智力水平达到高峰阶段

个体智力的发展一般在18～25岁达到顶峰，而大学生正处于这个年龄阶段，因此其智力发展逐步达到了最佳状态，具体表现在以下四方面。

（1）逻辑思维能力显著提高。大学生思维的独立性、创造性、敏锐性、批判性、广阔性和深刻性进一步发展，能够全面地认识和分析不同事物，抓住事物发展的某些规律，具有创新思想，敢于标新立异。

（2）观察力明显增强。大学生对于事物的认识不只限于五官的感受及对事物表象的了解，他们更希望探寻事物之间固有的、内在的、本质的联系，全面、深入地认识事物。

（3）想象力明显增强。随着知识的积累和视野的开阔，大学生的想象力在再造想象的基础上更具主动创造性，想象的结果可以达到一定的深度和广度。

（4）记忆力达到高峰。在大学生所处的年龄阶段，大脑皮质所形成的暂时联系稳步增强，记忆存储量增大，理解能力、记忆能力不断增强。

2．自我意识逐步成熟

进入青年期，大学生的自我意识进一步发展，其独立感、自尊心、自信心、好胜心等不断增强。他们更多地把目光从外部世界转向自己的内心世界，致力于自我认识、自我体验、自我评价、自我监督和自我约束。他们能加强自省、注重对内心的分析和体验，进而了解自己的情感和心理；他们关注别人对自己的评价，渴望得到尊重和理解；他们十分注重自身形象，并规划出理想中的自我模式，现实自我与理想自我开始出现偏差；他们常常把自己与他人进行比较，在比较过程中认识自己，对自己的积极品质加以强化，对不良品质进行矫正。总体来说，大学生自我意识的发展正逐步趋于成熟和完善。

同时，由于知识、能力和经验等方面的不足，大学生的自我意识还没有达到最终的完善和统一。有相当一部分大学生还不善于正确处理自我完善与社会需要的关系，他们在自我认识上存在一些偏差，通常表现为不能正确评价自己，自我估计过高或过低，一旦遭遇挫折容易产生自卑心理。

3．情感丰富，情绪波动大

进入大学后，大学生的活动领域不断扩大，生活更加丰富多彩。多样性的需要和体验使他们产生了丰富而复杂的情感，包括学习科学知识过程中形成的理智感，集体生活中形成的道德感，人与人交往中形成的友谊和爱情，文化娱乐生活中形成的美感，以及政治生活中形成的荣誉感和责任感等。

在这一阶段，大学生的情绪还没有完全达到稳定状态，情绪波动较大，通常会表现为两极性。例如，短时间内从兴奋转为消沉，或是由冷漠突然转为狂热，这种不稳定的情绪状态常常使一些大学生陷入理智与情感的矛盾和冲突之中。

4．意志水平明显提高，但不平衡、不稳定

进入青年期，大学生的意志水平有了明显提高，大学生的自觉性、果断性、坚韧性和自制力都有了一定程度的发展。多数大学生能够自觉地确定自己的奋斗目标，制订具体的实施计划，并在实施过程中排除困难和阻碍，努力实现自我价值。

但在这一时期，大学生的意志水平的发展还不够平衡和稳定。他们通常能独立迅速地处理好一般的学习、生活问题，但在遇到关键性问题或重大行动时容易表现出优柔寡断、动摇不定或草率武断、盲目从众等心态。大学生的意志活动水平受情绪波动的影响较为明显，通常表现为心境好时意志水平较高，心境差时意志水平较低。

5．性意识趋于成熟

随着性生理和性心理的逐步成熟，大学生的性意识也得到快速发展。他们对异性充满好奇，期望更多地了解异性，追求纯洁美好的爱情，并试图建立相对稳定的恋爱关系。他们的性意识开始觉醒，对性知识的兴趣，以及对有关性问题的思考和相应的体验。

在这一阶段，一些大学生会合理选择恋爱时机，并处理好学业与爱情的关系，使之成为人格完善的契机。但也有部分大学生陷入爱情不能自拔，影响学业，甚至因两性关系处理不当而造成严重后果。

三、大学生常见的心理问题

1．适应不良问题

很多大一新生是初次离家独自在外生活，需要一段时间的调节和适应，但有少数学生长时间不能适应大学生活，具体表现为以下两种情况：一是生活能力差，自立能力弱，不能很好地处理自己的事务；二是面对挫折时心理承受力差，遇到学业、生活、感情方面的挫折，显得无所适从，情绪不安，感到失去了生活的意义，甚至怀疑人生。

案例直播

李某是家中的独生子，家庭生活条件优越，上大学之前未曾离开过父母。进入大学后，生活发生了很大的变化：没有了自己的卧室和独处的空间，很多父母代劳的日常生活事务都要自己解决，集体生活中不知怎样与别人进行正常的沟通……这些改变让他食欲不振，睡眠质量下滑，学习兴趣也下降了。

生活、学习环境发生重大改变后的适应不良是造成该问题的主要原因。面对新的环境，李某应主动适应社会环境与学校生活，重新确定自己在大学的角色与位置。如果遇到一时难以解决的问题，应积极寻求外在的支持和帮助。

本案例根据相关资料整理，资料来源：好问网.心理学案例[E/OL].https://www.haowenwang.com/show/816e695988068e12.html.

2．学业问题

学业问题是大学生中常见的问题之一，具体表现为以下五种情况：①缺乏学习动机，无明确学习目标、无成就感、学习上注意力分散；②学习动机过强，自我期望值过高，学习过于勤奋，有强烈的争强好胜心理，精神紧张，对自己要求过严，容易产生自责；③学习畏难，逃避学习环境，对学业成绩存在幻想，为学业不理想找借口，对学习的事情封闭，不愿和他人谈及学习情况；④注意力不集中，易受干扰，无关动作增多，效率低下；⑤记忆力差，识记速度慢，记忆保持时间短，记忆不精确，对学过的知识再认或回忆时有障碍。

3．情绪问题

正常人的情绪具有波动性，不可能一直保持在愉悦兴奋状态，也不会总处于低落抑郁中。对各种外来刺激反应适当，能自我调节，是一个人心理健康的表现之一。大学生的情绪问题表现为以下几种情况：①情绪反应偏离正常，对错误过度焦虑，对失败过分悲伤，谨小慎微，过分注意细节等；②情绪不成熟行为，不能单独一个人工作，不能独立作出判断，过分地猜疑和指责别人，十分驯服和容易接受暗示；③情绪失衡，情绪波动大，神经过敏等；④焦虑，预期即将面临不良处境的、缺乏明显客观原因的内心不安或无根据的恐惧并由此导致持续性精神紧张、不安、恐惧、愤怒；⑤抑郁，一种感到无力应付外界压力而产生的消极情绪，常伴有厌恶、羞愧、自卑等情绪体验；⑥自卑，对自身能力、长相或品质等有过低的估价，进而否定自我；⑦嫉妒，一种因他人在某方面优于自己而产生的带有忧虑、愤怒和怨恨体验的复合情绪，不能容忍他人的进步和优点，通过诋毁对方达到心理上的暂时平衡。

4．人际关系问题

社会心理学调查研究表明，良好的人际关系是一个人心理正常发展、个性保持健康和生活具有幸福感的重要条件之一。大学生渴望友谊，增强人际交往能力是普遍共识，但在实际交往中，易出现不同程度的问题：①对交往的重要性认识不清，不愿与人交往和沟通，个体心灵闭锁；②缺乏交往技巧和能力而不敢去交往，易产生较强烈的孤独感；③社交焦虑，缺乏在公共场合表达自己思想的能力和勇气，面对各种各样的活动，充满了兴趣，却又担心失败，在别人面前表现得不自在，由于别人的审视和评价，或者仅仅因为别人在场，而引起心烦意乱和不安；④社交恐惧，担心受到攻击和惩罚，有什么想法和困惑不敢也不愿和人说，怕被人讽刺，怕人知道自己的秘密后传播出去，被人伤害；⑤自负，只关心个人需要，强调自己的感受，人际交往中表现为目中无人；⑥多疑，在人际交往中首先主观上设定他人对自己的不满，然后在生活中寻找证据。

5．性心理问题

青年大学生在生理发育上基本成熟，但由于种种原因，部分学生对于性知识的掌握还远没有达到与其年龄相适应的程度，因此常常会出现一些问题。性意识的困扰，表现为被异性吸引、性幻想、性梦，遇到异性就脸红等，以及与之相对抗的性的压抑，这种困扰通常会带来不同程度的不安和躁动，严重者会产生心理障碍。

6．恋爱问题

恋爱也是需要学习的，就如同婴儿学习走路，幼童学习写字。一些人由于错误认知导致各种各样的恋爱心理问题，如把恋爱看成人生最大的幸福，一旦失恋则不能自拔，为爱情而活，产生爱情错觉；为弥补内心空虚、孤独或随大流而恋爱，造成恋爱动机不端正；恋人间的矛盾、误解和猜疑等导致恋爱中的感情纠葛。

7．与择业有关的心理问题

随着我国高校毕业生就业形势的严峻，不少大学生心里出现种种困惑和苦恼，与此有关的心理问题突现。比如，很多大学生都希望自己找到理想的工作单位和岗位，但实际情况并不是事事遂人愿，有的人明显缺乏勇气和自信，不敢、不会主动地向用人单位进行自我推荐；有的因对择业中的消极社会现象愤激而有意在择业时逃避现实，错失良好的择业时机；有的面对五花八门的人才招聘活动，因不知自己今后的人生之路该如何选择而无所适从。

对于择业过程中产生的心理问题，大学生首先要树立正确的择业观，保持良好的择业心态。首先，大学生要全面提高自身素质和能力，不断按照社会的需要来充实和提高自己，以增强择业的自信心，面对就业机会要主动出击，实现顺利择业。其次，毕业生不能消极对待就业，应该理智地看待就业竞争，冷静地分析就业形势，坦然地对待各种困难，乐观地消除障碍。最后，大学生要正确地评价自己，科学确立合理的择业目标，树立长远的职业发展观念，学会预先规划自己的整个职业生涯。

四、做心理健康的大学生

（一）学会释放

（1）通过学习来充实自己，对生活充满希望。读书可以明智，可以移情易性。情绪低落的时候，可以多读些励志类书籍和伟人传记。

（2）学会放弃。有个词语叫“舍得”，有“舍”才能有“得”，有时候真的是不舍不得。如果什么都不想失去，什么都想得到，结果往往会事与愿违。

（3）说出自己的想法。当自己心情不愉快时，不妨与同学和朋友交谈，向他们倾诉，会使不愉快的心情得到显著的缓解。

（4）多参加运动。运动能调节人体的内分泌，加速血液循环，使能量得到合理的释放，有利于身心的健康，增强抗压能力。

（二）保持良好情绪

1．不要过分关注自己

要保持良好的情绪，首先应学会不要过分关注自己。在与人交往时，认为他人动作、表情、姿态的细微变化是因自己而出现的，十分警觉，若感到有损于自尊，在情绪上立即有体验，有的在行为上随即作出反应。这类学生，如果性格是外向的，可能暴跳如雷；如果性格内向，则可能躲在一边偷偷落泪。前者可能做出危害集体、危害他人的行为；

后者可能做出伤害自己的事情。实际上，过分关注自我的学生，有一些是自卑者，由于常常觉得自己不如别人，又担心别人看不起自己，于是在交往中特别关注别人对自己的态度，过分重视他人对自己的评价。过分关注自己的原理是在生活和学习中过于看重自己的名誉和面子。为了保住一时的面子，取悦他人，可能导致说谎，甚至做出害人害己的事情。

2．合理面对他人的评价

别人的评价是否总能客观地反映自己的真实情况呢？形象地说，别人的评价就像一面镜子，有时会是平面镜，能真实地反映自己。但有时则是哈哈镜，会歪曲地反映自己。因为每个人在评价别人的时候，由于受自身生活经验等一定因素的影响，看待问题的角度可能不一样，因此对别人的评价往往也会有一定差别。因此，要想得到别人完全客观的评价是非常困难的。如果有人因为哈哈镜里的自己是个胖子而苦恼的话，我们一定会觉得这个人很可笑，事实上，因为别人的评价而使得自己的情绪大受影响的大有人在，这和为镜子里的自己是个胖子而苦恼的道理是一样的。因此，要保持良好的情绪，就应学会正确面对别人的评价。

3．学会顺应情绪的自然发展规律

日常生活中，人们可能有过这样一种体验，那就是有的时候情绪会莫名其妙地变得非常低落，什么事也不想干，如果这时强迫自己去做事，会使自己的心情变得更加烦躁。其实，这是由情绪节律周期所决定的。心理学家发现，人的情绪变化周期为28天，在这个周期里人的情绪要经历一个“高涨期”和一个“低落期”。当情绪处于“高涨期”时，会感到心情愉快，做事的效率也很高；当情绪处于“低落期”时，则会感到情绪低落，做事的效率也比较低。因此，要保持良好的情绪，应学会顺应情绪的自然发展规律，当情绪处于“低落期”时，就不要勉强自己去学习或工作，可以做一些休闲、娱乐的活动，放松一下情绪。一般来说，情绪低落期只维持两三天左右，过了这两三天的情绪“低落期”后，情绪就会慢慢好转起来。

（三）培养健康心态

1．培养良好的人格品质

第一，正确认识自我，培养悦纳自我的态度，扬长避短，不断完善自己。第二，提高对挫折的承受能力，对挫折应有正确的认识，在挫折面前可以采取理智的应对方法，化消极因素为积极因素。挫折承受能力的高低与个人的思想境界、对挫折的主观判断、挫折体验等有关。要提高挫折承受能力，需要努力提高自身的思想境界，树立科学的人生观。

2．加强自我心理调节

第一，保持浓厚的学习兴趣和求知欲望。学习是大学生的主要任务，有了学习兴趣就能够自觉地跃入浩瀚的知识海洋里遨游，吸取新知识，发展多方面的能力，提高

自身素质，更好地适应社会发展的需要。第二，保持积极乐观的情绪、愉快开朗的心境，对未来充满信心和希望，遇到悲伤和忧愁的事情，要学会自我调节，适度地表达和控制情绪。生活中常常会遇到不顺心的事，如考试失利、恋爱受挫、人际冲突，要及时疏导自己的不良情绪。

3．积极参加课余活动

丰富多彩的课余活动不仅丰富了大学生的生活，而且为大学生的健康发展提供了课堂以外的机会。大学生可以通过参加各种课余活动，来培养自己的兴趣和爱好，充分发挥自己的潜能，以缓解紧张情绪，维护身心健康。另外，大学生参加课余活动可以增加人际交往，在彼此的交流和沟通中，不断地丰富自己的内心世界。

4．开展心理咨询

心理咨询是指来心理咨询的人与心理咨询师之间，就针对咨询的人提出的心理问题，进行共同分析、研究和讨论，找出问题的所在，经过心理咨询师的启发和指导，找出解决问题的方法，以克服其情绪障碍，恢复对社会环境的协调适应能力，维护其身心健康。如果我们心里有困惑或异常的想法，可以寻求心理咨询帮助。通过咨询找出正确认识自身心理问题的根本方法，有效地面对现实，改变过去的心理异常，使自己最终恢复健康的心理。

第三节　大学生情感调适

一、亲情——“谁言寸草心，报得三春晖”

（一）不忘父母养育恩

每个人的生命中都要和各种各样的人产生交集，但在我们的生命中，最关心、最牵挂我们的终究是父母。这个世界上，不是得到越多的人，越懂得爱，而是付出越多的人，越懂得爱，父母便是这样懂得爱的人。著名社会学家费孝通说：“在父母的眼中，孩子常是自我的一部分，子女是他理想自我再来一次的机会。”人的一生就是这样，往往父母对我们的爱与我们对父母的爱是失衡的。在我们的生活中，有太多的新鲜事物吸引着我们瞬间的全部心思，有太多流动的想法使我们追求不懈。而我们降生的那一刻起，关于我们的一切都成为他们最深沉的牵挂。也许父母没有给我们想象中的物质生活，也许父母爱我们的方式让这个年纪的我们感到不适，可是他们已经给出了他们能给的最好的一切。

有一天，我们会发现，父亲曾经矫健的步伐已略显蹒跚，母亲曾经神采奕奕的眼神已暗淡无光；有一天，我们会发现，父亲曾经强壮的体魄已瘦弱不堪，母亲曾经乌黑靓丽的头发已布满白霜。羊有跪乳之恩，鸦有反哺之义。人生漫漫，无论身在何方，不要忘记父母的养育之恩。

案例直播

父母恩情，温暖前行

父母总在我们身旁，传递温暖与光亮，就像一盏明灯

最近，一位父亲为女儿建的“健身房”，感动了许多人。

17岁的郑国花小时候身体瘦弱，父亲郑龙为了增强女儿体质，带她接触中长跑。几年来，郑龙每天陪着女儿训练，从不懈怠。家里经济条件不好，去不起健身房，他就在一间只剩四面墙的拆迁房内，为女儿建了一间“健身房”，所有的材料都是他从拆迁工地捡回来的：一张旧书桌用来练弹跳力，50多斤的房梁木扛在肩上可以练肌肉，钢丝吊着的旧轮胎用来锻炼手臂和腿部力量……

郑龙父女的故事被拍成了视频，其中有一幕场景格外动人：凌晨4点多，天还没亮，郑国花奔跑在空旷的马路上。郑龙骑着一辆摩托车，车头、车筐和他的头上各有一盏灯。三盏灯一路跟随在女儿身旁，照亮漆黑的前路。

不言不语，始终默默陪伴、默默付出，父母对子女的给予，多么像这暗夜中的明灯啊。

父母的关爱，如灯一般，传递着温暖。郑龙对女儿的训练很严格，但每次跑步前，他都要先将路况查看一遍，避免有小石子把女儿弄伤。这份贴心让人感动。生活中，许多父母跟郑龙一样，虽然不善言辞，很少将爱挂在嘴边，但子女的每件事，他们都会放在心上。孩子要出远门，母亲一遍又一遍检查行囊；子女远在他乡，父亲一天不落关注那里的天气变化……为人父母者，常常挂念着孩子的温饱与冷暖，惦记着他们的成长和需要。如此质朴实在，如此情深意切。

父母的教育，如灯一般，指引着方向。体育训练枯燥辛苦，但郑龙多年来陪伴督促着女儿，让她懂得了坚持的可贵。郑国花说，想放弃时，她就用父亲的座右铭鼓励自己：“只有付出超人的代价，才会有超人的收获。”在人生最初的道路上，孩子往往对世事懵懂无知，茫然无措。很多时候，父母就是子女的引路人、启蒙者。他们不仅教授知识，更传授为人处世的道理，在陪伴中塑造着幼小心灵。家里氤氲着书香，孩子就更容易爱上阅读；父母诚实守信，孩子便不容易撒谎。春雨润物无声，父母美好的言行，会潜移默化地影响子女，把他们引上正确的人生道路。

成长是一场漫长的跋涉，途中有荆棘、有坎坷，若任由孩子自己从头摸索，难免孤独，甚至受伤。父母总在我们身旁，传递温暖与光亮，就像一盏明灯，驱散夜的清冷，照亮路的前方，让我们能始终步履坚定，自由奔跑。

资料来源：周春媚.父母恩情，温暖前行[N].人民日报，2020-7-23.

（二）正确处理与父母的关系

1．不要和父母吵架

有时候处于青年期的大学生，可能会感到父母并不是那么理解他们，父母也同样会为此感到困惑。父母发现，开始成长的子女不再像以前那么容易沟通了，只要他们提出不同的意见时，双方就会爆发矛盾。父母和子女的成长环境、思维方式不同，两代人对同一件事的看法和定义也不同，作为子女必须明白父母的人生经验比我们丰富，遇到问题要耐心倾听和沟通。父母的叮咛、唠叨、严厉，其实都是一种爱的表达方式，学会换位思考，尝试理解父母与自己沟通的语言、态度和方式，尊重父母的爱。

2．正确理解与父母的冲突

是孩子成长之后子女不再需要父母了，还是父母做错了什么？是孩子不再相信父母，还是父母不尊重子女？这些问题和困惑在生活中一直存在，大多数是由于子女的心理需求发生了变化，而父母没有及时意识到这一点所造成的。

一是子女看待世界的眼光变了。当大学生进入青春期，急剧的身心变化打破了儿童期平和安宁的内心世界，他们看待自己、看待世界的眼光也与以前截然不同。小的时候，在子女的心目中，父母永远是正确的、神圣的。童年的乖巧温顺曾给父母带来很多欣慰和快乐。但是，随着年龄的增长和知识的增加，子女开始用自己的眼睛观察世界、评判事物，幼年时期对父母的认识也发生了急剧的变化，两代人的关系也不像小时候那么亲密无间了。

二是子女开始有了追求独立的愿望。子女的不断成长使得他们觉得自己已经长大，应该独立自主的决定自己的事情，他们抵触并反感父母过多干涉自己的生活、交际和隐私，希望获得父母的尊重。当然，为了表示自己能够独立自主，不想完全受别人摆布，青少年时期的子女常常会故意与父母作对，即使知道父母的话有道理，也要下意识地顶撞。这种追求独立的愿望和努力是一个人走向成熟的必经之路，但青春期的子女由于心智尚未成熟，无法体会父母的想法和心情，这样导致子女们追求独立的努力和行动经常会与父母的关心发生冲突。

三是两代人彼此缺乏沟通。随着生活节奏越来越快，父母和子女在一起相处的时间越来越少，父母与我们之间缺乏沟通和理解的空间基础和时间基础。父母要面临经济压力、工作压力、生活压力，等等，子女要应对学习压力、社交压力，等等，这些压力使双方都忽视了沟通和交流，造成一系列问题。

3．学会沟通

化解冲突一个重要方法就是沟通。与父母进行有效沟通要掌握以下四点。

（1）了解是前提。了解父母，沟通就有主动权。知道父母怎么想，怎样处事，有什么兴趣爱好，是什么脾气秉性，对自己有什么期望，自己与他们沟通就有了预见性和主动权。

（2）尊重理解是关键。尊重是与父母交往的基本要求。如果连最爱自己、对自己付出最多的人都不尊重，人就失去了最起码的道德。与父母正常沟通首先要理解父母，理解其心情，尊重其意愿，还要讲求基本的礼貌，不能任性。

（3）理解父母的有效方法是换位思考。当不理解父母、与父母冲突的时候，要学会换位思考，替他们想一想，了解他们是为了什么，有什么想法，有什么道理。这会使自己变得冷静和理智。

（4）沟通的结果要求同存异。沟通不要走极端，两代人在思想上毕竟存在差异，难免有不同的观点、动机和行为方式。正因为有分歧，所以才要沟通。这种沟通，不一定非要统一不可，而要求同存异。找到同，就有了共同的语言和行动；保存异，就是保存对父母的尊重和理解。

另外，我们要克服闭锁心理，向父母传递有关自己的信息和情况，表达自己的心情，说出自己的意见，让父母了解自己。我们要保持自己的独立性，但不要忽略与父母的交流和沟通。与父母发生矛盾时，要耐心解释，让父母听得进，以得到他们的理解。解释时说话放低声调，斟酌词句，有商有量。即使父母不对，也要就事论事，不针对父母本人，更不能迁怒于父母。

无论如何，父母都是从我们这个年龄走过来的，他们也经历过“疾风骤雨”时期，以他们几十年的人生经历，看问题要成熟得多。我们在慢慢长大，应该学着独立，但独立和成熟有个过程，不是突然的。要经常坐下来，和父母谈谈自己在学校的情况，遇到的烦恼，这样父母也会诚恳地与自己交谈，自己从中可以得到很多有益的启示。不要认为跟父母谈心是“没长大”，善于沟通正是越来越成熟、独立的表现。在交流中，说不定父母也会受到自己的影响，接受一些年轻人认可的新生事物，这样，会在不知不觉中缩小代沟，增进家庭成员之间的感情。父母是爱我们的，只要我们同样以爱的方式对待父母，沟通的障碍就会大大减少。

4. 关爱父母，从点滴做起

尽己所能，表达自己对父母的爱。曾经有位学生说，一次通话中，一句“天凉了，多加衣”，竟引得母亲泪如泉涌。孝顺有时很简单，一个电话、一声问候，一句体贴话，父母就已满足了。

节假日或者父母的重要日子，可以用自己攒下的零花钱给他们买些小礼物表示慰问。逢年过节，有机会回家的话也要多与父母在一起，便是对他们牵肠挂肚和无限思念的最好安慰。以后毕业了，也有可能不在他们身边工作，说不定就再没有这么长时间与他们在一起的机会，要特别珍惜这些看似平常的日子。

拓展阅读

那只是什么鸟？什么鸟？

夜晚，一位父亲和他的儿子在院子里散步。儿子已毕业，在外地工作，好不容易回一趟家。

父子俩坐在一棵大树下，父亲指着树枝上的一只鸟问：“儿子，那是什么？”

“一只乌鸦。”

“是什么？”父亲的耳朵近来有点背了。

“一只乌鸦”。儿子回答的声音比第一次大，他以为父亲刚才没听清楚。

“你说什么？”父亲又问道。

“是只乌鸦!”

“儿子，那是什么？”

“爸爸，那是只乌鸦，听到没有，是只乌——鸦!”儿子已经变得不耐烦了。

父亲听到儿子的回答后，没有说一句话。过了一会儿，他突然站起身，慢吞吞地走进屋里。几分钟后，父亲坐回到儿子身边，手里多了一个发黄的笔记本。

儿子好奇地看着父亲翻动本子，他不知道那是父亲的日记本，上面记载着父亲日常生活的点点滴滴。父亲翻到25年前的一页，然后开始读出声来：

“今天，我带着乖儿子到院子里走了走。我俩坐下后，儿子看见树枝上停着一只鸟，问我：‘爸爸，那是什么呀？’我告诉他，那是只乌鸦。过了一会儿，儿子又问我那只鸟，我说那是只乌鸦……

“儿子反复地问那只鸟的名字，一共问了25次，每次我都耐心地重复一遍。很高兴能有这样的机会，我知道儿子很好奇，希望他能记住那只鸟的名字。”

当父亲读完这页日记后，儿子已经泪流满面了。“爸爸，你让我一下子懂得了许多，原谅我吧!”

父亲伸手紧紧抱住自己的儿子，布满皱纹的脸上有了一丝笑容。

本案例根据资料整理，资料来源：杜海月.读树上那只鸟有感[E/OL].（2022-2-2）[2022-6-4].https://www.jianshu.com/p/093983131c87.

二、友情——结交在相知，骨肉何必亲

（一）建立友谊需要把握的原则

1．言行一致原则

真诚的友谊更加牢固。在这个竞争激烈的社会，人们都在为实现自己的理想目标而奔波，没人愿意得罪人，更多的人只是一味地称赞别人。但是好朋友不应该这样，而是愿意指出对方的不足，并积极帮助和引导其改正。在友谊建立的初期，因为缺乏了解，相互之间交流时会有所保留，所谓“话到嘴边留三分”，这可以理解。但在关系亲密的朋友之间就没必要各怀心思，就要讲真话，言行一致，这是维系友谊的重要原则，它决定着彼此间心灵的距离。

2．求同存异原则

求同，即在理想、道德等方面有共同的思想基础，或者有着共同的兴趣爱好、性

格脾气、能力学识等；存异，即接受对方不同于自己的价值观、人生观和兴趣、爱好、性格特点等。歌德曾经说过："一棵树上很难找到两片形状完全相同的叶子，一千个人之中也很难找到在思想情感上完全协调的两个人。"朋友之间有不同的地方是难免的，每个人的需要、情感特点都不尽相同，由此而产生的矛盾和争执往往在所难免。应该辩证地看待彼此间的摩擦，不能因一点小事或争吵就轻易地中断友谊，应该主动地、妥善地处理所发生的事情，求同存异，使友谊得以巩固和发展。

3．尊重与信任原则

自己做得到的，不要求朋友也能做到；自己做不到的，更不能强求朋友做到。正人先正己，在严格要求自己的基础上影响而不是要求对方，这样才能赢得朋友的尊重和认可。信任朋友，心胸宽广。信任也是对朋友的一种尊重和理解，对待朋友不可以多疑，也不可心胸狭窄，即使有误会存在，也不能轻率定论，而是坦诚地沟通，在相信对方的基础上化解心中的隔阂。

4．非功利性原则

真正的朋友之间是一种平等的君子之交，那种认为友谊就是"多一个朋友多一个门路""交朋友就是为了相互利用"等观点则带有明显的功利色彩。带上功利色彩的友谊不是真正的友谊，如果想着今天的给予是为了明天的索取，这种友谊也不会长久。友谊有价值，是指它可以让朋友之间相互影响，相互鼓励，相互支持，共同进步，共同实现理想。一旦把友谊看成是利益的交换，互相利用，那就不再是纯粹的友谊了。这种心灵上的相互影响与尊重一旦减少甚至丢失，而以功利色彩取而代之，真挚的友谊很快便会消失。

（二）大学友情相处之道

（1）以诚待人。古语有云："信人者，人恒信之。"说明要想处理好朋友之间的关系，获得朋友的信任，就要相信朋友，以心换心是最简单的处事原则。真诚是朋友间的黏合剂，真诚给人以安全感、愉悦感和信赖感。

（2）厚友薄己。把荣誉、享受让给朋友，把困难、责任留给自己；虚心接受朋友提出的意见；切忌对朋友乱发脾气、刻薄、排挤。

（3）不要吝啬赞美。在不违背做人基本原则的情况下，赞美朋友并给予鼓励，切忌嫉妒别人而总是冷言冷语。

（4）学会感恩。不要把别人的好视为理所当然，要知道感恩。

（5）乐于助人。人在一生中并非一帆风顺，同学们在学习、生活、工作中都会产生烦恼，此时，如果我们能伸出援助之手，就如"雪中送炭"，自然加深了彼此的友情。

（6）处理好竞争和友谊。作为大学生，在与同学交往中应树立竞争意识，在学习过程中要不甘落后，勇于争先。随着社会主义市场经济的深化，大学生面临的竞争会更加激烈，因此，大学生应调整心态，勇敢地参与，要摒弃陈旧观念，明确竞争意识与追名逐利或虚荣的思想有着本质的区别。同时，大学生也应采取正确的竞争方式。

有竞争就会有胜负，面对胜负，大学生应保持“胜不骄、败不馁”的健康心态。当处于劣势时，大学生应改变思路和方法，提高自己，赶超对方，而不能采取贬低或打击对方来获得自己的优势，更不能心生嫉妒，背地里说风凉话或采取不正当的手段。处于优势时，则应保持虚心，不骄傲。

竞争和友谊并不是不能互容的。竞争意味着奋发进取，积极向上，是前进的推动力。你追我赶，才能促使学业不断进步，思想积极上进。友谊是一种特殊的人际关系，是联结人们心灵的纽带，是人的情感生活的重要组成部分。良好的友谊能促使大学生在学业上互相切磋，在品德上互相激励，在思想上互相启迪，使大学生愉快、充实地度过大学的美好时光。可见，竞争与友谊在本质上是没有冲突的。当然，假如一个人把竞争建立在个人主义的基础上，这种竞争就有可能破坏友谊。因此，在竞争时也应积极发展友谊，在竞争中互相激励、互相帮助。

（三）正确处理异性友情

异性相吸是自然界的一种现象。对于大学生来说，青春期特有的生理、心理特点，使得异性同学之间更易于产生思想、感情上的沟通。女生喜欢男生的豁达、主见和力量，男生则喜欢女生的贤惠、温柔和细腻等。

异性间交往是人际交往的重要组成部分，异性友谊是男女之间的纯真友情。异性友谊对于大学生来说是必要的。处于青春期的大学生，由于性心理的发育成熟，性意识发展，加上社会环境的影响，产生了对异性的好奇心和好感，产生和异性交往的强烈愿望。在异性交往的基础上产生的异性友谊，有益于男女大学生的情感稳定与补偿，有益于行为调节和个性的全面发展，有助于学业的完成和事业的成功，也有助于通过有道德的社交活动真正自由地结识和选择爱情对象。据心理学研究和实际观察发现：青春期交往范围广泛，既有同性知己，又有异性朋友的人，比那些少有朋友或只有同性朋友的人的个性发展更完善，并且心理健康水平较高，并容易形成积极乐观、开朗豁达的性格。因此，男女生之间的正当交往不仅应允许，而且是有益的。

需要明确指出的是，异性友谊不同于爱情。日本的心理学家通过研究提出了区别友谊与爱情的五条标准。第一，支柱不同，友谊的支柱是理解，爱情的支柱是感情。第二，地位不同，友谊的地位是平等，爱情的地位是一体化。第三，体系不同，友谊是开放的，爱情是关闭的。第四，基础不同，友谊的基础是信赖，爱情则纠缠着不安。第五，心境不同，友谊充满“充足感”，爱情则充满“欠缺感”。异性友谊的发展有两种可能：一是经过努力发展为爱情，二是长期保持朋友关系。那种认为异性之间只有爱情没有友谊的看法是错误的，异性之间完全可以建立并保持朋友的友谊。

大学生之间的异性交往，应当遵循异性交往的原则。首先，要端正交往动机，以正确的人生观、道德观为指导，发展健康文明的朋友关系。其次，要保持人际距离，异性交往要保持一定的距离，把握好分寸。再次，建立广泛的友谊圈，多参加男女同学共同参与的活动。最后，异性之间交往要理智地把握好友谊与爱情的界限。

拓展阅读

大学生的交友圈

在今天的大学校园里，大学生根据各自的兴趣、爱好，结成了一个个或松或紧的交往圈。这种交往圈，大概可以分为学习型、娱乐型、社团型、老乡型等几种类型。

1. 学习圈

这个圈子的同学是学习实力派。每天奔波于教室与自习室之间，全身心投入学习，积极参加各种考试，如英语等级考试、计算机等级考试或其他实用的热门证书考试，提升自身的“含金量”。

2. 娱乐圈

这个圈子的大学生都爱好某种娱乐活动，如体育、文艺等。喜欢体育运动的学生，课余时间经常在一起活动，不仅内部“操练”，还经常主动“出击”，寻找别的班级打对抗赛，力求把活动搞得有声有色；喜欢旅游出行的，总是在节假日约在一起，游览各地的山山水水，乐在其中。

3. 社团圈

学生社团是大学校园里一道亮丽的风景线，是校园文化的重要载体。社团有特长类，如贤诗文社、书法协会、葫芦丝协会、摄影协会；有实践类,如社会实践部、青年志愿者等，涉及各个方面。许多大学生通过社团培养能力，增长才干，同时也会结交一群志趣相投的朋友。

4. 老乡圈

中国人非常注重“乡土”观念，“老乡会”是大学生的一个重要交往圈。大学校园里“老乡会”具有三大特点：一是以地域上的“同乡”为基础，由来自同一地区的学生组成，大的以省为界，小的以地、市为界，可视规模、人数做灵活的调整；二是具有封闭性，以老乡的感情维持，对内是一种比较亲密的人际关系,对外则具有封闭性和排他性，非本地区者谢绝加入，最多只能“列席”会议；三是“老乡会”的活动时间相对比较集中，一般集中在九十月份新生入校期间和五六月份毕业生离校期间。

资料来源：山东大学马克思主义学院.友情空气[E/OL].（2014-11-12）[2022-5-18]. https://marx.sdust.edu.cn/info/1103/2429.htm.

三、爱情——人生自是有情痴，此恨不关风与月

（一）了解爱

爱情是一对男女基于一定的客观物质基础和共同的生活理想，在各自内心形成对对方的最真挚的仰慕，并渴望对方成为自己终身伴侣的最强烈的、稳定的、专一的感

情。人的爱情，既是对自然性因素的爱慕，如性的吸引，相貌、体态、气质、性格等；又是对社会性因素的爱慕，如理想、志趣、爱好等。

作为人与人之间特定的社会关系，爱情具有以下四点基本特征。

1．自主性和互爱性

爱情是一种复杂、圣洁、崇高的感情活动，她是由两颗心灵弹拨出来的和弦，彼此互相倾慕，情投意合。真正的爱情是不可强求的，只能以当事人双方的互爱为前提，当事人既是爱者，又是被爱者。在爱情发展中，男女双方应处于平等互爱的地位。

2．专一性和排他性

爱情是两颗心的共鸣，男女一旦相爱，就会要求相互忠贞，并且排斥任何第三者亲近双方中的一方。伟大的教育家陶行知曾经很形象地说过：爱情之酒甜而苦，两人喝，是甘露；三人喝，是酸醋；随便喝，要中毒。这话是很有道理的。

3．持久性和阶段性

爱情是一棵苍松，而不是一枝昙花，爱情所包含的感情因素和义务因素不仅存在于婚前的整个恋爱过程之中，而且延续到婚后的夫妻生活和家庭生活。爱情的持久性表现在爱情的不断深化、充实和提高上，恰如莎士比亚所说：真正的爱，非环境所能改变；真正的爱，非时间所能磨灭；真正的爱，给我们带来欢乐和生命。事实上，爱情的持久性正是建立和保持婚姻关系的基础。真正的爱情不会随着年岁的增长而减弱，但人生的不同年龄阶段，爱情的表现会有所不同，它具有阶段性。

4．社会性和道德性

爱情虽然是男女之间相互爱慕的私情，但具有丰富的社会内容。爱情的内涵、本质以及追求爱情的方式必然要受到各种社会关系及社会因素的影响。爱情的道德性是指爱情中蕴涵着对对方的强烈义务感和责任心。

（二）健康爱

健康的恋爱观包括建立正确的认知和择偶标准，摆正爱情与学业的关系，提倡志同道合式的爱情，选择健康的恋爱行为方式等。

1．选择志同道合的恋人

在恋人的选择上最重要的条件应该是志同道合，思想品德、事业理想和生活情趣等大体一致，应该是理想、道德、义务、事业和性爱的有机结合。

2．摆正爱情与学业的关系

大学生应该把学业放在首位，摆正爱情与学业的关系，不能把宝贵的时间都用于谈情说爱而放松了学习。学业是大学生价值感的主要支柱。当爱情成为大学生唯一的存在价值时，其本人就会失去人格的独立和魅力，也很容易失去被爱的理由。

3．爱情要相互理解、相互信任，是一份责任和奉献

相互理解是为自己和对方营造一种轻松与快乐的氛围，没有人追逐爱情只是为了被约束；相互信任是自信的表现，不相信自己值得别人去爱的人，别人也不会全心全意爱他（她）。责任和奉献则取决于个人的道德修养，它是获得崇高爱情的基础。

4．恋爱言谈举止要文雅

交谈中要诚恳、坦率、自然，不要为了显示自己而装腔作势，矫揉造作；不能出言不逊，污言秽语；不要无休止地盘问对方，使对方自尊心受损，否则只会使人厌恶，伤害感情。恋爱过程中要平等相待，不要拿自身的优点去比较对方的不足，以此炫耀抬高自己，戏弄贬低对方；也不宜想方设法考验对方或摆架子，这些都可能影响双方的感情。

5．要善于控制感情，理智行事

一方面要注意克制和调节，另一方面要注意转移和升华。可以参加各种文娱活动，与恋人多谈谈学习和工作，使爱情沿着健康的道路发展，双方应相互促进，共同成长成才。

拓展阅读

爱情是大学的必须课吗

爱情是大学校园文化的重要主题。不少大学都有口耳相传的“爱情圣地”；有的大学甚至专设了恋爱课；而女生宿舍楼下每每成为浪漫地带，早年间是弹吉他，如今是点蜡烛、摆鲜花，常常上演感人的求爱画面；年轻人从不轻易浪费每个属于爱情的大日子，不够用就自己创造节日，于是每年 5 月 20 日变成了“表白日”，11 月 11 日成了“光棍节”。

不断有“大人物”出来奉劝大学生谈恋爱，学长们留下的大学生活经验也大都包括一条：来一场轰轰烈烈的恋爱……恋爱是否已成为大学的必修课。当代大学生的恋爱观又有哪些新风貌。让我们来“围观”几段真实的校园爱情，在满眼“泥石流”中，感受一下久违的“清流”。

一、要纯粹也要理性

姚思宇和徐业承的感情，就是校园爱情的样子。

2009 年初，还念高三的姚思宇到中国人民大学参加国学院自主招生，考试间隙在学校散步，留意了展板上一张照片：一位获得陶泥大赛特等奖的师兄站在作品旁，神情谦逊。她心生欣赏，并对未来的校园生活有了更多憧憬。

姚思宇想不到的是，6 年后，这位叫徐业承的“展窗师兄”，成为她的丈夫。徐业承是在学院的迎新现场初见姚思宇，第一次见面便倾心于小师妹的谈吐和气质，他低声对好友说：“我喜欢这姑娘”。

徐业承是姚思宇眼中的“文章第一”，古文功底深厚的他爱写四六骈文，用词考究而不刻意，一派自然而颇有古风。姚思宇也是徐业承眼中的才貌双全，她高中时写的诗就已结集。

那年 10 月，国庆假期后返校，姚思宇站在宿舍楼下的涂鸦墙前蒙了，徐业承花了几个晚上为她画下巨幅涂鸦，左上角抄着她诗集中的一句：“和你一起畅想未来，把心挂在月亮的脚尖”。

其实到表白那天为止，俩人也不过见了三次面，交谈不超过 10 句话。徐业承说，最看重姚思宇的“涵养”；姚思宇会心一笑，这也正是她自己最看重的品质。

姚思宇的恋爱观带有唯美的色彩，在她看来，“不可替代性”是真正的标准。俩人去故宫看历代书画展，在李白唯一传世的墨迹《上阳台帖》和范仲淹的题跋面前，姚思宇觉得找到了不可替代的那个人：“除了他，这世界上恐怕再难觅一人，能在那一瞬间与我产生如此相似的雀跃与感慨。”

不掺杂太多别的因素，只凭相同的志趣，便在人群中相认。这正是人们对校园爱情的印象——纯粹。年轻人创造了一个新词：“智性恋”——被对方的知识和思想所吸引。如今在大学校园里流行的这种恋爱价值观，未尝不是当代青年自我期许的一种投射。

顾名思义，“智性恋”在纯情之外，还加了些许理性。“一毕业就分手”曾是大学校园爱情的一道坎，一段纯粹的爱情，往往要现实的冲击来检验成色。在包分配的当年，或是自主选择难以伸张的年代，大学校园里的每个“爱情圣地”，都见证了不少悲欢离合的故事。

但对于个性更鲜明、选择更多元的当代大学生而言，不在一地工作、父母不同意等现实的拷问，都不再是解不开的难题。理性让他们一开始就把这些问题考虑进去，并一起规划着未来。

从这个意义上讲，是时代的“赋能”，给了爱情以保障。

二、既相爱又相长

朱心雨和尹西明的恋爱，开始于 2013 年的那场年夜饭。俩人都是清华大学的学生，朱心雨因为要做一场临终关怀的公益活动没有回家，而尹西明则因为要参加挑战杯的比赛而留校准备，于是他们都参加了学校组织的年夜饭。

因为同是经管学院的学生，俩人开始聊天。聊着聊着，他们发现有太多相似点：曾上过同一门西方古典音乐课；刚刚分别从法国和新加坡交换回国；都曾支教且都热衷公益。气氛由沉闷到融洽再到开怀，不觉就聊到了深夜 3 点。

“我以为，真正好的爱情是两个人目标方向一致，然后一起忘情奋斗。”尹西明说。这对优秀的校园恋人，把相同的追求变成了事业——组织社团。

大四那年，尹西明的计划之一就是保证有充足的时间多读书，这可能会大大缩减谈恋爱的时间，但俩人却玩出了新花样——他们一商量，就开通了一个叫“爷爷奶奶读书会”的微信公众号，以写读书志的形式每天分享自己的感悟。一来督促彼此真读书，二来也可表达一些平时难言的情愫。没成想，这个原本是情侣间精神互动的小园地，竟慢慢吸引了越来越多爱书人的关注加入。然后以此为基础，他们参与到筹建清华校友读书会等活动中，并组织了多场校园活动，呼吁倡导大学生读书。

为了改变晚睡晚起的不良习惯、培养健康的生活作息，尹西明与朱心雨制定了晨跑计划：每天 7 点起床，用奔跑迎接黎明。因为每天跑完在微信朋友圈打卡，一些朋友同学开始加入进来，然后就一发不可收拾。他们干脆成立了一个叫“清华晨跑队”的社团，目前已有超过 200 位队员。

从两个人到两百人，两个人的爱情小故事，竟成就了一群人自我完善的新世界。晨跑小分队成立的第一百天，尹西明与朱心雨领了结婚证。

黄沛然和林怡惠是在美国留学期间认识的，相同的价值观和思维方式让两人渐渐靠近，然后找到了共同的事业。他们一起创业，为国内高中生提供到美国体验大学生活的短期游学项目，而创业的收益全部用来捐助国内贫困山区的留守儿童。

热心公益，让两个 90 后的留学生涯精彩纷呈。四川芦山地震发生后，他们组织芝加哥各高校的中国留学生募捐；他们一起在湖北一所希望小学建立梦想图书室；一起举办慈善画展，展出景颇族孩子的绘画作品，筹集艺术教育资金；从 2015 年开始，他们开始致力于为西藏、青海的小学生们建爱心图书馆、校园广播站，以及扩改建校舍，等等。

如今，他们又召集多名留学生一同回国创业，其中不乏放弃海外金融高薪待遇的高管人才。他们对未来充满憧憬：“我们将以互联网模式在中国推广家庭早教方案，希望通过我们的努力，为中国增加 100 万个小时的高质量亲子陪伴时间。”

相爱相长的恋爱模式已经成为校园爱情的共识。对于大多数有梦想的大学生而言，甜蜜互动已不限于嬉戏玩耍，学术上的思想碰撞和事业上的互相扶持，让他们爱情的韧性得以延展。

三、从众不如从己

天津大学开设了一门《恋爱学理论与实践》的选修课，这门 32 课时的课程，如果学生能学以致用，会给满分。事实上，很多大学在学生必修的心理健康课中，都会专门安排恋爱心理课时，对于正值青春期的大学生来说，不管是否有课程安排，恋爱都是人生要面对的课题。

“帮室友找对象”是很多大学寝室的“保留曲目”。找到男女朋友，脱离单身生活，他们叫“脱单”，是要“举室欢庆”的。小旭宿舍 6 个人，4 人成功“脱单”，他就成了重点关照对象，室友不仅热心介绍，还不吝把恋爱经验和盘托出：“每次相亲，他们都帮我精心策划，穿什么衣服、去哪儿吃饭、看什么电影，都是一起商量。”小旭憨笑着说。

但也有例外，小旭指着对面床上正跷着腿看书的孙凡说：“学霸的世界你们不懂。”孙凡一心向学术，已经保送博士，读书写论文是他的日常。“我现在是自得其乐，也是自顾不暇，爱情什么的大可从长计议！”孙凡从书后探出头笑着说。

也有单身的原因是因为要求高。大三的林敏清秀可爱，追她的男生很多，但她从未正式交往过男朋友：“单身是因为我觉得恋爱是一件需要认真的事情，男朋友是宁缺毋滥的存在，否则既是对自己，也是对别人的不负责。”林敏说。

“谈恋爱的过程，其实是从一个异常亲密的人身上反观自己不足的过程。你开始学会关心照顾别人，尝试着发生由以自我为中心到兼顾他人感受的转变。而这种转变，依靠好朋友、铁哥们儿是无法完全实现的，它需要与亲密爱人来共同完成。”中国人民大学心理健康教育与咨询中心主任胡邓博士说，这段话也包含了他对校园爱情的态度——谈恋爱，是年轻人心性成熟的重要途径。90后多为独生子女，可以在恋爱关系中完成性别角色的体认，在应对情感挫折时，也能锻炼胸怀与情商，同样是一种有价值的成长经历。

在青春灿烂的时光，表达真实热烈的情感，大学校园爱情本身无可厚非。是选择与恋人并肩奋斗、勾勒未来，还是享受内心圆融的孤独、探索世界的丰富，都一样值得被尊重、被欣赏。

资料来源：刘天彤，陈国伟，刘维涛.恋爱是大学必修课吗[N]，人民日报，2016-8-23（19）.

（三）失恋以后

失恋以后，人大致有三种不同的表现：①愚者多怨：把被负、被伤、被弃的憾、恨、怒，化为逢人便说的故事，若有雷同，绝对共鸣。琐琐碎碎，窝窝囊囊，百说不厌，百诉不累，人人退避三舍，他却浑然不觉，依然还在唠唠叨叨地争取早已流失的同情。②仁者不言：一个手掌拍不响，恋爱与分手，结婚和离婚，都是属于两个人的事。爱情的鹊桥断了，双方都有责任。保持缄默，是自我尊重的方式。③智者不记：把相恋时的狂喜化成披着丧衣的白蝴蝶，让它在记忆里翩飞远去，永不复返，净化心灵。

失恋会使人感到一种重要关系的丧失，一种身份的丧失，需要一定的时间去面对和适应。

（1）学会正确看待失恋。有些同学可能把失恋看作人生的一个巨大的失败，是一种自尊心的强烈受损，则必然会有强烈的负面情绪体验。其实，失恋只是一种选择的结果，一个人不选择自己不等于自我的全面失败。

（2）感情宣泄。不要过分地隐藏或压抑失恋带来的痛苦，要找适当的方式和途径进行宣泄。

（3）情境转移。失恋后之所以难以摆脱恋情的困扰，原因之一在于生活的方方面面都与昔日的恋人有着千丝万缕的联系。所以要想摆脱失恋的痛苦，可以换一个崭新的环境，暂时离开曾经熟悉的环境。

（4）在失恋中学习，把失恋作为一种人生的财富。也许失恋给人带来的强烈的内心冲击是其他事件所不能代替的，这个过程中所体会到的情感、那份挣扎与痛苦，实为一笔人生财富，使人有了更多的人生体验，人会在失恋中变得更加成熟。

（5）失恋给人再恋爱的机会。一次失恋不等于整个爱情生命的结束，人还会再恋爱，再体验美好的爱情，只要用心去体验、去建设、去学习和感受。

大学里的爱情是花须堪折方能折的玫瑰，急于求成反而会被它的利刺扎伤。所以，当爱花开，就不要错过。如果没有，那就耐心等待，属于自己的缘分之花会盛开在我们生命中最美好的年华。

思 考 题

1．大学生体育锻炼应注意哪些问题？应当遵循的原则有哪些？
2．面对大学生常见的心理困惑，应如何进行积极调节？谈谈自己的思考和理解。
3．如何正确面对亲情、友情和爱情，谈谈自己的感想。

第八章　学会交往　构建和谐交际

人是各种社会关系的总和，每个人都不是孤立存在的，存在于各种社会关系之中。如何处理好这些关系，提高生活和学习质量，是每个即将进入社会的大学生必须学会的技能。

第一节　大学生人际交往

一、人际交往的概念

人际交往又称社会交往、人际沟通，是指个体之间、个体与群体之间或者群体之间通过一定的语言、文字或肢体动作、表情等表达手段传递某种信息，从而在心理上和行为上发生相互影响的过程。人际交往表现为人与人之间的心理距离，反映了人们寻求满足需要的心理状态。从动态讲，人际交往是指人与人之间的信息沟通与物质交换；从静态讲，人际交往是指人与人之间已经形成的关系。

人际交往的目的是满足人们某种心理需要，这种需要可以是知识经验的分享，也可以是情感、感受的沟通和交流，这种需要转化为现实中的信息交流就变成了人际交往。

人际交往的实质是人与人之间通过相互作用形成相对稳定的情感关系，即人际关系。

二、大学生人际交往的特点

（一）迫切性

迫切性是指大学生在人际交往的需求方面具有急切的特征。大学生自我意识逐渐成熟，对社会的参与意识增强，便急于让他人了解和承认自己，期望得到他人的理解、关心和尊重。同时，大学生也迫切希望能够了解社会及他人，希望通过交往获得友谊。特别是对于大学新生来说，由于环境的改变，首次离开家庭会产生一种孤独感，为了摆脱这种孤独，他们会十分渴望与人交往，在交往中也十分注重情感的交流，期望获得一份真挚的友谊。

（二）独立性

随着年龄的增长、知识的增多以及社会经验的丰富，大学生在交往中往往会表现出较强的独立性。一方面，大学生价值观已经基本形成，心理日渐成熟，在人际交往中有了自己的主见，交往活动表现出较强的独立意识和认知能力。另一方面，大学生的许多交往活动都是由兴趣爱好所致，受主观意愿所驱使，受客观因素影响较小。总之，在大学阶段，大学生逐渐以独立的人格和态度处事，并开始积极主动地开展人际交往活动，充分体现了个人的意志和性格，这也使大学生较容易接受新事物，更充分地认识自我。

（三）丰富性

随着社会经济的不断发展，各种交流渠道随之拓展，大学生交往内容也日益丰富。同时，大学生交往频率也有所提高，由偶尔的相聚、互访，发展到较为经常的聊天、社团活动、结伴出游等一些集体活动。大学生交往内容的不断丰富，有助于提高其自身素质，帮助其全面发展，但反过来，交往内容过于丰富会导致其浮躁心理加重，不利于大学生自身发展。

（四）现代性

随着网络技术的不断发展，大学生除了面对面交流以外，还利用电话、短信、微信等方式联络感情、交往，网络的发展，为大学生的交往互动提供了更为便捷的方式和广阔的空间，成为大学生之间主要的人际交往方式。

拓展阅读

一位英国诗人曾将人比喻成为一座座孤岛。这个来自个人主义文化背景下的比喻并不适合中国中国的文化。对中国人来说，人际关系在每个人的生活中都占有极为重要的位置。但是在大学校园里，这一“孤岛”比喻却比较适合大学生这个群体，比如自愿选择成为“孤岛”的小张，无奈选择成为“孤岛”的小王和被迫成为“孤岛”的小李，他们都在多多少少实践着“新孤岛主义”。

何谓“新孤岛主义”呢？小张的话可谓不错的诠释：“和平共处，互不干涉。”从表面来看，这不失为一种不错的选择，毕竟独立自主，凭自己的喜好行事，不受人际关系的束缚，也是不少人梦寐以求的状态。但事实上，事情并非那么简单。无论是小王、小李，还是小张，在“和平共处、互不干涉”的背后仍有着希望和同伴建立起亲密的人际关系的渴望。这些“孤岛”们也并非真的都能对周围的人和事采取一种置身事外的超然态度。相反，绝大多数“孤岛”们对他人的一举一动和他人对自己的评价反而更为敏感。不过，这种敏感似乎并没有帮助他们更好地发展“岛屿”之间的联系，反而促使他们为了避免自己在人际交往中产生不好的感受，或是受到伤害而切断了彼此之间的联系，从而成为一座座孤独的岛屿。

心理学家埃里克森把一个人毕生的发展分为八个阶段，他认为每一个发展阶段都有其独特的挑战，或者说发展危机。对于大学生这个处于成年早期的群体而言，埃里克森认为他们面临的发展危机便是建立亲密关系和孤立于他人之外这一矛盾。这对矛盾的一端是青年人和他人建立起良好的同伴关系或爱情关系，另一端则是因为害怕被拒绝和害怕失望而离群索居。在这一过程中，我们会更多地暴露自己，做出更多的自我牺牲，也更大程度地把自己交给对方。随着这种自我开放的增加，以及更多地把自己的脆弱之处暴露给我们所信任的人，我们也对自己有更多的理解，收获更多的亲密感和归属感，避免了因为过度自我保护而招致的人际孤立。而在我们遇到挫折和打击时，这些亲密关系也会像安全带那样给我们巨大的支持。可以说，互相依赖是我们作为人类的一种最基本的需要。

那么，既然互相依赖和建立亲密关系是一种人类的本能，为什么现在的大学校园中却有了越来越多的"孤岛"呢？或许我们可以把问题粗略地分为两类：其一是在建立初步的人际关系当中出了问题，其二则是在如何进一步加深人际关系或维持亲密关系上遇到了障碍。另外一个重要的因素是，我们会更容易和在物理距离上离我们更近的人成为朋友。但就是这最后一条"相近相亲"的原则，让许多初入大学的新生很不适应：没有了固定的教室，没有了每日朝夕相处的同学，甚至同一个宿舍的几个人都来自不同的地方，有着不同的作息时间和课程表，那些更多依赖固定的同伴团体和被动地建立人际关系的大学新生便会觉得无所适从。

根据相关资料整理，资料来源：高隽.透视当代大学生的人际关系[E/OL].（2007-1-25）[2022-5-24].https://news.cctv.com/education/20070125/100710.shtml.

三、大学生人际交往的基本原则

1．尊重原则

在人际关系处理中，技巧虽然很重要的，但更为关键的是要懂得尊重他人。承认每个人都有自己的生活习惯，和价值体系，尊重彼此的空间、习惯、隐私等，将会为良好的人际关系打下基础。此外，尊重也表现在不苛求他人与自己的想法或行为方式一致，学习尊重彼此间的差异，同时，大学生不要在交往中苛求自己一味迁就别人而丢了自己的个性，"和而不同"是人际交往的基础。

2．平等原则

平等原则主要是指交往的双方人格上的平等，包括尊重他人和保持他人自我尊严两个方面。彼此尊重是友谊的基础，是两心相通的桥梁。交往必须平等，平等才能深交，这是人际交往成功的前提。

3．诚信原则

在和同学的交往中，要以诚相待、信守诺言。一方面要真诚待人，既不当面奉承人，也不在背后议论人，做到襟怀坦荡。另一方面，言必行，行必果，承诺的事情要尽量做到，这样才能赢得别人的信任，彼此建立深厚的友谊。

4．宽容原则

在与同学相处时，大学生应当严于律已，宽容待人。“金无足赤，人无完人”，交往中，对他人要有宽容之心。斤斤计较，苛刻待人，或者得理不让人，最终都会被同学所疏远。

5．换位原则

在交往中，大学生要善于从对方的角度认知对方的思想观念和处事方式，设身处地从而地体会对方的情感，发现对方处理问题的独特个性方式等，真正地理解对方，从而找到恰当的沟通和解决问题的方法。

6．互补互助原则

互补互助原则是大学生人际关系处理的一种心理需要，也是人际交往的一项基本原则。大学生在经济生活上还没有独立，依然处在以学为主的学生时代，因此互补原则主要体现在精神领域。在现实生活中，常存在不同气质、性格和能力的人能够相处配合得较好，能力非常强的两个人倒并不一定配合相处得很好的现象。所谓“尺有所短，寸有所长”，在交往过程中要勇于吸收他人的优点，以弥补自己的不足。

四、大学生人际交往的意义

1．有助于大学生获得信息

获得信息不仅是现代人事业成功的保证，也是人类生活、学习和自我教育至关重要的因素。大学生直接从书本上获得的知识信息毕竟是有限的，即便是皓首穷经、学富五车，在现代社会潮水般涌来的新信息中也只是沧海一粟。当今大学生通过人际交流，可以获得大量有用的信息。不同类型，不同经历，不同习惯、爱好、个性、价值观的同学相互交往，不仅有利于个体的信息沟通、培养社会交往能力，而且也有利于提高个人对社会问题的认识能力。

2．有助于大学生自我意识的提高

交往活动是促进大学生自我认识的基本途径。歌德说过：“人只有在人们之间才能认识自己。”事实上，人在认识别人的同时，也得到形成自我评价的必要知识。通过广泛的交往和比较，大学生可以逐渐形成较为恰当的自我表象，既避免“自我”的夸大，又能克服“自我”的萎缩。因此，人际交往对大学生的自我意识的发展和成熟起着重要的作用。

3．有助于大学生的心理健康

弗兰西斯·培根曾说："如果你把快乐告诉一个朋友，你将得到两个快乐；而如果你把忧愁和一个朋友倾吐，你将被分掉一半忧愁。"对大学生而言，尤其如此。大学生正处在由青春后期向成人转变的时期，良好的人际交往使大学生紧张的心理得以放松，归属、安全、友谊等需要得到满足，自尊和自信心大大提高，内心的冲突与苦闷得到缓解。大学生中某些抑郁症、焦虑症、神经衰弱等常与人际关系失调有关，而社交恐惧则更是人际关系不良的直接后果。

4．有助于大学生个性的发展和完善

交往活动是大学生个性发展和完善的必要条件。大学生在人际交往中认识自己的个性、展示自己的才华，相互影响，发展和完善自己的个性。正如法国作家巴比塞所说：个性和集体配合起来，不会失去个性；相反，只有在集体中，个性才能得到高度的觉悟和完善。

5．有助于大学生顺利地融入社会

人际交往是大学生社会化的最重要和最有效的途径。如果说家庭是人的社会化第一场所，那么，学校就是人类社会化的第二个场所。大学是大学生各方面得到发展的重要时期。大学生通过自己与他人的接触，认识社会、适应社会、积累社会经验，调整自己的思想和行为，进而提高自己的人际交往能力和协调能力。具备了这些能力的大学生，在未来的社会工作和生活中，更易拥有良好的人际关系，从而不断提升自己的能力，在工作中得到认可。

拓展阅读

1954 年，美国心里学家做了一项实验。该实验以每天 20 美元的报酬（在当时是很高的金额）雇用了一批学生作为被试对象。为制造出极端的孤独状态，实验者将学生关在有放音装置的小房间里，让他们戴上半透明的保护膜以尽量减少视觉刺激。又让他们戴上木棉手套，并在袖口处套了一个长长的圆筒。为了限制各种触觉刺激，又在其头部垫上了一个气泡胶枕。除了进餐和排泄外，实验者要求学生 24 小时都躺在床上，营造出一个所有感觉都被剥夺了的状态。

结果，尽管报酬很高，却几乎没有人能在这项孤独实验中忍耐三天以上。最初的 8 个小时大家还能撑住，之后，学生就吹起了口哨或者自言自语、烦躁不安起来。在这种状态下，即使实验结束后让他们做一些简单的事情，他们也会频频出错，精神也集中不起来，实验后需要 3 天以上时间才能恢复到原来的正常状态。实验持续数日后，人会产生一些幻觉。到第 4 天时，学生出现双手发抖、不能笔直走路，应答速度迟缓以及对疼痛敏感等症状。

由此看来，人们的身心要想正常工作就需要不断地从外界获得新的刺激。社会生活中的每一个人都生活在人际关系网中，每一个人的成长和发展都依存于人际交往。对于正在学习、成长之中的大学生来说，培养良好的人际交往能力，不仅是大学生活的需要，更是将来走向社会的需要。

根据相关资料整理，资料来源：浙江万里学院心理健康教育与指导中心.心理小实验：人能承受多少孤独？[E/OL].（2014-3-26）[2022-5-24]. https://xlzx.zwu.edu.cn/26/7d/c2933a75389/page.htm.

第二节　大学生人际交往技巧

人际交往是一门科学，更是一门艺术，通过学习和实践，大学生可以改善和提高人际交往技巧。大学生在与人交往时，可以遵循以下技巧。

一、树立良好的第一印象

心理学实验表明，个体在初次交往中给交往对象留下的印象非常深刻，个体会不自觉地根据第一印象去评价交往对象。由此可见，第一印象在人际交往中的重要性。那么，该如何打造良好的第一印象呢？

1．礼貌寒暄

与人首次见面，要礼貌地相互问候，表现出谦恭有礼的态度。随时说声“你好”，或适时招呼“早安”“晚安”等。人际关系是在人们的交往中产生的，在与别人发生最初交往时，使自己给别人留下良好的第一印象是成功交际的第一步。

2．以穿着表现个性

对一个人的第一印象往往来自于这个人的穿着，穿着可以直接体现人的个性。大学生青春活泼，有强烈的自我个性，穿衣风格差异很大。然而，最基本的一点是着装要做到整洁和协调，使人第一眼就留下美好的印象。在现代社会交往中，人们比以往更注重对方的风度和外表，言谈、举止、服饰、打扮等影响着人的气质和精神面貌，反映人的某些特性，从而影响交际对象的态度和评价。个体的装束穿戴，不仅要符合自己的年龄、身份，还要根据交往对象、场合的不同而有所区别。

3．对人报以微笑

微笑是一种无声的语言，面部肌肉放松，面带微笑，是一种轻松友好的表示，仿佛在说：“我喜欢你，见到你非常愉快。”微笑也是个人涵养的体现。从原始人发出第一次笑声起，笑就开始在人类社会中具有一种价值。从本质上说，笑是一种受所在文明支配的社会现象，所以在社会中，笑也是“具有人性”的一个特征。

4．记住对方的名字

当我们看集体照片时，最先注意的往往是自己；当听公布成绩时，最先注意的通常也是自己的名字。在人际交往中，记住对方的名字能给人以尊重感，给人以合作心理，能很快缩短自己和别人的距离。

5．积极倾听

在与人交往时，善于倾听可以使对方感受到尊重。聆听时，要集中精力，可以保持目光接触，不可东张西望，如需要提问、交换意见或者进行补充说明，不要打断别人的讲话，让对方说完，自己再讲话。

拓展阅读

第一印象的黄金十五秒

第一印象为什么这么重要？

关于为什么会存在“第一现象”这种影响，研究者们提出了“首因效应”这一概念。这指的是交往双方形成的第一次印象对今后交往关系的影响，也就是先入为主带来的效果。虽然这些第一印象并非总是正确的，但却是最鲜明、最牢固的，并且决定着以后双方交往的进程。如果一个人在初次见面时给人留下良好的印象，那么，人们就愿意和他接近，彼此也能较快地取得相互了解，并且这种印象也会影响到以后人们对此人一系列行为表现的理解。但若这印象是消极的，人们就倾向于避免和他再接触，甚至会在心理上和实际行为中产生对抗状态。

第一印象从何而来？

人们为什么会产生这种先入为主的观念呢？心理学上有两种解释：首先，人们最先接受的信息所形成的最初印象，会构成人脑中的核心知识或记忆框架，而后输入的信息只是被整合到之前的记忆框架中去——也就是说后续的信息仅仅起着帮助人们理解先前印象的作用，因此，后续信息也就具有了与先前信息相同的属性。其次，最先接受的信息没有受到任何干扰地得到了人们更多的注意，信息的加工更为精细，而后续的信息则容易受忽视而加工更粗略，由此在先前信息与后续信息的比较中，人们自然而然地要选择相信前者。

如何让人对你印象深刻？

无论何种解释，都论证了“人们确实会产生先入为主的观念”。和所有现象一样，首因效应的作用有好有坏。人们在不经意间流露出的状态往往是他最真实的心理写照，在非正式状态下，通过首因效应对人产生的判断可能更加准确。然而，人类偶尔也会做出一些与平时不符的特异性行为，这时的首因效应就是完全不准的，很可能会阻碍人们的正常交往。

那么，如何给人留下美好的第一印象呢？一个十分重要的环节，就是要讲究谈吐和仪容仪表，以有知识、有修养和良好的仪容仪表出现在他人面前。其他方面比如像讲信用、守时间、主动向对方打招呼、待人不卑不亢、言行举止讲究文明礼貌、坐姿挺直、引导对方谈得意之事等也都可以给人留下较好的第一印象。

资料来源：中国心理学会心理学普及工作委员会.第一印象远比你想象得更重要[E/OL]. (2017-4-18) [2022-5-24].http://health.people.com.cn/n1/2017/0418/c404177-29217827.html.

二、讲究交谈的技巧

1. 保持谦恭的态度

随时随地使用谦恭的语气与人交谈，这在当今社会已成为一条不成文的法则。一个言词谦恭的人，在待人处世方面，更容易得到善待。有些人在生活中总是动不动就指责他人，结果要么伤害他人，要么被人拒绝，弄得自己也很受伤。其实，尽量去了解别人，设身处地去思考问题，这比批评责怪要有益得多，不但不会伤人害己，而且也更容易在有效的沟通中妥善地解决问题，从而赢得他人的尊重。

2. 寻找合适的话题，真诚地赞美他人

第一次与同学见面时，可以用大家所熟知、了解或者关注的话题作开端，这样容易得到对方的共鸣和回应。

大学生与人交往时，应当抱有真诚赞赏和欣赏的态度。在人际交往中，我们所接触的是具体的有思想的人，每个人都渴望被尊重、接纳和认可，对他人报以善意的赞美和真诚的欣赏，是一种美德。在每天的生活中，给世界留下一点赞美的温馨，不仅让他人快乐，这一点小火花也会燃起友谊的火焰，让自己感受到温暖和爱。

3. 说话把握分寸

说话时要认清自己的身份。任何人，在任何场合说话，都有自己的身份，也就是自己当时的“角色定位”。比如，在父母师长面前，自己是晚辈，如果以非常随意的语气或方式与长辈交流，就是不合适的。又比如，在同学朋友面前，如果用长辈的姿态与其交流，也是不合适的。

此外，聊天时要注意“交浅言深”，根据对方和自己的关系深浅来选择聊天内容，以及内容该说到什么程度。需注意的是，个人隐私不要随便说。注意对方的情绪，若所谈的话题对方不感兴趣或不耐烦，需尽快结束该话题或换新话题。不要口无遮拦，把他人不想让别人知道的秘密当着众人的面说出来，或者将一些未经证实的小道消息

四处传播，这些行为都是不合适的。不要将别人当成情绪垃圾桶，偶尔倾诉一下没关系，但要学会自己调节情绪，不要总是把别人当作倾倒自己坏情绪的垃圾桶。总之，和别人交流时，一定要分清场合和对象，讲话时多考虑别人的感受，注意礼貌用语，回避一些尴尬敏感话题，不要一味和人争论输赢。

三、交谈中拒绝的技巧

拒绝的艺术奥妙在于尽量减少对方的不快，使彼此的友情能够更好地维持下去，具体技巧如下。

1．明确地说出事实

有些人在拒绝对方时，因为感到不好意思而不敢据实言明，说话语意模糊，致使对方搞不清楚自己所表达的真实意思，产生不必要的误会，甚至最终关系破裂。因此，在拒绝别人的时候，要清楚、无误地说出实情。

2．及早拒绝

当不得不拒绝对方时，最好尽早说明，以便对方有所准备，另做安排，减少损失。要据实向对方表明自己的态度，坚决拒绝，避免迂回曲折，不要让对方空怀期待，导致对方因为没有另做打算造成更大的损失。从场合来看，在私下或者小的场合拒绝更好。

3．谨慎表达，照顾他人感受

在拒绝他人时，尽量用合适的语言表达，不伤害他人的自尊心。设身处地地替对方着想，也让对方明白自己的真实情况和想法。

四、理性处理问题

1．勇于承认自己的错误

网络上曾有一个话题："为什么成年人不喜欢承认错误？"其中有一个观点说，成年人不喜欢承认错误，主要是因为没有勇气否定自己，大人们更加爱于面子，随着年龄的增长，自尊心和虚荣心阻碍了自己承认错误的勇气。然而，智者千虑，必有一失，能够承认错误是一种智慧和勇敢，也是成熟、美好人格的象征。其实，敢于承认错误不仅可以从错误中总结经验，有效避免再次出现同类差错，不断进步，也可以展现出自己的诚实、负责和担当，从而赢得他人的欣赏和尊重。

2．理性处理矛盾和问题

每个人都是独特的个体，朝夕相处中难免会产生矛盾。如果同学之间产生矛盾，不能采取消极的"躲"的方法，只有积极主动地及时化解矛盾，才能减少误会发生的可能性，避免出现同学之间相互诋毁、攻击的现象，避免形成人际交往中的恶性循环。大学生在人际交往中很重要的一点就是要善于消除误会，对于一些没必要的小事不妨一笑了之；若是有不同的看法，可以保留自己的意见，不要强迫对方接受己见。

总之，大学生掌握了人际交往中的基本技巧，学会正确处理人际关系，有利于自身的成长与发展，对自己的学习及未来人生也会锦上添花。

第三节　构建和谐的人际关系

一、大学生人际交往的障碍

（一）缺乏正确的自我认知

苏格拉底曾说："一个真正能够正确认识自己的人，才是最有力量的人。认识自己，方能认识人生。"大学生在人际交往过程中容易产生两种认知偏差：过低的自我认知和过高的自我认知。美国著名心理学家罗杰斯提出，每个人都有两个自我：现实自我与理想自我。"理想自我"是指一个人希望自己"应当是"或"必须是"的理想状态，而不是他自己所表现出来的样子。比如有的人希望自己个子再高一点、容貌再美一点，或者希望自己成绩好一点、能力再强一点等。而"现实自我"指的是此时此刻真实存在的自我，是个人在现实生活中的真实情况。

"理想自我"和"现实自我"存在着差距，越是迫切追求理想的自我，背离真实的自我就越远。这种背离会使自己陷入失败的感受当中，对现实自我产生不满，忽略自己的优点，觉得自己处处不如人，自我排斥、自我否定、自我怀疑，无法悦纳自己，从而导致对自己产生过低的自我认知。

自我认知低的学生在人际交往中往往缺乏自信和勇气，虽有良好的交往愿望，但总是怕被人轻视和拒绝，因而惧怕人际交往。他们的心理体验往往伴随着较多的悲观失望和忧郁纠结，尤其是面对人际挫折时，常常不能正确处理问题而产生心理障碍，影响正常的学习和生活。

相反，过高自我认知是一种与过低自我认知相对的自我意识状态。个体往往高估现实的自我，形成错误的脱离实际的理想自我，并认为这种"理想自我"可以轻易实现。

过高自我认知的学生在人际交往中往往表现为妄自尊大、居高临下、盛气凌人，不能以平等的态度对待他人，不易被周围环境和他人所接受与认可，容易引起别人的反感和排斥。因此，他们极易遭受巨大的心理冲突，产生严重的情感挫伤。

（二）心理障碍

引发大学生人际交往障碍，阻碍大学生人际交往的心理因素主要体现在以下十二个方面。

1．工具取向

工具取向是指人际关系中不把对方看作一个有思想、有感情、有个性的完整的人，而是看成某种可以任意使用和处置的物体或工具。具有工具取向心理的人不能尊重他人的感情和人格，也不能体察他人的需要和愿望，其结果必然导致人际关系紧张。

2．自私

有的人认为交朋友的目的就是为了“互相利用”，因此他们只结交对自己有用、能给自己带来好处的人，且常常是“过河拆桥”。这种人际交往中的占便宜心理，会失去朋友，使自己的人格受到损害。

3．羞怯

羞怯是一种常见的心理现象，在大学生人际交往中往往表现为腼腆，动作忸怩、不自然，脸色绯红，说话声音低且很少和对方有眼神交流，严重者怯于交往，对交往采取回避的态度。

具有羞怯心理的大学生，由于过分约束自己的言行，主观上不愿意交往，无法充分表达自己的思想和感情，无法与他人建立正常的沟通，不愿意参加各项集体活动，总是游离于集体视线之外。久而久之，就会不被理解或误解，从而妨碍良好人际关系的深入发展。有关资料表明，只有5%的成年人确信自己从未感到羞怯，大约80%的人认为自己在儿童和青少年时期感到过明显的羞怯。可见，羞怯心理是绝大多数人都会有的一种心理，只是每个人羞怯的时间和程度不同罢了。

4．自我封闭

伴随羞怯心理而产生的是人际交往的自我封闭。由于羞怯心理作祟，大学生缺乏交往的勇气和行动，与同学直接的面对面的交流和情感互动较少，同学间关系逐渐疏远。长此以往，就会造成恶性循环，导致人际关系的畏缩逃避，将自己完全封闭起来。

除了羞怯因素，过分沉溺于虚拟的网络世界，也会造成人际关系的自我封闭。

5．自卑

大学生在人际交往中，如果不能对自己做出客观公正的评价，就容易产生自卑心理。具体表现为：对自己的能力或品质评价过低，轻视或看不起自己，担心失去他人的尊重。

自卑是一种消极的情感体验，容易产生压抑、孤独的情感，发生自我认知和评价的偏差，常常感到自己不如别人。他们会因为学业不理想、家庭条件差、恋爱不如意，甚至对自己的容貌、身材缺乏自信而产生自卑，担心受到周围人的嘲笑和蔑视，惧怕甚至回避与人交往。

案例直播

某大学二年级学生小刘，成绩一直很优异，大一时还取得了专业第一名的好成绩。然而，因为生活在偏远农村，家境贫寒，进入大学后，他一直很自卑。以前因为在中学时成绩拔尖，深受老师的器重，周围的同学跟他的生活背景又都很相似，他也因此忽视了家境的贫困和普通。

到大学以后，宿舍里的同学都来自大城市，生活条件都比他优越，手机、电脑这些电子产品基本上是人手一份，唯独自己没有。小刘以前也没有接触过这些，就算别的同学借给他，他也不会使用，所以每次他都拒绝别人的好意。

因为经济拮据，他日常三餐都很简单，由于担心别的同学会瞧不起自己，所以每次都不和宿舍同学一起吃饭，而是等大家都不在的时候自己偷偷吃。他也从来不和大家一起出去聚餐。久而久之，其他同学都觉得他很清高、神秘、难以接近，和他的关系也逐渐疏远。

小刘过分关注自己的家庭出身和经济条件，却忽视了自己优异的成绩和出色的学习能力，因而产生自卑心理，造成人际交往困惑。自卑的浅层感受是别人瞧不起自己，而深层体验是对自己的不认可。

本案例根据相关资料整理，资料来源：好问网.心理学案例[E/OL].https://www.haowenwang.com/show/816e695988068e12.html.

6．高傲

有的大学生一直是家庭、学校的宠儿，走进大学后仍然被关注，造成心理上的优越感，往往自视甚高、狂妄自大，认为自己高人一等，不愿和自认为不如自己的人交往。这种高傲心理使他们在人际交往中容易摆出孤芳自赏、以自我为中心的姿态，总认为自己绝对优秀，认为别人对他的关心和帮助是理所当然的，在与同学交往时喜欢“摆谱”，对待别人吹毛求疵、居高临下，只关心个人的需要，强调自己的感受而忽视他人。这难免会引起周围同学的厌恶和反感，结果造成自己孤立于其他同学之外。

案例直播

小慧可以说是幸运的宠儿，美丽聪明的她一直是异性追逐的对象。也许是从小就被宠坏了的原因，她天生就有一种优越感。的确，无论是在相貌上还是在学习上，她都是佼佼者。但她却很少有朋友，特别是在班上，她也因为自己有才有貌，说话时有种盛气凌人的姿态，而且还习惯以自我为中心，这让同她相处的人感到格外的不自在。

无论是自卑还是高傲，这两种心理特征都是不健康的，不仅不利于大学生人际关系的健康发展，还会影响到他们对自己的正确认知，不利于健康人格的形成。

本案例根据相关资料整理，资料来源：美美文档.工作中的励志文章随笔六篇[E/OL].https://meiword.com/zuowendaquan/lizhi/1428.html.

7．嫉妒

嫉妒是人际交往中痛苦的根源之一，不只对自己，对别人也是如此。大学生在人际交往中的嫉妒心理往往表现为对他人所取得的成绩、所具有的优势心怀不满，进而产生嫉恨，甚至会进行中伤、诋毁或在别人陷入困境时幸灾乐祸。无疑，嫉妒极易导致人际冲突和交往障碍。

8．猜疑

有猜疑心理的人，总是用怀疑和不信任的眼光去审视对方和看待周围的事物，会在主观上设定自认为的假象，然后再在现实中寻找证据。每当看到别人议论什么，就认为是与自己有关；同学有时态度冷淡一些，就会觉得同学对自己有了看法。结果处处敏感多疑，对他人失去信任，对自己也同样心生怀疑，损害正常的人际关系，给自己带来无尽的苦恼。

9．过分期待

刚进入大学校园的新生对人际交往的要求往往过于理想化，以友谊的理想模式为标准来衡量生活中的人际关系，导致高期望值与高挫折感并存。这些学生常常回忆过去，对现实的人际沟通表现出强烈的不满。这其中一部分同学是被动型的，总期望别人主动来与自己沟通，主动关心自己。这些都容易造成人际关系不和谐。

10．逆反

有些人总爱与别人抬杠，以此表明自己的标新立异、与众不同。对任何事情，不管是非曲直，我们说好他偏说坏，我们说一他偏说二。逆反心理容易模糊是非曲直的严格界限，常使人产生反感和厌恶。

11．表演

有的人把交朋友当作是逢场作戏，往往朝秦暮楚，见异思迁，且喜欢吹牛。这种人与人之间的交往方式只是在做表面文章，因而常常得不到真正的友谊和朋友。

12．欺骗

欺骗行为向来为人们所厌恶，它严重地妨碍人们之间的真诚沟通，使人与人之间产生一种不信任感。有欺骗行为的人，与人不可能进行深交，即使有交往，也往往难以长久。

（三）缺乏人际交往的技巧

大学生由于社会阅历尚浅，往往缺乏人际交往方面的知识和技巧，交往能力有限。具体表现在：与人交往的过程中不注意交往原则，说话办事不顾及他人立场，或当人际交往出现问题时表现出不知所措等。这些表现都会阻碍大学生之间的进一步交往。

二、和谐人际关系的建立

（一）克服不良心理

只有主动去克服和消除影响人际交往的心理障碍，才能建立良好的人际关系。

1. 自卑心理的产生和调试

（1）自卑心理产生的原因。

1）生理存在缺陷，容易使人产生自卑感。

2）家境贫寒、生活拮据，容易使人感到卑微不如人。

3）自我认识不足，自我评价过低。人在自我评价时大多通过自身与他人的比较或他人对自己的评价来认识评价自己，存在自卑心理的学生往往只看到别人的优点，在人际交往中过分关注自己的不足，造成情绪上的困扰。

4）消极自我暗示。在社会交往中，每当面临新的局面时，每个人都会很自然地衡量一下自己是否有能力应付。自我认识不足的人，此时就会出现一种“我不行”的消极自我暗示，从而会抑制自己的信心，产生心理负担。

5）多次的交往挫折会使心理脆弱的人变得惧怕交往，产生自卑。

（2）自卑心理的调适。

1）正确认识生理缺陷及家境贫寒。一个人的生理条件与家庭是自己无法选择的，没有必要过于自卑。大学生要认识到，只有通过自己的奋斗，不断增长知识，提高自身的全面素质，才有可能改变自己的家庭状况，提高自己的社会地位，减轻生理缺陷的影响。

2）正确认识自我，提高自我评价。要善于发现自己的长处，肯定自己的成绩，改善自我形象，积极参加社交。

3）进行积极的自我暗示、自我鼓励。面对新局面，尤其是处于不利地位时，暗中鼓励自己“一定行”，竭尽全力争取成功。保持“成长型思维”，而不是“固定型思维”，能力是可以培养的，这次做不好，只能代表目前自己的能力尚浅或者处理方式不恰当，不能代表自己永远不能做到。

4）积极与人交往。自卑的人往往容易把自己孤立起来，形成恶性循环。实际上，自卑的人在社交中比狂妄自大的人要讨人喜欢得多，因为他们多谦虚，善于体谅人。所以，要积极与人交往，并通过成功的交往开阔自己的胸怀，培养信心，克服自卑心理。

2. 孤独心理的产生和调试

（1）孤独心理产生的原因。

1）个人性格孤僻。这种人喜欢一个人独处，不喜欢与人交往，将自己的内心封闭起来，往往具有较强的自卑感。由于不愿与人交往，因此孤僻性格的人会产生孤独感。

2）性格过于内向。不愿与人交往的人，由于长期独处一隅，极易导致性格过于内向。

3）因与众人不和，受人打击，遭到他人有意的孤立而产生孤独的心理。

（2）孤独心理的调适。

1）改变孤僻的性格。要改变自己不良的性格，首先要认识到，不改变会给自己带来不利的影响，并下决心改变这一状况。多与周边的同学来往，逐步沟通，多参加社会实践，扩大交往的范围。

2）善于自我分析。当受到别人孤立时，要剖析自我，分析是否是自己做得不对。如果问题在于自己，应积极改进不足之处，并主动与对方沟通；如果原因不在自己，则可暂时离开这个小圈子，转移或扩大自己交往的方向与范围，从新的人际交往中寻求精神支持，而不要被动地去忍受被孤立。

3. 社交恐惧的产生和调试

（1）社交恐惧产生的原因。

1）气质型恐惧。这种人生性孤僻，害怕与人交往，常怀有胆怯心理。

2）挫折型恐惧。指个体在某次交往中受到重挫，自尊心受到较大刺激，由此产生社交恐惧心理。

3）自我保护型恐惧。指个体怕在社交活动中暴露自己的弱点，受人歧视，由此产生的一种自我保护型心理。

（2）社交恐惧的调适。

1）提高对人际交往重要性的认识。首先要认真学习，真正认识到人际交往是人类天然的情感需求，在当今和未来的社会里，人际交往是个人在社会生活与职业工作中不可缺少的部分，而且这种交往需求会随着社会文明程度的提高而增加，因此应以一种积极、主动的心理去面对社会交往。

2）了解恐惧的原因。弄清自己在社交活动中恐惧的对象，认真分析恐惧产生的原因，从而使得自己在后续的社交活动中，提前做好心理准备。

3）增强自信心。学会接纳全部的自己，正确认识、对待自己的缺点与弱点，通过积极努力克服自身的弱点，增长才干，增强社交自信心。

4. 异性交往困惑的调试

（1）正确认识男女间的交往。异性吸引是人类的自然属性，男女间的交往是社会生活的需要，是很自然的事情。男女交往多了会产生一定的友情，但这种友情不一定会发展成爱情，勿把友情当爱情。

（2）发展健康的异性友谊。在男女交往中，要提高自身修养，保持高雅格调，既要大方热情，又要讲究分寸，要发展健康的异性友谊。

（二）树立正确的交友理念

人生，因为有了朋友，而更加丰富多彩。大学生精力充沛、思维活跃，更是乐于结交知心好友。然而，朋友有好有坏，有益有损。如果交了益友，他能帮助你进步；如果交了“损友”，则会给自己带来不好的影响。正如曾国藩所说：“择友乃人生第一要义，一生之成败，皆关乎朋友之贤否，不可不慎也！”因此，交友必须审慎而不滥交。大学生在交友时应当注意以下三点。

1. 交友有适当的标准

俗话说：“水至清则无鱼，人至察则无徒。”交友不可不择，但也不可标准过高，适当的标准应当是对方道德品质高尚，双方志同道合，志趣爱好相同。对道德品质有过劣迹的人，交友时要三思而行。不过，金无足赤，人无完人，也不能苛求朋友十全十美，更不可强求他人气质、性格和自己完全相合。

2. 交友要识友

我国明代文人苏浚曾把朋友分成四种：“道义相砥，过失相规，畏友也；缓急可共，生死可托，密友也；甘言如饴，游戏征逐，昵友也；利则相攘，患则相倾，贼友也。”他认为“畏友”和“密友”是交之有益的，“昵友”和“贼友”是交之有害的。那么，如何识别“畏友”“密友”“昵友”“贼友”呢？识别朋友并非易事，必须注意以下三点。

（1）要与他人保持一定的接触。人们彼此不接触，是不可能相互了解的，人只有在与他人接触中才会了解对方的各种品质、行为等。因此，要了解一个人，识别一个人是否可以成为“益友”，不经过一定的接触是不行的。

（2）要注意观察他人的言谈。人们常说“言为心声”，意思是说一个人的言谈往往反映了他的内心世界。因此，要识别一个人，不可忽视观察他人的言谈。如一个人当面与背后言论比较一致，说明他是正直的，是可交的朋友；一个人当面赞扬别人，背后诋毁别人，说明他为人虚伪，交友时要慎重。

（3）要注重他人的行为。行为，是一个人的实际表现。一个人是否是真正的朋友，关键要看他的行动。看行动，不仅要看其一时一事，更要看一贯；不仅要看其平时，更要看逆境中的表现。当你受到挫折或地位发生变化时，朋友对你的态度变化是最能洞悉一个人本质的。看一个人的行动，不仅要看他对你如何，更要看他对别人如何。只有这样，才能交到真正的朋友。

3. 交友要赤诚相见，将心比心

有句格言说得好：“获得朋友的唯一方法，就是你成为别人的朋友。”换句话说，朋友之间应赤诚相见，将心比心。如果这样做了，那么他不但会成为别人的朋友，别人也会成为他的朋友。古人把朋友分成三种：声气相通者谓之知音，心心相印者谓之知心，肝胆相照者谓之知己。大学生远离父母，身在异乡为异客，在了解社会、

学习知识的道路上，需要真正的好友互相帮助、互相鼓励、共同前进。想要找到这样的朋友并非轻而易举的事，人的心灵深处有一扇门，它平常是虚掩的，不常打开。当你以自己的诚实、赤热之心接近这颗心，心与心撞击在一起的时候，这扇门就会打开。

（三）培养良好的交往风度

良好的交往风度是成功交往的基本条件，因为它影响着一个人在交往对象心目中的印象，也影响着对方以何种方式作出反应。

1．精神状态良好

与人交往如果神采奕奕，精力充沛，显得富有自信，就能激发对方的交往意愿，活跃交往气氛。相反，如果萎靡不振，无精打采，便显得是在敷衍对方，即使你有交往的诚意，对方也会感觉兴味索然乃至不快。

2．待人态度诚恳

不管对待什么交往对象，都应该以平等、诚恳的态度待人，做到一视同仁。不讨好、逢迎位尊者，也不藐视、冷落位卑者，做到不卑不亢。

3．仪表礼节得体

根据人际吸引原则，一个人仪表堂堂、俊逸潇洒，能够增加个人的交往魅力。大学生应该注意自己的服饰要与自己的气质、体型、年龄、身份，以及场合相符，讲究基本的称呼、问好、告辞礼节以及交往时的身体姿态。

4．行为神态自然

人的神态和表情，是沟通人际间思想感情的非语言交往手段，是交往风度的具体表现方式。

面部肌肉放松，面带微笑，是一种轻松友好的表示；若面若冰霜，旁人则不敢亲近。

朴素大方、温文尔雅的行为，能够正确表达自己的良好愿望；粗俗不雅的动作则使人生厌。分寸得当的交往距离能使彼此心里都感到舒适坦然，过度亲热和冷淡则容易引起对方误会。

与人交谈时应该注意言语得当，语音、语调恰当，说话不要拖泥带水，喋喋不休。幽默的谈吐会使人轻松愉快，气氛活跃，但要注意场合和分寸。

听人说话也是一门学问，需要讲究艺术，不仅要用耳朵聆听，还要做到眼睛注视对方，并用心认真思考每一个问题。

人的交往风度和能力是在实际交际活动过程中逐渐培养与发展起来的。大学生们只要勇于在社交中锻炼，个人交际能力就会不断得到提高，从而建立良好的人际关系。

（四）掌握人际交往艺术

人际交往是一门艺术，建立良好的人际关系需要一些技巧和智慧。

1. 学会批评的艺术

人无完人，没有人不犯错误。在别人犯错误时，你可能要忍不住大发雷霆，狂风暴雨过后，你可能会沮丧地发现，你的“善意”并没有被对方所接受，甚至换来的结果可能让你追悔莫及。批评对谁来说都不是一件让人愉快的事，但是，如果你能够掌握适当的批评技巧和方法，相信交流会更容易些。

（1）批评不是新闻发布会。被批评可不是什么光彩的事，没有人希望在自己受到批评的时候召开一个“新闻发布会”。为了被批评者的“面子”，在批评的时候，要尽可能避免第三者在场，不要高声叫嚷，在这种时候，你的语气越温柔，则越容易让对方接受。

（2）讲求方式方法。批评人之前，先创造一个尽可能和谐的气氛，不要一上来就开始发“牢骚”。做错事的一方，一般都会本能地有种害怕被批评的情绪，如果很快进入主题，犯错者很可能会不由自主地抵触，即使表面上接受，却未必表明你已经达到批评的目的。

（3）对事不对人。批评时，一定要针对事情本身，不要针对人。谁都会做错事，做错了事，并不代表他这个人如何，错的只是行为本身，而不是某个人。

（4）要找到解决问题的办法。批评人的时候，你在说他做错了，与此同时，必须告诉他怎么做才是对的，这才是正确的批评方法。不要只是“指手画脚”，一定要让他明白，你不是想追究谁的责任，只是想解决问题，而且，你有能力解决。

2. 学会倾听

现实生活中，会倾听的同学更有好人缘。要想成为一个好的听众，要注意以下四点。

（1）真诚关注。不仅要听对方说的话，还要注意对方的表情和神态，设身处地才能真的听懂。

（2）话要听全。要耐心，不要急着下结论，确定对方说完了再发表意见。

（3）切勿多话。经常插话会使我们漏掉很多对方说的重要内容，而且太多的插话也会使对方的倾诉难以继续。

（4）要适当回应。用表情、微动作适时地做出回应。

3. 学会诉说

（1）明确表达心愿。东方人表达含蓄，西方人表达直接，但不管采取哪种表达方式，都必须清楚自己要说什么、在什么情境下说、在对谁说、应该怎样说。这就要求语言表达要简洁、清晰、明确，注意语音、语调、语速、沟通的场所等。

（2）善于表达感激。很多人不是不想表达感激，只是不知如何表达；还有的人充满感情的话却让人听后不自在。一定要记住，表达自己的感激之情不是什么表面文章，而是我们的要感激，这种感激应当是发自内心的。因此，表达自己的感激之情时，一定要真诚。

（3）真诚赞美对方。良好的人际关系是从赞美开始的。善于发现对方的优点，进行真诚的赞美，对方会乐意与我们交往。切记：赞美要适度、要得体、要有底限。

（4）恰当的拒绝。在人际交往中适当的拒绝也很重要，毕竟每个人的能力有限，爱好各不相同，如果一味地迎合对方，就会使交往变成一种负担。有些同学在和朋友交往时，碍于情面，对朋友的要求不好意思拒绝，而自己又做不到或者不愿意做，给自己造成了不必要的压力。

实际上，直接清楚地说出自己的难处，求得对方的理解就是很好的办法，但要注意语言要委婉巧妙，要尊重对方，这样不仅不会失去朋友，反而让人觉得我们诚实可靠，朋友会越来越多。

4. 广交朋友之道

（1）不讳言消极感情。朋友间如果不能表达生气、忧虑、悲伤、失望等消极感情，友谊便会缺乏亲密和真挚。

（2）别让朋友的问题成为自己的问题。承认和同情朋友的痛苦，与自己的情感过度卷入之间有很大区别。过分卷入反而会使朋友更加苦恼，他/她可能会觉得“我一定比我想象的更糟了，瞧我亲信的人都痛苦成那样了”。

（3）长期友谊也有，“阴晴圆缺”。长期友谊和婚姻相似，它既有兴奋时期，也有平淡时期，恰如天有阴晴、月有圆缺。

（4）坦诚和宽容地对待朋友的变化。因环境、地位、经历、婚姻、疾病、工作等方面的变化及影响，曾经的朋友可能在生活习惯、交往风格和频率、价值观等方面发生了显著的变化。这个时候你要能够理解对方的变化并尊重对方的选择，在交往中做出适当的行为调整。

（5）珍视忠诚。忠诚是友谊中最可贵的品质之一，忠诚不是一件简单的事。有人认为忠诚就是不论何时何事，朋友都永远站在自己这一边。这一观点是不正确的。真正的忠诚是指接受和珍视对方，而非每时每事都偏袒对方。

（6）正确看待朋友间的妒忌。妒忌是一种不满之情，常存在于各种人际关系之中。对付妒忌的最好办法，就是理性对待自己的优势和劣势，充满阳光和自信的对对待身边的每一个人。

（7）为友谊腾出时间。时间对每个人都很珍贵，很多人都会嫌时间不够用，但只要灵活安排，总能为交友腾出时间。

5. 解决人际冲突的策略

每个人都希望生活充满阳光，都希望友谊天长地久。然而，每个人都是独立的，都有自己独特的情感世界、行为方式和价值观。人人都有需求，有需求就会产生满足和不满足。因此，人与人之间的冲突是不可避免的。如何避免人际冲突的发生及人际关系的破裂，是每位大学生都会面对的现实问题。

心理学家经过研究，提出了解决冲突的有效步骤，帮助人们控制和消除冲突。具体步骤是：第一，相信一切冲突都可以理性、建设性地获得解决；第二，客观地了解冲突的原因；第三，具体地描述冲突；第四，向他人求证自己有关冲突的观念是否客观；第五，提出可能的解决冲突的办法；第六，对提出的办法逐一进行评价，筛选出最佳的解决办法，该办法必须对双方都最有益；第七，尝试使用选择出的最佳办法；第八，评估实施最佳方案的实际效应，并按照给双方带来最大利益和有利于良好人际关系维持的原则给予修正。

思 考 题

1．大学生在人际交往过程中的基本原则有哪些？

2．面对常见的人际交往障碍，应如何进行自我调节？谈谈自己的思考和理解。

第九章　学习礼仪　提升自身形象

礼仪是一个人的思想道德水平、文化修养、交际能力的外在表现，也是一个国家社会文明程度、道德风尚和生活习惯的反映。礼仪作为社会文明的产物，是随着社会的发展和进步逐渐形成的，它的发展体现了人类不断摆脱愚昧与落后，走向进步与文明的历程。礼仪作为日常生活的基本行为准则，不仅是调节人际关系的重要手段，而且是人们高层次的生活追求。中国是世界文明古国，素有“礼仪之邦”之称。孔子日：“不学礼，无以立。”荀子日：“人无礼则不生，事无礼则不成，国无礼则不宁。”知礼、讲礼是中华民族世代相传的优良传统。大学生既是中华传统美德的传承者，又是体现时代要求的新道德规范的受教育者。因此，大学生加强与提高文明礼仪修养十分必要。

第一节　礼 仪 概 述

一、礼仪的含义

礼仪是社会公认的（或约定俗成的）对他人表示尊重，且因社会地位、交往环境不同而有所区别的一种交往规范。其宗旨是使人人都感到舒适，本质是通过各种规范的言行表示人际间的真诚、尊重、友好和体谅。它是人的社会关系的集中体现。

“礼”属人类社会范畴，而且随着社会的不断进步更趋广泛，内容也更为丰富，但从一般概念上理解，“礼”不外乎礼貌、礼节、礼仪三方面。

礼貌指在人际交往中通过动作、语言、表情等表示对对方的尊重、恭敬的一种行为规范，如尊称、主动打招呼、道谢等。

礼节指在交际场合人们相互问候、致意，表示尊重、友好的惯用形式，如挥手致意、握手慰问、亲切拥抱等。

一般而言，礼貌是一个人内在素养和品质特性的外在表现，礼节是礼貌的具体表现方式，可以说“没有礼节，就无所谓礼貌；有了礼貌，就必然伴有具体的礼节”。

礼仪是对礼节、仪式的统称，是指人们在社会交往中遵守社会正常行为规范标准，按照约定俗成的程序，以建立和谐关系为目的的各种交往行为的完整过程。

礼貌是礼仪的基础，礼节是礼仪的基本组成部分，礼仪在层次上要高于礼貌、礼节，其内涵更深、更广，它是由一系列具体的表现礼貌的礼节所构成，是一个表示礼貌的、系统的、完整的过程。

礼仪的完整含义应包括如下四方面内容。

第一，礼仪是一种行为准则或规范，正所谓“入乡随俗、入境问禁、入门问讳”，是每个人都应该遵守和执行的。虽然它没有法律法规的强制性，但一旦违背这种约定俗成的准则或规范则会给人际交往带来直接影响，甚至让人感到“举步维艰”，无法与特定的社会环境相适应。

第二，礼仪受文化传统、风俗习惯、宗教信仰及时代潮流的直接影响，其内涵具有渐变性，像我国这样一个地域广阔的多民族国家，风土人情各不相同，礼仪规范也各具特色。随着改革开放，地域间乃至国际的时尚礼仪又相互影响，形成了多样化的礼仪规范。

第三，礼仪是个人的学识、修养、品质的外在表现，其关键不在于有多少社交技能，而在于自身的品质能否赢得他人的尊重。英国哲学家培根说过：“行为举止是心灵的外衣”，我国古语中也有“诚于中而行于外”之说。阿谀奉承、溜须拍马、投机取巧不是礼仪的真正含义所在，一个人只有在真正尊重他人的前提下，才会被他人所尊重；一个品低下、没有仁爱的人不可能赢得别人的尊重。

第四，礼仪的目的是通过社交各方的相互尊重，达成人际关系的和谐状态，为主体（个人或社会组织）营造良好的“人和”环境。

二、礼仪的特征

1．规范性

礼仪是人们在交往场合应当遵守的行为规范，这种规范性一方面约束自己要遵守规范，不能违背；另一方面以此为标准，作为一种“通用语言”，用以衡量他人的行为是否“合乎礼仪”。因此，礼仪是约定俗成的一种自重、敬人的惯用形式。

2．继承性

礼仪是一个国家、民族传统文化的重要部分，属于传统文化中的精神文化。这种心理积淀在人们头脑中已形成了一定的理念定势、思维定式、价值标准定势，并通过实践活动表现出来，因此在对事物的判断上自然而然地带有传承的痕迹。

3．差异性

既然礼仪的形成是全国、全民族人民在日常生活、工作交往中逐渐形成的一种交际行为规范，就必然带有明显的差异性。首先，不同国家、不同民族的交往方式和习惯不同，所形成的礼仪肯定不同。像汉族的男娶女嫁和摩梭人的走婚就完全是两回事。在一般人际交往中，我国男性间的握手和西方一些国家的拥抱都是表示欢迎、问候的意思。其次，不同的交往地点和交往时间，同一礼仪形式也会有不同的含义。与朋友在家中小聚，适当提高音量是一种热情的表示，但如果在公共场所聚会，声音大了则会被人认为不文明、粗鲁、不拘小节。最后，同一礼仪形式对于不同对象也有着截然不同的含义。如面对年纪较大的长辈，倾听时应主动侧身靠近，以示尊重；但如果面对同龄异性，这样做则易导致误会。

4．可操作性

礼仪既然是行为规范，就必须具备可操作性，过于繁杂的程序往往与现代社会的快节奏不相符，而被逐步被创新和改良，这也是礼仪继承性特点的另一种表现形式。如我国封建社会对女子的种种约束，从足不出户（甚至缠足）到男女授受不亲等，都随着女子社会地位的提高而逐渐消失，但有些合理的可操作的部分还是保留了下来，如握手的礼节、言行举止的礼节。总体来说，除在特定的场合需要具有仪式感的礼仪程序外，大部分生活场景中礼仪必须具备简单易行的可操作性，才能在生活中被广泛应用。

三、礼仪的功能

1．提高自身修养

礼仪不仅反映了一个人的交际技巧与应变能力，而且还体现了一个人的气质风度、阅历见识乃至道德情操的方方面面，可以说礼仪即教养，即每个人的文明程度。就国家范围而言，它还是一个国家、一个民族的文化程度、国民素质、精神风貌的重要标志。正如我国著名的思想家颜元所说："国尚礼则国昌，家尚礼则家大，身尚礼则身修，心尚礼则心泰。"

在日常人际交往中，仪表、服饰、谈吐、举止等是影响人们第一印象的主要因素。整洁大方的个人仪表、优雅得体的举止、自然风流的气质，会给人留下深刻而美好的印象，赢得对方的尊重，进而有助于双方关系的和谐与亲密。学习礼仪、运用礼仪的首要作用就在于此。

2．规范社交行为

在社会生活中，每个人的行为都应遵守一定的社会生活准则和行为规范，而礼仪作为人们处事行为规范的标准，它不仅约束着人们的行为方式，协调人与人之间的关系，也维护了社会的正常秩序。人们在社交场合按礼仪规定的要求进行交往，有助于相互间的良好沟通。

此外，礼仪作为一种共同遵守的"游戏规则"还执行着对人际关系的整合与疏导功能，如尊敬师长、尊老爱幼、以诚待人等，它潜移默化地熏陶着人们的心灵，使每个人更能注意自己的言行，养成良好的生活、工作习惯，同时制约着人们按照规范的社会行为准则去工作、学习、生活，"非礼勿视，非礼勿听，非礼勿动"，营造和谐亲密的良好人际关系。

3．推进社会文明

社会文明与秩序的维系一方面需要法治，另一方面离不开礼仪建设。管仲曾提出："礼义廉耻，国之四维，四维不张，国乃灭亡。"我国社会主义精神文明建设的根本任务是适应社会主义现代化建设的需要，培育有理想、有道德、有文化、有纪律的社会主义公民，提高整个中华民族的思想道德素质和科学文化素质。精神文明建设是需要通过一定的形式来推动的，而礼仪建设就是其中一种非常好的形式。学习礼仪、遵守礼仪可以净化社会风气，提升个人和社会的精神品位，惩恶扬善，提高全民族的文明程度，进而在全世界提升中华民族的文明形象。

四、礼仪的原则

尽管世界各国、各地礼仪习俗不同，但基本原则是一致。礼仪原则是人们在社交中处理人际关系的基本准则。熟悉礼仪的基本原则，有助于在具体礼仪活动中做到自觉、主动，也更加自然、得体。

1．“尊重、真诚”原则

人际交往相互尊重最为重要，尊重是礼仪的情感基础，只有彼此间相互尊重，才能保持和谐、愉快的人际关系。每个人在人际交往中都处于平等地位，不管种族、国籍、肤色、社会地位如何，只有尊重别人才能赢得别人的尊重，“敬人者恒敬之，爱人者恒爱之”，实际上“礼”的良性循环，就是借助互敬、互尊的机制得以延续。

俗话说，“精诚所至，金石为开。”真诚是对人对事的一种实事求是的态度，是待人真心实意的友善表现。真诚和圆滑是两个截然不同的概念。虽然从世俗的利益角度而言，待人真诚并非永远都是最好的策略，但绝不可陷入“八面玲珑”的圆滑误区。真诚是礼仪的重要原则。只有真诚待人，才能尊重他人；只有真诚交往，方能创造和谐、愉快的人际关系。总之，真诚和尊重是相辅相成的。

2．“自律、自爱”原则

自律原则就是要求自身树立良好的道德信念和行为准则。礼仪规范由对自身的要求和对他人的做法两部分组成。对待自己，要时时进行自我要求、自我约束、自我控制、自我对照、自我反省，同时，希望对方做到的，自己首先要做好；对他人，要懂得时时体谅，己所不欲，勿施于人。

3．“谦和、宽容”原则

谦和包括谦虚与和善。谦虚是人类的美德，和善是处理人际关系的基石，正所谓“和气生财”“凡事以和为贵”，便是这个道理。与人和睦相处是社交成功的重要条件。当然，强调谦和不是指一味谦虚、无原则的妥协，甚至妄自菲薄，要在谦和中保持良好的自信心和正常的心理状态。

古人云：“有容，德乃大。”宽容也是一个人良好品德的外显，昔日刘备三请诸葛亮，如果没有那种雅量，就不会有三分天下之格局。宽容就是心胸坦荡、豁达大度，既要严于律己，更要宽于待人。要有较强的容纳意识和自控能力，不可求全责备、斤斤计较，乃至苛刻要求、咄咄逼人。对于自己看不惯、听不惯的言行应以宽容态度给予理解，尤其在商务活动中，双方往往会出于各自立场和利益不同，在交往中采取不同的方法和策略，难免出现一定的冲突和尴尬场面，这时应以宽广的胸襟、豁达的态度、大方的仪态来体谅别人。

4．“适度、从俗”原则

适度原则要求应用礼仪时注意技巧，合乎规范。掌握好社交中各种情况下的不同交往准则和彼此间的感情尺度，凡事当止即止，过犹不及。古语说“君子之交淡如水，小人之交甘如醴”，一旦交往尺度有误，很容易出完全相反的结局。

适度原则在日常交往中包括感情适度，不宜过于热烈或内观敛；谈吐适度，应根据谈话对象不同选择不同的节奏、音量及谈话内容与方式；举止适度，肢体语言要得当，表情与交际场合气氛相适应，动作应配合讲话内容，只有这样才能赢得对方的认同，达到沟通的目的。

从俗也就是入乡随俗。国情、民族、文化背景不同，会有不同的具体礼仪表达方式与方法，以及对同一种礼仪的不同的评价标准，如果贸然采取自以为是的礼仪方式，很可能触及禁忌，引起对方反感。因此，在日常礼仪活动中，应事先做好调查了解，在行为上与大多数人的习惯做法保持一致，切忌目中无人，指手画脚，任意否定别人在礼仪规范方面的“乡规民约”。

第二节　大学生日常礼仪

一、个人礼仪

个人礼仪，是指每一个人在参加人际交往时用以要求自身的有关规范。对于大学生而言，个人礼仪是其待人接物的立身之本。

（一）仪表

仪表即人的外表，包括服饰、容貌、姿态三方面内容。它反映了一个人的精神状态和礼仪素养，是人们交往中的“第一形象”。

1. 服饰

虽然大学生不再需要统一着装，但通常也不能完全“各凭所好”，而是有其特定的要求和限制。

（1）正装的选择。在较为正式的场合，大学生需要身着正装。在选择正装时，必须优先考虑四个基本要素，即正式、角色、实用与规范。

所谓正式，指的是正装必须给人以郑重其事之感，若是使人觉得过于随便，其功能便会大打折扣。

所谓角色，指的是着正装必须庄重大方，以便与其所扮演的实际角色相得益彰。若是过于前卫花俏，便与大学生的实际角色矛盾。

所谓实用，指的是大学生的正装必须切实合用，对其实际工作和生活应当有所裨益，至少不能妨碍大学生的实际学习、工作和生活。

所谓规范，指的是大学生的正装在其具体的款式、面料、色彩、搭配与穿着上，都有着一定的规矩。大学生在身着正装时要避免触犯下三方面的禁忌：①过分裸露。穿着于正式场合的正装，不宜过多地暴露身以体。在这一方面，它与时装截然不同。

一般而言，过分展示性别特征、个人姿色的身体部分，均不得在身着正装时有意显露在外。在特别正式的场合，脚趾与脚跟同样也不得裸露。②过分肥大或瘦小。正装的肥瘦大小必须合身，若过分肥大，会显得着装者无精打采，呆板滑稽；若过分瘦小，则会让着装者行动不便。就现状而言，一些大学生在选择正装时非常青睐过于瘦小的服装，这种不得体的穿着也不合适。③过分艳丽。大学生在选择正装时，需要在其色彩、图案方面加以注意。一般而言，大学生的正装不宜抢眼，其色彩不宜过多、过艳，其图案不宜过于繁杂古怪。

（2）便装的选择。便装主要是指大学生在日常生活中所穿的服装。按照常规，选择便装时，需要考虑便装的适用场合、服装的在理性、搭配的合理性三方面。

首先，考虑其适用场合，也就是“大学生在什么时候才适合身着便装”。按照礼仪规范，主要是在非正式的场合里方可身着便装。鉴于大学生平时所参与的正式活动不多，因此在校园活动中身着便装通常是允许的。

其次，考虑其合理与否。依照礼仪规范，大学生在选择便装时，重点需要注意的是自己的性别、年龄与身材特点。

最后，考虑其合理搭配。合理搭配通常是指人们在穿着服装时，将同时穿着的多件服装以一定的规律组合在一起，使其彼此之间协调呼应，发挥最佳的穿搭效果。较为重要的是在风格、色彩、面料方面做到合理的搭配。

2．容貌

为了维护自我形象，有必要修饰仪容。作为大学生，在仪容的修饰方面要注意五点：①整洁。仪容整洁与个人形象关系极大，衣帽和随身物品不必贵重，但要保持整洁，令人心生愉悦。②卫生。讲究卫生，是基本的容貌准则。③简约。仪容虽需修饰，但也无需标新立异，以简练、朴素为优。⑤端庄。仪容庄重、大方、文雅，不仅会给人以美感，而且易于赢得他人的信任。

3．姿势

（1）站姿。在人际交往过程中，“站有站相”是对一个人礼仪修养的基本要求，良好的站姿能将一个人的气质和风度烘托出来。挺直、优美、典雅的站姿是个人的不同质感、动态美的表现之一。如果站姿不标准，其他姿势的优美则无从谈起。

女生站姿要求全身直立，双腿并拢，双脚微分，双手搭在腹前，抬头挺胸收腹，平视前方。两腿呈“V”字形立正时，双膝与双脚的跟部靠紧，两脚尖之间相距一个拳头的宽度。两腿呈“T”字形立正时，右脚后跟靠在左足弓处。两脚分开、双腿“分裂”、臀部撅起都是不恰当的。

男生站姿应该注意身体重心落在两脚上，头正、颈直、挺胸、收腹、平视，双脚微开，最多与肩同宽。注意不能两脚交叉，把手插在腰间或裤袋中。浑身扭动、东张西望等行为都是不适宜的。男士站姿通常有三种，分别是双手自然下垂、抱腹式和跨立式。

关于站立视线。在站立过程中，目光的运用是非常重要的。要做到“散点柔视”，即应将目光柔和地注视在别人的整个脸上，而不是聚焦于对方的眼睛。当双方沉默不语时，应该将目光移开。要注意不能盯视或眯视对方，这是目光运用中的忌讳。

在站立过程中，目光凝视的区域根据双方关系的性质而有所不同，主要分为以下三种：一是公务凝视区域，以两眼为底线、额中为顶角形成的三角区。二是社交凝视区域，以两眼为上线、唇心为下顶角所形成的倒三角区。三是亲密凝视区域：从双眼到胸部之间。交往双方可根据二者的关系确定目光凝视的区域。

（2）行姿。行姿是一种动态的姿势，是立姿的一种延续，行姿可以展现人的动态美。在日常生活和公众场合中，走路姿势是浅显易懂的肢体语言，能够将一个人的韵味和风度表现出来。

正确的行姿是以正确的站姿为基础。走路时，上身应挺直，头部要保持端正，微收下颌，两肩保持齐平，挺胸、收腹、立腰。双目要平视前方，表情自然，精神饱满。

走路时步态是否美观，关键取决于步度和步位。行进时前后两脚之间的距离称为步度。通常情况下，男性的步度在 25 厘米左右，女性的步度在 20 厘米左右。女性的步度也与服装、鞋有关系。行走时脚落地的位置是步位，最佳步位是两脚分别踩在同一条直线上，并不走两条平行线。女性走路时，倘若两脚分别踩两条线走路，则是有失大雅的。

（3）坐姿。得体的坐姿是一种静态美。古人所说的“坐如钟”，意思是坐着时要稳重不动，像钟一样，姿势要端正优美。得体的坐姿能够塑造成功社交者的良好形象，而坐姿不当，给人以缺乏素养之感。

在就座时，无论是男士还是女士都应做到不紧不慢、不慌不忙、不声不响、大大方方。不要大大咧咧、“扑通”一下把自己“扔”进座椅。男士在就座时要注意人体重心垂直向上，腰部挺起，上身垂直，大小腿成直角，两膝并拢或微微分开，两脚平放地面，两脚间距与肩同宽，手自然放在双膝或椅子扶手上。女士在就座时则可采用双腿垂直式和双腿叠放式。

另外，坐姿还要根据座位的高低有不同要求。主要分为低座位、较高座位和座椅不高不低三种情况。

当在低座位时，轻轻坐下，臀部后面距座椅靠背约五厘米，背部靠椅背。如果穿的是高跟鞋，坐在低座位上，膝盖会高出腰部，这时应当并拢两腿，使膝盖平行靠紧。然后将膝盖偏向谈话对方，偏的角度应根据座位高低来定。

当在较高的座位时，上身保持正和直，可以跷大腿。其方法是将左脚微向右倾，右大腿放在左大腿上，脚尖朝向地面，切忌脚尖朝天。

当座椅不高也不低时，两脚尽量向左后方，让大腿和上半身成 90 度以上角度，双膝并拢，再把右脚从左脚外侧伸出，使两脚外侧相靠，这样不但雅致，而且显得文静而优美。

（4）蹲姿。正确的蹲姿应该是：下蹲拾物时，应自然、得体、大方，不遮遮掩掩。注意两腿合力支撑身体，避免滑倒。下蹲时，头、胸、膝关节在一个角度上，使蹲姿优美。女士无论采用哪种蹲姿，都要将腿靠紧，臀部向下。

在日常生活中，主要有交叉式蹲姿和高低式蹲姿。

交叉式蹲姿，下蹲时右脚在前，左脚在后，右小腿垂直于地面，全脚着地。左膝由后面伸向右侧，左脚跟抬起，脚掌着地。两腿靠紧，合力支撑身体。臀部向下，上身稍前倾。

高低式蹲姿，下蹲时右脚在前，左脚稍后，两腿靠紧向下蹲。右脚全脚着地，小腿基本垂直于地面，左脚脚跟提起，脚掌着地。左膝低于右膝，左膝内侧靠于右小腿内侧，形成右膝高左膝低的姿态，臀部向下，基本上以左腿支撑身体。

在下蹲时要注意以下禁忌：一是弯腰捡拾物品时，两腿叉开，臀部向后撅起，或者两腿展开平衡下蹲，这都是不雅观的姿态；二是下蹲时注意内衣“不可以露，不可以透”。

蹲姿三要点：迅速、美观、大方。若用右手捡东西，可以先走到东西的左边，右脚向后退半步后再蹲下来。脊背保持挺直，臀部一定要蹲下来，避免弯腰翘臀的姿势。男士两腿间可留有适当的缝隙，女士则要两腿并紧，穿旗袍或短裙时需更加留意，以免尴尬。

（二）语言

语言，是人类所特有的用来表达思想、交流情感、沟通信息的基本工具。在大学生的社会交往中，礼貌用语与文明用语不可或缺。

1. 礼貌用语

大学生在人际交往中所使用的礼貌用语，需要注意以下三方面。

（1）主动性。在人际交往中，使用礼貌用语应当成为大学生主动而自觉的行动。只有如此，礼貌用语的使用方能口到、心到、意到。正是出于这一原因，大学生在与其交往对象进行语言交际时应主动地采用礼貌用语。

（2）约定性。在人际交往中，常用的礼貌用语往往都是约定俗成的。因此，大学生在使用礼貌用语时，需要尊重用语习惯，不宜“另辟蹊径”。

（3）亲密性。在运用礼貌用语时，力求做到亲切而自然，真诚而不奉承，让交往对象听在耳中，暖在心里，并能心领神会。

2. 文明用语

文明当先，是大学生在交际应酬中使用语言时所应当遵守的基本规范之一。想要在文明用语方面有所提高，需要不断学习，留心观察，保持对自己的严格要求，特别在称呼恰当、口齿清晰、用词文雅等三个方面着重下功夫。

二、学校礼仪

作为教书育人的专门场所，学校的礼仪教育是德育、美育的重要内容。大学是青年学子汲取知识的神圣殿堂，肩负着为国家、为社会培养优秀人才的时代使命，因而大学期间的礼仪教育是必不可少的。师生之间、同学之间以及在大学校园不同的场合中，礼仪规范都起着举足轻重的作用。

（一）课堂礼仪

1．课堂仪表

学生上课时的穿着要能够体现大学生的面貌和风采，不宜过分成熟化和时尚化，也无需过分修饰。同时，学生在上课时的穿着不宜过分随意，即使在夏天，天气炎热的情况下，也不宜穿背心、拖鞋进入教室。穿着大方得体不仅是对授课老师的尊重，也是对高等教育本身的尊重。

2．上课礼仪

尊敬师长，是学生应该具备的美德，不仅要尊敬现任老师，对过去的老师也应保持礼貌和尊重。

（1）上课。上课前5—10分钟进入教室，静候老师上课。若因特殊情况无法正常上课，应提前以向老师请假，如遇特殊情况上课迟到，应先轻轻敲门，经老师允许后，方可进入教室。

（2）听讲。老师讲课时，学生应全神贯注听讲，不能心不在焉，玩手机，更不可与同学交头接耳。遵守课堂秩序，当老师提问时，准备回答问题的学生应举手示意，在老师点自己的名字时，方可起身作答。回答问题时，目光正视老师，表情自然大方，说话声音清晰。对于老师在讲课中出现的差错，学生应当善意指出，但要注意方式。

（3）下课。听到下课铃响时，若老师还未宣布下课，学生应当安心听讲，不要忙着收拾书本，或把桌子弄得乒乓作响，这是对老师的不尊重。

（二）自习室礼仪

自习室是“无声的课堂”。在自习室学习，最重要的是保持教室内安静。进入自习室，无论室内是否有人，都要动作轻柔，相识的同学彼此可以点头或挥手示意，言语的问候是不合时宜的。自习期间尽量减少走动，离开座位时，如需要请坐在旁边的同学起身让路时，应向其表示歉意并致谢。有问题需要与其他同学交流时，最好到自习室外进行。

在自习室学习，不要在教室内乱丢废弃物品，保持室内卫生；要爱护桌椅，不在上面乱刻乱画，杜绝“课桌文学”的出现。

（三）同学礼仪

1．一般交往礼仪

同学之间相处，不论自己与对方关系如何，均应对其表现出应有的尊重，以礼相待、以诚待人、与人为善。同学相遇时要互相问候，可以直接称呼同学姓名，但不能以“喂”代替称呼；应尊重同学，不要随便给同学起不雅的绰号；与同学交谈时，态度应诚恳、谦虚，不可装腔作势、盛气凌人；要团结同学，互相帮助，共同进步；不要心胸狭隘、无事生非、语言粗俗；忌打听别人的隐私。

2．异性交往礼仪

男女同学交往时，应该坦然相处、大大方方，不必顾虑重重、躲躲闪闪。一般情况下，男生比女生力气大，因而在体力劳动等方面男生应该主动关心、帮助和照顾女生。异性之间串门，事先要预约，进门前应该先敲门，获得允许后方可入内。

异性间要注意举止得体、彬彬有礼、文雅大方，不要过于随便或粗俗。男生不要对女生凑得太近或用手随意触碰。

3．宿舍礼仪

在我国，全日制的高等院校大都采用学生住宿制。集体宿舍是学生的一个基本生活单位，也是学生课余休息的重要场所。学生有将近一半的时间在宿舍度过，因此，每一个大学生都应讲究宿舍礼仪。

（1）保持宿舍卫生。集体宿舍是大家共同生活的场所。要创造一个整洁、美观、舒适、充满趣味的生活环境，需要大家共同努力。

拓展阅读

东汉时期，有一个人名叫陈蕃。他喜好读书，志存高远，年少时便有心成就一番大事业。然而，他生活却很懒散。一天，他父亲的朋友薛勤来访，见他独居的院内脏乱不堪，便对他说：“孺子何不洒扫以待宾客？”他答道：“大丈夫处世，当扫除天下，安事一屋？”薛勤当即反问道：“一屋不扫，何以扫天下？”陈蕃无言以对。

讲究个人卫生，培养良好的生活习惯。起床后及时折叠被褥，保持床铺干净美观，衣服、鞋帽等物品要整齐地安放在一定的地方。换下的脏衣服、脏鞋袜要及时清洗和晾干，未洗之前妥善安置，不可乱丢。

自觉遵守值日制度，爱护寝室内的公用物品。在每天值日和定期大扫除之外，还应共同做好日常保洁工作，室内杂物、纸屑、痰迹等及时清理，公用物品摆放整齐。

本案例根据相关资料整理，资料来源：腾讯网．国学经典小故事[E/OL].（2021-3-16）[2022-5-20]. https://new.qq.com/rain/a/20210316A08A6Y00.

（2）美化宿舍环境。宿舍可以分为两个部分加以美化，即室内公共部分和个人小天地部分。两部分的美化既要各具特色，又要协调一致。个人小天地的美化要注意与整个宿舍的美化相协调，不宜过于强调自己的个性而破坏了整体的和谐美。不可张贴和悬挂不健康的海报、照片，努力发展大学生应有的青春朝气、奋发向上、多姿多彩的宿舍文化。另外，宿舍的美化应该考虑季节的变化，夏天应注意清爽，冬天应充满暖意。

（3）不妨碍他人休息。在宿舍时，大学生应遵守共同制定的文明公约和作息时间，养成良好的生活习惯。

按时起床。现今校园里，部分学生晚上不愿睡、早上不愿起，甚至旷课的情况也时有发生，这样既影响学习，也影响健康。也有部分学生相较于其他同学起床更早，动作幅度也比较大，造成他人心中不快。因此，在起床时尽量动作放轻，不弄出大的声响，并尽快离开宿舍，以免影响他人睡眠。

准时归宿。无论是在教室苦读，还是因其他事情造成晚归，干扰其他同学休息，都是非常不礼貌的行为。若是事出有因不得不推迟归宿，应提前告知室友，并对室友表示歉意。

适时就寝。在学校规定的或宿舍约定的就寝时间之前上床睡觉。及时关闭光源、声源，不要开“卧谈会”，电脑和手机设置静音或震动状态，以免妨碍他人休息如宿舍有固定电话，当电话铃响时应由未睡者或距离最近者快速接听，避免吵醒其他人。若是与室友同睡高低铺，晚上出现失眠时，应尽量减少翻转次数，以免影响他人。

4. 尊重个人隐私

由于生活在同一间宿舍，同学之间相互开放的程度很大，但不等于同学之间没有个人隐私和秘密，因此，尊重个人隐私非常重要。

（1）未经允许，不随意使用同学的物品，不翻看同学的笔记、书籍，更不能将同学的东西据为己有。如有特殊情况需要借用，要事先打招呼，征得对方同意。东西用后要及时归还，若有损坏要照价赔偿。

（2）不翻看同学的日记，不得私拆、私藏同学信件。

（3）不可打听同学的隐私，当同学有亲友来访谈论一些私事时，注意自觉回避。不宜在一旁暗听，更不要插嘴询问。

（4）同学离校去处理个人私事时，不要主动打听甚至刨根问底。

5. 注意语言文明

室友较一般同学关系更为紧密，彼此之间言语也更加随意，这里需要把握尺度，不宜过于疏离生分，但也不可没有底线。有的同学语言粗俗，稍不满意就出口不逊，轻则讽刺挖苦，重则诋毁辱骂，也有同学语言庸俗，开不健康的玩笑等，这些都是不可取的。室友之间应在彼此尊重、真诚相待的基础上，坚持文明用语，并保持轻松、活泼的氛围，互相关心，互相照顾，互相鼓励，和睦相处。

（四）食堂礼仪

食堂是大学生活的重要“舞台”，学生在其中的“表演”更能直观地反映个人修养。

1. 自觉排队

学生在食堂就餐，应自觉排队。每到开饭时间，食堂里人就非常多，有的同学喜欢在排队等候时打打闹闹，有的同学则用勺子或筷子敲打饭碗，也有个别不自觉的同学突然插队，使本已喧闹的餐厅显得更加嘈杂和混乱。因此，进入食堂就餐时，应该按照先来后到的顺序自觉排队，尽量不制造噪音。

2．适量就餐

点餐时，不要铺张浪费，也不要为所谓的“面子”而攀比点菜，要力行节约，根据自己的喜好和饭量购买饭菜。

3．礼让座位

就餐高峰时，食堂里人满为患，找到空位子有时很难，但也要注意礼仪。

餐桌上已经有了一位就餐的同学，在其旁边还有空位时，后来者应礼貌地询问先到的同学：“请问这里可以坐吗？”在得到肯定的回答后便可入座。入座时，移动椅子的动作要轻，并注意和邻桌保持距离，留出空道。

先到的同学对于后来的同学要求同桌用餐应该表示欢迎，同时不妨适当移动一下座位，方便他人入座。

4．文明进餐

吃饭时，要细嚼慢咽，不宜狼吞虎咽。咀嚼食物时，不要发出太大的声音，更不要往地上吐东西。不宜当着别人的面剔牙，如果非剔不可时，要用一只手或其他物品遮嘴，另一只手剔牙。此外，进餐时不要大声喧哗，更不要肆意打闹。

5．保持清洁

在食堂就餐，应自觉地维护就餐环境。尽量避免将饭菜洒到桌面上或地上。如果有鱼刺、鸡骨之类的东西，要暂时把它们放到一边，而不要放到别人的跟前，以免影响他人就餐。就餐结束时，应清理好自己的餐具及遗弃物品。

三、公共场所礼仪

（一）行路

1．始终自律

（1）不吃零食。在行路时大吃大喝，不仅吃相不雅，不够卫生，不利于身体健康，更重要的是还有可能给其他过往的行人造成不便，有碍他人。

（2）不乱扔废物。行路时，若有必要处理个人的废品，应将其投入专用的垃圾箱。不要随手乱丢，破坏公共场合的环境卫生。

（3）不随地吐痰。行路时，若需要吐痰，应于旁边无人时，将痰吐在纸巾里包好，然后投入垃圾箱。不要将其“自行消化”，更不要随地吐痰。

（4）不过分亲密。恋人或夫妻一起行路时，不应勾肩搭背，又抱又亲，表现得过分亲密。将这类隐私当众“公演”，极不自重，而且也会令旁边的人感觉不舒服、不自在。

（5）不尾随围观。发现街头冲突时，应予以劝阻，切勿围观、起哄、煽风点火。对于不相识的异性，不应浅薄轻浮、频频回首顾盼，更不能尾随其后，充当“马路求爱者”，对其进行骚扰。

（6）不毁坏公物。对于公共场所的各种设施、物品，要自觉爱护。不攀折树木、采折花卉、蹬踏雕塑，不在墙壁上信手涂鸦、划痕，不践踏绿地、草坪。

（7）不违反交通规则。行路时务必要遵守交通规则，过马路要走人行横道、天桥或地下通道，路口处要看红绿灯或听从交警指挥。

2．相互体谅

在行路时，对于任何人，即使是一位素昧平生的人，也要友好相待。

（1）礼貌问候。路遇熟人，通常应当问候一下对方，至少也要以适当的方式与其打个招呼，不应当对其视若不见。

（2）帮助老弱病残。遇到老年人、孕妇、盲人、孩童等有困难，或是其他有需要帮助的情况，应主动上前加以帮助。

（3）扶正斗邪。碰上打架、斗殴、偷窃、抢劫或其他破坏公物、破坏公共秩序的行为，应挺身而出，见义勇为。不过，这里需要注意安全，快速审视情势和周围环境，不可鲁莽，贸然行事。

（4）彼此谦让。通过狭窄路段时，应请他人先行，不要争先恐后。在拥挤处不小心碰到别人，应立即说“对不起”，对方则应回答“没关系”。不要若无其事，或是借题发挥，寻衅滋事。

3．保持距离

社交礼仪认为，人际距离在某种情况下也是一种无声的语言。它不仅反映了彼此之间关系的现状，而且也体现了其中某一方，尤其是保持某一距离的主动者对另一方的态度，不可马虎大意。

（1）私人距离。当两人相距在 0.5 米之内时，即为私人距离。它又称亲密距离，仅适用于家人、恋人、至交之间。与一般关系者，尤其是陌生人、异性共处时，应避免这一距离。

（2）社交距离。当两人相距在 0.5～1.5 米时，即为社交距离。这一距离主要适用于交际应酬时。它是人们采用最多的人际距离，故又称常规距离。

（3）礼仪距离。当两人相距 1.5～3 米时，即为礼仪距离，有时也称敬人距离。该距离主要适用于向交往对象表示特有的敬重，或用于举行会议、庆典、仪式。

（4）公众距离。当两人相距在 3 米开外时，即为公众距离，又称大众距离或“有距离的距离”，主要适用于与自己不相识的人共处。在公共场合走路时，与陌生人之间应尽量采取这种距离。

（二）乘车

这里主要指乘坐公共汽车。乘坐公共汽车时应注意以下四方面。

（1）上下车。上车依次排队。若候车的人较多，则一定要自觉地以先来后到为顺序，排队候车，排队上车。除规定允许被照顾的老幼病残孕者，其他人概莫除外。下车提前准备。在拥挤的公共汽车上，下车一定要提前准备，在自己目的地的前一站，就要向车门靠近。不要车到站之后才不慌不忙地向外挤，这样是在浪费大家的时间。物品安放到位。上了公共汽车后，应将随身所带的物品放在适当的位置，注意不要让它占座位、挡路，或有碍他人安全。

（2）座位选择。与尊长、女士、来宾一同坐公共汽车时，应请其优先入座。遇到老幼病残孕，应主动让出自己的座位。当他人为自己让座时，应立即道谢。尽量不坐专门为老幼病残孕预备的特殊座位，更不能假冒身份去混座位坐。

（3）乘车表现。若车内空间允许，应与其他人的身体保持一段距离。若因车辆摇晃，碰撞或者踩到别人，应立即道歉；若他人因此向自己道歉，则应礼貌表示“没关系”，不要小题大做，借题发挥。不要将头伸出窗外。不要把腿伸在过道上，人为地设置路障。有人通过身前时，应主动相让。公共汽车上切勿抽烟，也不要随手往地上或窗外乱扔废弃物。上下车时，不起哄、硬挤、猛挤、推人、拉人。

第三节　大学生社交礼仪

一、见面礼仪

（一）握手

古时候，我国士大夫见面时行拱手礼。民国时期，西方的握手礼传入我国。如今，握手已经成为我国民众见面时常用的一种礼节。

1．握手的伸手顺序

握手作为一种礼节，有一定的规矩。握手的顺序根据握手人的社会地位、年龄、性别和身份来确定。上下级握手，下级要等上级先伸出手；长幼握手，年轻者要等年长者先伸出手；男女握手，男士等女士伸出手后，方可伸手握之；宾主握手，主人应向客人先伸出手，而不论对方是男是女。

2．握手位置

在社交场合，握手作为一种礼节，握手的位置是需要特别注意的。男士和女士握手时，女士只需要轻轻地伸出手掌，男士稍稍握一下女士的手指部分即可，不要使用双手握女士的手掌，也不要握得太紧，更不要握得太久。男士和男士握手时，可握住对方整个手掌。若双方是一般的关系，可一握即放。

3．握手规矩

握手作为见面时的一种礼节，有约定俗成的规矩和要求。要注意以下八点禁忌。

（1）握手时，左手拿着东西或插在兜里。

（2）不按顺序，争先恐后。

（3）男士戴手套（社交场合女士可戴薄手套）。

（4）戴墨镜（有眼疾或眼有缺陷除外）。

（5）用左手或用双手与异性握手。

（6）交叉握手（与西方人握手时，这样会被视为十字架，不敬）。

（7）拉来推去、上下抖动、用力过度、客套过度。

（8）手脏、湿或当场搓揩。

除特殊情况外，通常应站着握手，而不是坐着握手。握手宜用右手。握手力度的大小和握手时间的长短，往往表明对对方的热情程度。一般情况下，握手用力要适当，时间为两秒钟左右即可。久别重逢的朋友握手，时间可长一点，力度可大一点，还可上下摇动，但也不必太使劲。过分热情，效果会适得其反。

（二）介绍礼仪

介绍是人们在社交场合中相互认识的基本方式。介绍，在素不相识的人与人之间起桥梁和沟通的作用。在社交场合中使用较多的介绍方法有两种：为他人作介绍和自我介绍。

1．为他人作介绍

在社交场合为他人作介绍，要注意以下两点礼仪。

（1）掌握介绍的顺序。在社交场合，介绍两个人相互认识的时候，要坚持受到特别尊重的一方可优先了解对方的优先权的原则，即：先把男士介绍给女士，先把年轻者介绍给年长者。在介绍过程中，女士、年长者、主人、已婚者、职位高者应优先介绍。当被介绍人是同性别或年龄相仿或一时难以辨别其身份、地位时，可以先把与自己关系较熟的一方介绍给自己较为生疏的一方。

（2）讲究介绍的礼仪。在社交活动中，为他人作介绍，态度要热情友好，不要厚此薄彼。介绍前，应先向双方打招呼，使其有思想准备。介绍时，语言应清晰、有准备。此外，手势动作应文雅，无论介绍男士还是女士，都应手心朝上，四指并拢，拇指张开，朝向被介绍的一方，切忌用手指指来指去。

2．自我介绍

（1）注意介绍内容的繁简。在一般社交场合，自我介绍主要介绍自己的姓名、工作单位、身份。如果与新结识的朋友谈得很投机，双方都愿意更多地了解对方，介绍的内容还可以适当增加，例如自己的籍贯、母校、经历等。自我介绍应当实事求是，态度真诚，既不要自吹自擂、夸夸其谈，也不要自我贬低、过分谦虚。恰如其分地介绍自己才会给人留下诚恳、可以信任的印象。

（2）讲究自我介绍的艺术。自我介绍要寻找适合的机会。当对方正与人亲切交谈时，不宜走上前去进行自我介绍，以免打断别人的谈话。而当对方一个人独处或者与人闲谈时，不妨见缝插针，抓住时机进行自我介绍。

（三）名片

名片作为交流工具，不仅用于结交友人，而且还被广泛用于答谢、邀约（代替请柬）、馈赠、祝贺等事宜。参加社交活动时，应随身带上几张名片备用。与初次见面的人认识后，出于礼貌或有意继续交往，可适时递上自己的名片。

递、接名片时，如果对方是双手递、接，应用双手接、递；若双方同时交换名片，则应右手递，左手接。接过对方的名片后应点头致谢，真诚地说几句诸如“幸会”之类的客气话，认真地看一遍名片，并妥善收好，以示尊重。

二、交谈技巧与交友艺术

（一）交谈技巧

与人交谈时，要做到态度诚恳，表情自然，举止得当，语言文雅。此外，还要学一点交谈技巧，让话题引人入胜。

1. 区别交谈对象

由于众人的阅历、修养、兴趣、性格等方面千差万别，所以，与不同类型的人交谈时，交谈话题、用语、风格要有所区别。例如，与股民聊股市行情，对方会兴趣盎然；与球迷谈足球大赛，对方会眉飞色舞；与农民朋友唠家常，不必讲文绉绉的话；同文化界人士聊天，不要使用粗俗的语言；与性格豪爽者谈话，不妨畅所欲言，直来直去；和作风稳健者交谈，注意遣词造句，力求言简意赅。反之，交谈效果则会截然不同。通常情况下，谈话要言之有物，言之有理，不要讲大话、空话、假话、客套话。

2. 区分交谈场合

在不同情形下选择适宜的话题，是顺利交谈的关键。如在学校里谈春游计划或者谈学习体会等同学们都比较感兴趣的话题，容易产生共鸣。在车站、候机室等公共场合，尽可能选择大家都有所了解而谈起来又相对轻松的公众话题，如天气情况、新闻事件、文艺演出、体育比赛等。此外，也可以讲一些健康的趣闻轶事，以活跃交谈气氛。尤为需要注意的是，在严肃的场合不要随便说浑话、讲笑话。

（二）交谈礼仪

1. 交谈时的目光

两个人面对面交谈时，双方宜相互看向对方的眼睛。目光应是自然、柔和、友善的，而不是直直地紧盯着对方，使对方感到不自然。与长辈、领导交谈时，眼睛要流露出尊敬的神情；与同事、朋友交谈时，目光应流露出友好的神情；与爱人交谈时，目光充满温情。

2．交谈时的动作

与人交谈时，根据需要可以借助一些动作来说明问题，增强感染力，如点头表示赞同等。手势的幅度不宜过大，切忌对别人指手画脚。此外，与长辈、师长、上级交谈时，不要把手背在身后或插在口袋里，也不要做一些不必要的小动作，如摆弄衣角、甩头发等。

三、社交禁忌

在社交活动中，不仅要了解应当怎样做，还要知道哪些事不能做。这些不能做的事情，便是社交中的禁忌。

（一）忌开玩笑过度

1．开玩笑要看对象

面对女同学、女同事或者不是非常亲近的人开玩笑，要适可而止。

2．开玩笑要看时间

俗话说："人逢喜事精神爽。"开玩笑可选择在对方心情舒畅时，或者当对方因小事生气时，通过开玩笑把对方的情绪扭转过来。

3．开玩笑要看场合、环境

在图书馆、医院等要求保持肃静的场合，不宜开玩笑；在治丧等悲哀的气氛中，不要开玩笑。

4．开玩笑要注意内容

开玩笑时，一定要注意内容健康、风趣幽默、情调高雅。在社交活动中，忌开庸俗的玩笑，也不要拿别人的生理缺陷开玩笑。

（二）忌随便发怒

人们都愿意和性格豪爽、为人真诚的人交往，如果不是原则问题，不要争得面红耳赤，也不要为一些鸡毛蒜皮的小事生气，或勃然大怒。发怒不仅会伤身，对自己的形象也有不良的影响。动不动就生气的人，容易失去朋友。

（三）忌恶语伤人

口出恶语，不但伤人，而且有损自身形象。"良言一句三冬暖，恶语伤人六月寒。"在社交活动中，应当尊重他人，力求温文尔雅，而不要自以为是、恶语伤人。

（四）忌蜚短流长

在社交活动中，应与人为善，不要打听、干涉别人的隐私，或评论他人的是是非非。不要无事生非，捕风捉影。不要东家长西家短，更不要传播小道消息。说话要实事求是。

（五）忌言而无信

言而有信者，会得到大家的尊重；言而无信者，会失去大家的信任。在社交活动中，不要食言，要做到说话算话，言而有信。

（六）忌衣冠不整

参加社交活动时衣冠整洁是对他人的尊重，会给人留下良好的印象。

（七）忌忘恩负义

俗话说："滴水之恩，当涌泉相报。"中国人一贯讲究知恩图报。当自己有困难时，别人帮助过自己，不应忘记，有能力时要报答别人的恩情，千万不要忘恩负义，更不能恩将仇报。否则的话，再没有人愿意向伸出援助之手。

（八）忌不尊重女性

尊重女性，是每一位有教养的男士应具有的品格和风度。在社交场合，男士应尊重女士，照顾女士，时时处处遵守"女士优先"的原则。若在社交场合摆出大男子主义的架子，不给女士应有的尊重，或当女士需要帮助时视而不见袖手旁观，也会受到众人的批评。

第四节　大学生求职礼仪

一、形象设计

1．男性求职者的形象设计

（1）整体形象干净清爽。注意不宜留长发，不能剃成阴阳头，也不要弄得满头卷发，乱作一团。修剪鼻毛和胡须，使人显得面部光洁，神采奕奕。

（2）衣着整洁。若穿西装，最好系领带；注意把衬衫下摆扎进裤中；不要穿袖口或裤脚折边已磨损或开线的衣服；皮鞋要擦亮，鞋带要系紧。

2．女性求职者的形象设计

一般说来，端庄、干练的女性求职者受到用人单位的普遍欢迎。因此，女性面试前宜化淡妆，细心修剪指甲和眉毛，把头发盘起或扎好。不要浓妆艳抹，以免弄巧成拙。

女性着装要得体大方，不穿超短裙，也不要穿薄、露、透或紧绷在身的衣服，可穿西装套裙。西装应稍短，以充分体现女性腰部、臀部的曲线美。如果配裤子，上装以稍长为宜。应避免佩戴过多的饰物。

二、面试礼仪

参加面试时，求职者务必注意以下六点。

1．准时赴约

守约守时是最基本的礼仪。应邀赴约时，一定要按通知的时间到达面谈的地点，或不妨提前一刻钟到达面谈地点附近熟悉情况，进一步做好面试前的心理准备。入场时不要吸烟，不要嚼口香糖。

案例直播

小李毕业于某重点大学，学业成绩优异，各方面都符合用人单位的要求。但在面试过程中，小李边谈话边嚼口香糖，给考官留下一副吊儿郎当、漫不经心的印象。考官认为小李对待面试不严肃认真，最后选择放弃了他。

本案例根据相关资料整理，资料来源：素材网.必须注意的五点面试禁忌[E/OL].（2021-12-08）[2022-5-26]. https://sucaiall.com/sxzj/qitashiyong/1468294.html.

2．尊重接待人员

求职者到达招聘单位后，应主动向接待人员问好。若需要填写表格，字迹力求工整、清楚。在等候的过程中要注意坐姿。轮到自己面试时，先敲门，如果门虚掩着，也应先敲门，切勿直接推门而入，在得到允许后方可进入。

3．彬彬有礼

求职者进门后，如果主考官伸出手来，求职者应同主考官热情握手。若对方只是客气地问“要茶吗?”求职者则应礼貌地回答：“不用，谢谢。”

4．讲究谈话礼仪

求职者在交谈中应把握重点，准确客观。态度要热情、坦诚，吐词清楚。在面试过程中，求职者应仔细倾听对方的提问，整理思路，流畅作答。作答时，求职者的眼睛要看着主考官及其助手，自信、冷静、沉着，注意把握时间，力求表达层次清晰，重点明了，不啰嗦。切忌夸夸其谈、炫耀自己，也不要开玩笑，插科打诨。

5．注意形体语言

（1）肢体语言。肢体语言不要太多，以免剥夺考官过多的注意力。

（2）眼神交流。切忌目光犹疑，躲避闪烁，这是缺乏自信的表现。

（3）积极聆听。听对方说话时，要经常点头，表示自己听明白了，或正在注意听。同时，可以不时面带微笑，笑容不宜勉强僵硬，一切都要顺其自然。

6．适时告辞

当主考官说“感谢你来面谈”等话时，意味着面试完毕。求职者应从容起身，面带微笑地表示谢意，与主考官等握手道别，走出房间并轻轻带上门。离开时，记得向接待人员道谢、告辞。

7．致信道谢

面试之后，求职者可在面试后1～2天内，利用书信、电子邮件或电话向主考官表达谢意，可在信中和交谈中顺便再次表达希望进入该单位工作的愿望。打电话前，要事先想好所说的话，直切主题、语调欢快，声音清晰、明朗，不管是否录用都要表示感谢。

思　考　题

1．礼仪应遵循的基本原则有哪些？

2．学习大学生的服饰选择，结合自己观察的生活实际，谈谈自己对于大学生服饰选择的看法。

3．社交礼仪中有哪些行为是不合时宜的？

4．面试礼仪主要包括哪些方面？

第十章 理性上网 警惕网络陷阱

近年来，网络和智能产品的迅猛发展，极大地改变了大学生的学习、生活、娱乐和思维方式。作为人类智慧的结晶，网络引领着一个新的时代，但同时它也是一把“双刃剑”，所带来的影响是利弊共存的。对于大学生而言，全面了解网络和正确使用网络已成为一门必修课，培养健康的网络行为和心态，已是当务之急。

第一节 大学生与网络

科技发展史不断证明，科学技术像一把双刃剑，既有有益于人类发展的一面，也有危害人类利益的一面。网络作为信息社会的技术新生儿，也毫无例外地具有这种双面特征。同时，由于大学生身心发展不成熟、网络发展的不完善等现状，我们在看到网络对大学生有利一面的同时，更应该看到它的消极影响，并引起足够重视。

一、互联网

互联网是一个由各种不同类型和规模的、独立运行和管理的计算机网络组成的世界范围的巨大计算机网络——全球计算机网络，它的英文名字叫 Internet。组成互联网的计算机网络包括小规模的局域网（LAN）、城市规模的区域网（MAN）以及大规模的广域网（WAN）等，这些网络通过普通电话线、高速率专用线路、卫星、微波和光缆等线路把不同国家的大学、公司、科研部门以及军事和政府等组织的网络连接起来。

可以说，互联网是一个世界规模的巨大的信息和服务资源，它不仅为人们提供了各种各样简单而且快捷的通信与信息检索手段，更重要的是为人们提供了巨大的信息资源和服务资源。通过使用互联网，全世界范围内的人们既可以互通信息、交流思想，又可以获得各个方面的知识、经验和信息。

互联网也是一个面向公众的社会性组织，世界各地数以亿计的人们可以利用互联网进行信息交流和资源共享，人们可以与远在千里之外的朋友相互发送邮件，共同完成一项工作，共同娱乐。互联网反映了人类所共赏的无私精神，也使人们的交往更加便利。

互联网是人类历史发展中的一个伟大的里程碑，它正在对人类的社会生活以及文明进步悄悄地起着越来越大的作用。也许会像瓦特发明的蒸汽机导致了一场工业革命一样，互联网将会极大地促进人类社会的进步和发展。

互联网带来一种新型的文化，它强大的传播能力首先体现为文字、图片、影像、声音多种信息的共同传送。这些信息最大限度地模拟现实世界的各种情景，同时作用于人们的多种感官，包括视觉。许多时候这些信息是以立体的形式环绕于人们的感觉经验，如同广播或者电视，互联网的信息传播极大地突破了地域的限制。从这个意义上说，互联网文化最大限度地实现了全球化。通过操纵鼠标，人们可浏览另一个国家的网站。相对于广播或者电视的单向传播，互联网用户不再被动地服从设定的栏目，他们可以在任何时候上网浏览，搜寻自己感兴趣的信息，正如“互联网”这个词所表示的那样，它的一个重要特性是互动。互联网不是储备一种静态信息等待开掘，众多网民可以充分利用这个平台从事种种沟通活动，这些沟通可能是一对一的，也可能是一对多或者多对多的。

知识拓展

互联网之父：蒂姆·伯纳斯·李

互联网的发明者蒂姆·伯纳斯·李（Tim Berners Lee）爵士曾在伦敦奥运会开幕式的网络时代部分出现，为了向他致敬，伦敦奥运会开幕式专门设立了“感谢蒂姆”环节。

1955 年 6 月 8 日，蒂姆·伯纳斯·李出生在伦敦市。1973 入牛津大学，就读于物理系。读书期间，蒂姆曾用 M6800 处理器和旧电视自己攒了一台计算机。从牛津大学物理系毕业后，蒂姆先后进入了 Plessey 通讯公司和 D.G.Nash 技术公司工作，直到加入日内瓦的欧洲粒子物理研究所（CERN）后，他才真正开始研究互联网。

1980 年 6 月至 12 月，蒂姆作为独立合同人，在 CERN 工作。在那里，他递交了一份立项建议书。该项目采用超文本技术（Hypertext）构建而成，科学家们可以通过该项目进行信息分享。为了向 CERN 展示他的项目，蒂姆研发了 ENQUIRE 原型系统。

1984 年，蒂姆重返欧洲粒子物理实验室，这次作为正式成员。他恢复了他过去的工作，创造了万维网。为此他写了世界上第一个网页浏览器和第一个网页服务器。

1989 年，蒂姆成功开发出世界上第一个 Web 服务器和第一个 Web 客户机。虽然这个 Web 服务器简陋得只能说是 CERN 的电话号码簿，它只是允许用户进入主机以查询每个研究人员的电话号码，但它实实在在是一个所见即所得的超文本浏览/编辑器。

1989 年 12 月，蒂姆将他的发明正式定名为 WorldWideWeb，即我们熟悉的 WWW；1991 年 5 月，WWW 在 Internet 上首次露面，立即引起轰动，获得了极大的成功，并被广泛推广应用。

1994 年，蒂姆加入麻省理工学院，并成立了万维网路联盟（WorldWideWeb Consortium，简称 W3C）。W3C 由多个组织和企业构成，建立了各种网络规范和标准，来提升网络质量。

2003 年，万维网联盟决定所有由联盟提出的技术都是无偿的，所有人都可以简单地使用。

2004 年，英国女王伊丽莎白二世向蒂姆·颁发大英帝国爵级司令勋章。

作为万维网之父，蒂姆·伯纳斯·李爵士并未将万维网视为致富法宝，而是无偿把万维网构想推广到全世界。构成万维网的各个组成部分都很简单，伯纳斯·李的功绩是将它们有效地组合在一起使它们发挥出最大的效用。

本案例根据相关资料整理，资料来源：百度百科.蒂姆・伯纳斯・李[E/OL].（2022-5-14）[2022-5-19]. https://baike.baidu.com/item/%E8%92%82%E5%A7%86%C2%B7%E4%BC%AF%E7%BA%B3%E6%96%AF%C2%B7%E6%9D%8E/8868412；张家伟.“万维网之父”蒂姆・伯纳斯・李：用链接打开新世界[E/OL].（2019-3-14）[2022-5-19]. http://www.xinhuanet.com/zgjx/2019-03/14/c_137893638.htm；腾旭科技.互联网之父：不为一己私利的发明家[E/OL].（2014-1-27）[2022-5-19].https://tech.huanqiu.com/article/9CaKrnJE7h0；MBA 智库.蒂姆・伯纳斯・李[E/OL].[2022-5-19].https://wiki.mbalib.com/wiki/%E8%92%82%E5%A7%86%C2%B7%E4%BC%AF%E7%BA%B3%E6%96%AF%C2%B7%E6%9D%8E#.E7.9B.B8.E5.85.B3.E6.9D.A1.E7.9B.AE.

二、大学生上网的益处

1．开阔视野

互联网是一个信息极其丰富的百科全书式的世界，信息量大，信息交流速度快，自由度高，实现了全球信息共享。大学生可以通过网络，认识世界，了解世界最新的新闻信息、科技动态，极大地开阔视野，给学习、生活带来巨大的便利和乐趣。

2．加强人际交流

网络创造了一个虚拟的世界，在这个新世界里，每一名成员可以超越时空的制约，避免面对面交流时的尴尬伤害，从而为人们情感需求的满足和信息的获取提供了崭新的交流场所。大学生上网可以进一步扩展对外交流的时空领域，实现交流、交友的自由化。同时，现在的大学生以独生子女居多，在家中比较孤独，从心理上来说是渴望与人交往的。现实生活中的交往可能会给他们特别是内向性格的人带来压力，网络给了他们一个新的交往空间和相对宽松、平等的交流环境。

3．促进个性发展

世界是丰富多彩的，人生也应该是多姿多彩的，网络提供了具有无限多样的发展机会的环境。大学生可以在网上找到自己的发展方向，也可以得到发展的资源和动力。利用网络可以学习、研究乃至创新，这样的学习是极有效的学习。网上可供学习的知识浩如烟海，这给大学生进行大跨度的联想和想象提供了丰富的信息，为创造性思维不断地输送养料。

4．拓展教育空间

网络上的资源可以帮助大学生找到合适的学习材料，甚至合适的学校和教师，这一点已经开始得到证实，如一些著名的网校。这里值得提出的是，有许多不爱学习的学生，在线上学习中却表现的非常不同。网络为这些“学习有困难的学生”提供了一个发挥聪明才智的广阔天地。

三、大学生上网的弊端

1．造成网络沉迷

网络是一个信息的宝库，也是一个信息的垃圾场。网上各种信息良莠不齐.真假难辨，由于缺乏有效的监管，网上色情、暴力等负面信息屡见不鲜。同时，网络的互动性与平等性又使得人们可以在一个相对自由的环境里接收和传播这些信息。身心处于发育期，是非辨别能力、自我控制能力和选择能力都比较弱的大学生，难以抵挡其负面影响。个别网吧经营者更是抓住大学生这一特点，包庇、纵容、支持他们登录色情、暴力网站，使他们沉迷于网络不能自拔。一些大学生也因此入不敷出，直至走上偷盗、抢劫的犯罪道路。

2．弱化道德意识

丰富多彩的互联网信息极大地丰富了大学生的精神世界，但是由于信息传播的任意性，形形色色的思潮、观念也充斥其间，这些对于自我控制能力不强、好奇心极强的大学生具有极大的诱惑力，容易导致他们丧失道德意识。同时，互联网上信息接收和传播的隐蔽性，使大学生在网络上极易放纵自己的行为，完全按照自己的意愿来做事，忘却了社会责任。部分大学生并不认为“网上聊天时说谎是不道德的”，他们认为“在网上做什么都可以毫无顾忌”。网络使得大学生对自我行为的约束力大大减弱，网上不良行为逐渐增多。

3．引发障碍心理

网络上到处都是新鲜的事物，而且在不断增加，对易于接受新鲜事物的大学生有着无限的吸引力，往往会引起大学生对网络的极度迷恋。一般来说，迷恋网络的人将网络世界当作现实生活，与他人没有共同语言，从而表现出孤独不安、情绪低落、思维迟钝等症状，严重的甚至有自杀意念和行为。医学上把这种症状叫作“互联网成瘾综合征”，简称 IAD。

随着社会的不断进步，大学生的网络安全教育是一件刻不容缓的大事。大学生应与网络上的资源携手共进，让网络真正成为自己的良师益友。

第二节　健康消费，警惕网贷陷阱

一、大学生网贷的危害

1．侵害大学生的合法权益

校园网贷乱象愈演愈烈，对大学生的合法权益造成了极大侵犯。第一，校园借贷的审核程序不严，申请手续简便，一般只需提供借贷学生的身份证、学生证信息就可轻易实现借贷，这也使得学生的个人信息被网贷企业所掌握，在缺乏行业监管和道德自律的情况下，学生的个人信息极易被贩卖给金融诈骗、电信诈骗团伙，对学生造成严重困扰。第二，借贷平台具有诱惑性、欺骗性特点，大都以“低利率”，甚至“零利率"等虚假宣传来吸引学生借贷，但实际上却要收取高额的手续费和服务费，而一旦未能如期还款，便会利滚利，使学生承担沉重的违约成本。第三，因陷入网贷造成还贷的不良记录，导致个人征信危机，对学生今后的人生产生负面影响。

2．误导大学生的价值观念

互联网世界的虚拟性、信息传播的便捷性，以及青年大学生较强的接受能力，为各种思想观念、价值理念在高校的交融交锋提供了土壤，夹杂着金钱至上、疯狂浮躁、享乐主义的社会风气也乘势充斥校园，人生观、世界观和价值观尚未完全成熟的大学生深受其害。在不良网贷平台的蓄意鼓动下，有的学生怀着创业暴富的幻想，急于融资赚钱，通过校园网贷融资炒股；有的学生为了满足虚荣、追求自我享受而超前消费；有的学生随大流盲目消费，这都滋长了学生的享乐主义、拜金主义、不劳而获等错误的价值观念。

3．威胁大学生的生命健康

与网贷公司标榜的“助你圆梦，传递校园正能量”截然相反，校园网贷对大学生而言是“噩梦”，一旦陷入不良校园网贷，大学生的生命健康将受到直接威胁。借贷平台通过虚假宣传和诱导成功放贷后，往往会以骚扰、暴力、恐吓、非法拘禁等手段进行逼债，给大学生增添思想压力和心理负担。

知识拓展

常见网贷陷阱

陷阱一：以好处费为诱饵让大学生办贷款。某高校学生高某报警称，社会人员夏某等人在学校广场，让其在“分期乐”“名校贷”等大学生网络贷款平台，帮助夏某累计贷款3万余元，事后给了高某2 000元好处费，并承诺贷款均由夏某等人来还。但对方一直未还款，目前上述贷款平台多次以电话或者短信方式催其还款，夏某等人已经联系不上。

陷阱二：冒用大学生身份贷款。某高校学生吴某通过一个王姓男子办理了大学生贷款，事后发现，该男子未经本人同意，继续以其名义在网站多次办理贷款累计达3.5万元。被发现后，该男子声称不让吴同学偿还，自己会按期还贷，随后销声匿迹。

陷阱三：网上设虚假贷款公司。杨同学在网上搜索“大学生创业贷款”，检索到一家无需抵押的公司。杨同学加了对方QQ后，对方传真过来一张贷款合同书，要求杨同学缴纳3 000元保险金。杨同学通过支付宝转账后，对方又以信誉不足要求再转8 000元。随后对方又要求再转9 000元，杨同学产生怀疑，电话咨询上海银行本部，发现该公司为冒牌贷款公司。

陷阱四：以“黑户”为幌子吸引大学生贷款。聂同学在网上结识的朋友告诉他，在他那里进行大学生分期贷款可以操作为“黑户”，成为银行内部呆账，从而不用还款。于是，聂同学和朋友一起找人操作大学生分期贷款，主要方式就是贷款购买手机再卖掉套现，并成功分红2 000元，但事后，贷款平台开始催其还款。此时，聂同学发现作为“黑户”不用还钱是虚假信息，但其朋友已经不知去向。

本案例根据相关资料整理，资料来源：新华网.互联网金融里藏“猫腻”十大陷阱需提防[E/OL].（2018-3-16）[2022-5-20]. https://www.creditchina.gov.cn/home/zhuantizhuanlan/fengxiantishi/zhongdianlingyufengxiantishi/201803/t20180319_110990.html；腾讯网.警惕网贷陷阱[E/OL].（2020-6-19）[2022-5-20].https://new.qq.com/rain/a/20200619A059Q700；配方案.网贷常见五大骗局揭秘，你中招了没？.（2019-7-12）[2022-5-20]. https://zhuanlan.zhihu.com/p/73301317；中国教育报.大学生应当警惕四种网贷“陷阱”[N/OL].2016-7-15.http://edu.people.com.cn/n1/2016/0715/c1053-28556079.html.

二、树立正确的消费观

1．树立正确投资观，在生活中抓住重点

大学是人生的重要阶段，学习仍是该时期的重中之重。掌握了丰富的知识和熟练的技能，才能更自信地迎接挑战，更踏实地步入社会。因此，大学生应该把消费重点投资到学习上，包括购买图书资料、参加技能培训、购置必要的电子设备等，充实学习内容，丰富学习形式。甚至在条件允许的情况下，大学生可以开展一些户外旅行，去更多地认识世界，开拓视野。将消费重点转移到投资学习上，才是一个大学生应有的健康消费观。

2．树立崇尚节俭观，带头倡导良好风尚

伴随着社会的快速进步，人们的消费方式也在日新月异地变化。如今人们的购物

渠道更多了，购物更加方便了，但是我们不能无节制地消费，节俭始终是我们倡导的良好风尚。勤俭节约是中华民族的传统美德，是每个中华儿女都必须传承的精神。作为大学生，更应该以身作则，在日常生活中行节俭之风。此外，大学生的生活来源大部分还是靠父母。父母工作不易，大学生应该树立正确的消费习惯，用之有节。唯有如此，才能在未来握紧祖国发展的接力棒。

案例直播

小曹是一名在校大学生，进入大学的第二年开始，喜欢交际的他饭局也逐渐多起来，三天一趟KTV，五天一桌下酒菜，这样的生活，对小曹来说已是家常便饭。

尚未踏足社会的他，每月赖以生存的资金，也不过父母补贴的1000元生活费而已，平日的交际和吃穿消费让小曹每个月都处在“透支”状态。

“读到大二，班级聚会、学生会聚餐越来越多，想多交朋友当然要多和大家吃饭。”因而自己变得注重衣着打扮，小曹说，寝室里大家都穿名牌，自己不穿感觉会“掉价”。

尽管时常收支不平，但小曹却没有停下“挥金如土”的脚步。面对陡增的日常开销，小曹并没有选择放弃当下“透支”状态，而是把眼光转移到了借贷平台上。

2022年4月的一天，小曹在电脑上看到一则贷款广告。那是某网贷平台广告，大概写着10分钟轻松贷款，低利息之类的标语。也正是这条广告，小曹开始接触网贷。一年总共借贷的资金不超过20000元，但还出去的钱总共60000元不止。

小曹回忆起自己曾被暴力催收的经历。有一次，他向某平台借了1000元，逾期催款时，对方告诉他连本带息要归还5000元。第二天，催款人上门，表示除了5000元的还款外，还得再支付其2000元的跑腿费。就这样，1000元的本金，还了7000元。

小曹的故事在当前的大学校园里并不少见，在这种情境下我们应及时纠正学生超前消费、过度消费和从众消费等错误观念，引导学生培养勤俭节约意识。

资料来源：中国新闻网.网贷、透支、分期付款 大学生为何要“超前消费”？[N/OL].（2019-9-8）[2022.5-26].

3．树立全面发展观，培养综合型人才

如今的大学生，经过时间的锤炼，必将成为今后社会发展的中坚力量。因此，每个大学生都应该全面发展自己，把自己打造成复合型人才。消费方面，投资学习和生活为主的前提下，也要适当在娱乐、社交、形象等方面合理消费，保证德、智、体、美、劳全面发展，既抓好学习，又要与时代接轨。让每一份合理的消费都能帮助自己成长成才。

第三节　提高防范，预防网络诈骗

时下网络诈骗多发，各种诈骗手段层出不穷。习惯了使用网络的网民成为高危人群，受害者往往将受骗原因归咎于骗子的骗术太高明，其实只要了解网络诈骗的骗术，稍加留意，即使遇到骗子也能从容应对。

一、网络诈骗的主要类型

1．网络兼职诈骗

进入大学之后，想减轻家庭负担或想改善生活或受身边同学影响，很多大学生会选择利用课余时间兼职打工。骗子瞄准这部分人群，以招工为由向大学生收取保证金、培训费、办理健康证手续费等实行诈骗。还有一种是招聘网络刷单人员，以工资日结、佣金比例高为诱饵，先由学生垫付本金，承诺本金和佣金一起返还。在初期，刷单学生会收到骗子如约打入账户的本金和佣金，从而放松警惕，随着学生本金投入增加，骗子往往会以网络问题、账户异常暂时无法将本金和佣金打入学生账户等借口迟迟不打款，并以提高佣金作为补偿等诱骗兼职大学生继续投入资金刷单。当大学生发现不对的时候，往往已经损失不少。

2．网上中奖诈骗

此类诈骗一般有两种方式，一种方式是利用软件向大学生的QQ账号、微信账号、游戏账号、购物账号等发送中奖信息，诱导大学生进入指定页面查询，以缴税等借口骗取学生汇款。另一种方式是利用伪基站冒充银行等官方机构向学生手机发送植入病毒的链接，学生一旦点击，银行账户和密码就会被诈骗分子获取，直接转走账户余额。

3．网络游戏诈骗

大学生是网络游戏的主要用户，骗子在一起组团游戏中取得学生信任后，以低于游戏平台价格出让游戏币、游戏装备、代练升级等方式获取学生汇款后销声匿迹。

4．盗取社交账号诈骗

微信是大学生的重要社交工具，有的不法分子随意添加微信好友，然后将病毒发给对方，对方一旦中毒便可轻易获取对方的微信密码，然后冒充本人向其同学借钱或者请同学帮忙充话费，涉案金额一般是一两百元，被盗号学生的同学也因为金额不大放松警惕，不向被盗号学生本人求证便转账或者充值。这类诈骗单个金额不大，但是大学生中招几率很高。

5．冒充客服诈骗

大学生的各类物品采买大部分来自于网购，骗子通常可以提供目标学生购物截图、交易信息等“铁证”骗取受害者相信其客服身份，然后以商品质量有问题、商品缺货等借口向学生提出退款。如果学生点击了骗子发送的链接或二维码填写信息，账户余额就会瞬间清零。随着此类诈骗方式的曝光，骗术又进一步升级，骗子以退款时输错金额为由让受害人返还超出购物金额的部分，而受害人账户也确实收到了骗子所说金额的汇款。如果按照骗子提示，完成一系列操作之后，可能会收到办理网贷的信息，落入骗子设计的陷阱。

知识拓展

小桐（化名），女，18岁，某高校的大一新生。一天，小桐收到好朋友小梦发来的QQ消息，小梦称自己的朋友小美在医院急需用钱，但她的微信暂时无法使用，希望小桐用微信帮忙转账，随后向小桐索要了银行账号，声称给小桐汇款1 000元并给小桐发来一张汇款截图，让小桐马上用微信转账给小美。小桐对好朋友深信不疑，但因个人微信中资金有限无法一次性向对方转完1 000元全款，便先向小美转账500元，但小美似乎并不满意，一直催促小桐赶紧将剩余的钱转给她。谈话过程中，小桐发现自己一直没收到汇款信息提示，且小美话中多有矛盾，小桐恍然大悟意识到自己上当受骗。小桐发现被骗，马上报警，但最终由于金额较小选择放弃追回损失。

资料来源：李婉婷，孙禾，张金铭，等.关于大学生对网络诈骗认知与防范意识的调查分析——以山东某高校为例[J].经济研究导刊，2020(33):5.

三、网络诈骗防范方法

网络诈骗案件不外乎“天上掉馅饼”和“祸从天降”两类，主要是利用受害人趋利避害的心理行骗，只要把握以下四点，可预防诈骗。

1．懂常识

犯罪分子大部分利用有关权威部门行骗，因此要了解国家有关部门的工作程序。根据我国法律规定，公安机关、检察机关、法院在侦查办案过程中都不会通过电话进行案情询问，更不会询问群众家中存款情况，不可能提供所谓安全账户以及要求群众转账等。同时，要学会辨别虚假信息，不要相信虚假公司或机构及网站上标榜的优厚回报的虚假宣传，防止犯罪分子用“钓鱼”的方式行骗。

2．不轻信

无论遇到“天上掉馅饼”还是“祸从天降”，第一反应应是不轻信。不轻信任何一条短信、一个电话、一个声音，不轻信低投入、高回报和无来由的灾祸。无论不法分子使用什么花言巧语，都不要轻易相信，不给不法分子进一步设圈套的机会。

3．必核实

不要抱有侥幸、怕麻烦心理，无论接到所谓职能部门、亲友的电话或短信等，都要核实对方身份和提及事件。进行核实时，不要通过对方提供的联系方式进行核实，应拨打有关职能部门的办公电话，必要时到其办公地点进行核实，在没有确实弄清对方是谁的情况下，不能盲目答应对方的要求。

4．勤沟通

不要有自以为是的念头，不要听信对方威胁以及不要告知亲友的说法。遇事要说出来，要多与亲戚、朋友诉说、商量，或者直接向警方说明情况。

知识拓展

防诈骗顺口溜

天上不会掉馅饼，都是骗子设陷阱。
陌生美女把你黏，再喊投资骗你钱。
投资达人保赚钱，返小利后难提现。
兼职刷单门槛低，骗你本金把你欺。
网购理赔要当心，假冒客服骗你金。
万一被骗别伤悲，及时报警把钱追。
防骗技巧千万条，不贪便宜第一条。

资料来源：郦敏.防止网络诈骗，这条顺口溜教你安全“冲浪”！[N].羊城晚报，2021-4-15.

第四节　适度上网，避免沉迷网络

过度依赖网络可能使我们丧失最基本的生活能力，久而久之，也会缺乏最简单的与人沟通的能力，不仅伤己，而且伤人。

一、沉迷网络的危害

1．消磨意志

网络的过度使用，使青少年对网络产生了强烈的依赖心理。特别是网络游戏中的冒险刺激、网络交友中的轻松自如、网络不健康内容中的新鲜诱惑等，使青少年逐渐产生网络成瘾症，而对自己的主体生活和学习，却失去兴趣，渐渐缺乏毅力，自控能力下降，导致学业荒废。

2．伤害身体

网络性格最大的特征是孤独、紧张、恐惧、冷漠和非社会化。对互联网虚拟世界的依恋，人机对话和以计算机为中介的交流，容易使人的性格脱离现实社会而产生异化，同时青年又处于生长发育的旺盛期，长时间待在电脑前的辐射和高度紧张，会损害各种人体机能，导致身体素质下降。

3．引起自闭

在网络这个虚拟世界里，尽管很多时候，人们可以大胆地表达自己的真实想法，但在网络身份的掩饰下，网络人际关系可靠性无法得到保证。特别是对于性格内向的大学生，网络身份的虚拟性为其提供了展示自我的平台，削弱了他们在现实生活中的社交的意愿，反而使他们更加自闭。

4．诱发犯罪

网络引发了青少年的安全焦虑。由于大学生价值观还不成熟、辨别是非能力弱、自我保护意识不强，极易造成网上隐私失密，遇到网上恐吓、网上欺诈等现象，一旦遇到，往往惶恐不安，无所适从。网络交流的随意性和隐蔽性，又常常使大学生成为受害者。由于大学生极强的好奇心和模仿性，使得很多网络受害者又成为施害者，网络犯罪率不断上升。

知识拓展

网络“死亡游戏”真实上演

——青少年沉迷暴力电子游戏调查

这是一个极端悲剧的案例。几个月前，在湖南武陵山区的一个贫困县，沉迷于一款暴力电子游戏的 15 岁少年小唐，为了在现实中体验虚拟世界杀人的“刺激快感”，将 23 岁的女邻居小西残忍杀害。

暴力、色情、贪婪、玄幻……各种吸睛的因素，让很多孩子欲罢不能。这些电游已沦为不少未成年人荒废学业、增加家庭经济负担甚至诱发犯罪的“精神毒品”，严重影响青少年健康成长，影响社会安定。有关部门利剑已出，升级管控、强化执法，欲斩断这一伸向下一代的黑手。

一款暴力电子游戏对未成年人的扭曲影响究竟有多严重？记者进行了调查。

太残忍，一款暴力电游诱发血案

小唐是一名初三学生，沉迷于“侠盗飞车”游戏。他与小西比邻而居。警方查明，去年 9 月 16 日，小西来到小唐租房客厅借用其电脑，小唐趁其不备，采用猛击头部、狠掐脖颈、水淹等方式，最终致小西死亡。据公安调查，两人并无仇怨。

在警方的审讯中，小唐交代，他从小学六年级开始在乡下、县城的网吧里接触各种暴力电游，对“侠盗飞车”尤其沉迷。在这款游戏的情节设定中，玩家可以扮演“黑社会”杀人。

据办案干警介绍，小唐交代，他初二就萌生了体验现实杀人感觉的渴望，“想体验一下真的杀人是什么感觉，是不是像在游戏里一样简单又有快感。”在审讯过程中，小唐没有表现出悔意，供述杀人过程思维清晰、举止平静，甚至不时露出得意之色。

记者了解到，“侠盗飞车”在青少年中普及程度很高，游戏操控的自由度很大，玩家以角色扮演的身份进入，在游戏情节的设置中，玩家可以靠撞车、杀人、抢劫等犯罪行为吸引警察，然后飙车逃避追捕。还有玩家自制扩展包，因为缺乏有效的审查机制，内容尺度更大。

一些“侠盗飞车”的成人玩家告诉记者，这款游戏里充斥着各种犯罪场面，且画面高度逼真，“开车到处撞，杀了人就有钱花，没车就抢一辆，特别过瘾!”有人说着说着，流露出难以抑制的兴奋。

……

资料来源：袁汝婷，苏晓洲.网络“死亡游戏”真实上演——青少年沉迷暴力电子游戏调查[N]. 人民日报

二、合理利用网络

1. 不能把网络世界与现实世界混为一谈

在网络上我们能尽情发挥想象力，能自由地与人沟通，能体验到现实世界中很难体验到的自由。但网络世界毕竟是虚拟世界，鱼龙混杂，真伪难辨。沉迷于网络游戏不仅浪费时间、浪费金钱，使人变得懒惰，而且会使人不愿接受现实生活中的事情，会潜移默化地改变人的性格，使人变得孤僻。

2. 合理安排上网时间，不影响学习、工作

大学生必须合理安排上网时间，在上网和学习、工作之间取得平衡。只有合理安排上网时间，管理好自己的时间，才能做到有效率地使用网络资源，并使其真正为自己的学习、工作生活带来便利。

3. 正确对待网络娱乐资源，劳逸结合

寓教于乐的学习方式、适度的娱乐能缓解学习、生活中的压力，也为后续的学习和工作提供能量。但是，过度沉溺于网络娱乐资源，如网络聊天、网络游戏等，不仅不能让人感受到娱乐带来的快乐，而且容易玩物丧志，耽误自己的前程。只有正确对待网络资源，才能使网络更好地为自己服务。

思考题

1. 互联网给大学生的学习和生活带来了哪些好处及弊端？何如合理利用网络？
2. 大学生网贷可取吗？结合生活实际，谈谈自己的理解。
3. 网络诈骗主要形式有哪些？如何避免陷入网络骗局？

第五篇

实践篇：积极实践　赢得未来

你负责逐梦冰雪，我负责温暖世界

——2022北京冬奥会大学生志愿者掠影

精彩、非凡、卓越的冬奥会，青春、担当、成长的志愿者，每一个惊艳世界的精彩瞬间背后，都有许多人默默的、细致的努力。台前与幕后，赛场与场外，每个人都有一个关于冰雪的梦在绽放。

微笑：全世界最通用的语言

"冬奥会的赛会志愿者要求与普通志愿者不同，需要储备更加专业的知识技能，掌握更加严格的服务标准，面对更加艰苦的工作环境。"北京理工大学机电学院2020级博士研究生孙昕说。

孙昕是北京冬奥会首钢滑雪大跳台场馆中体育业务领域的志愿者，赛时负责运动员的身份识别与通行管控，是运动员通往赛场最后一道关卡的"守门人"，是场馆中通行权限最高、距离运动员最近的志愿者。

孙昕是个"老志愿"了，上大学以来志愿服务时长已达700小时。通过24门线上培训课程、6门线下培训课程以及多次的场馆岗位培训后，他成为一名北京冬奥会赛会志愿者。

"接受并完成挑战，一定会是我一生中最值得回味的骄傲时刻。"孙昕说。

同样在首钢大跳台赛区工作的王怡文与冬奥结缘是在2020年暑假社会实践中，"北理工冬奥暑期实践团"与冬奥场馆首钢滑雪大跳台合作创作的冬奥文化墙绘作品——《逐梦冰雪，相约冬奥》，王怡文是上墙绘制者之一。

成为冬奥志愿者之后，她"希望在日常志愿活动之外能运用自身的专业知识展现冬奥的魅力文化。"不过，王怡文的工作是负责信息和失物招领。

"通过线上学习，我对这个岗位有了进一步的理解。对观众而言，这是一个非常重要的岗位，在观看比赛途中，遗失物品或拾取他人物品的情况时常会出现。能否获得及时的帮助会直接影响观众的奥运体验。"王怡文说。很显然，这个女孩已经获得了志愿者这份经历的馈赠。

……

资料来源：石璐.你负责逐梦冰雪，我负责温暖世界——2022北京冬奥会大学生志愿者掠影[N].2022-02-10（08）.

第十一章　加入组织　参与组织活动

作为新时代的大学生，要立大志勇担当，绽放青春风采，争做时代先锋，这就要求除了要学好第一课堂的专业知识，还要积极参加第二课堂活动，体验丰富多彩的校园活动，锻炼和提升自己的综合素质，努力成长为又红又专、德才兼备、全面发展的中国特色社会主义合格建设者和可靠接班人。

第一节　加入学生组织

一、认识学生骨干

大学校园学生骨干的基本构成，主要分为班委成员（包括团支部、班委会）、学生会成员（包括学院学生会、各二级学院学生会）、社团成员（包括各国旗班学生社团服务中心、青年志愿者协会、大学生艺术团等社团）、团委会成员（包括办公室、组织部、宣传部等）。

1．班委成员

（1）班委成员主要包括：班长、学习委员、生活委员。

（2）团支部成员主要包括：团支部书记、组织委员、宣传委员与文体委员。

2．学生会成员

学生会的骨干主要包括：主席团（包括主席、副主席），学习部、办公室、文文体部、实践部和权益部等。

3．社团成员

社团的骨干主要包括：负责人和分社负责人。

4．团委会成员

学生团委包括：团委组织部和团委宣传部。团委会的骨干主要包括：组织部、宣传部负责人。

在了解了大学校园基本的学生骨干成员的主要种类后，大学生还应认识争当骨干学生的好处，这样才能提升参加班级活动与管理工作的积极性，做好各方面的工作。

（1）学生骨干是同学中带头人，由于需要发挥榜样作用，要求严于律己、以身作则，这无形中使学生骨干成为同学学习的榜样，能够有效提升个人魅力与能力。

（2）学生骨干是组织领导和辅导员的得力助手，学生工作和班级事务都需要学生骨干的积极配合。

（3）学生骨干是联系同学和教师的桥梁，能够将同学们的想法、意见、实情反应给教师，及时化解并消除师生之间的隔阂，使教师与学生之间情感和谐。

二、竞选学生骨干

高校骨干学生是学校开展学生工作的重要力量，也是学校党团组织和学生管理部门联系学生的桥梁和纽带，是辅导员和班主任的得力助手。通过学生骨干可以将学习、校园文化活动、日常管理中的各项工作落到实处。

在高校，学生骨干要组织班级、各院系乃至全校的各种活动，要增进班集体内部的感情，要使全班同学共同进步。这些工作对学生骨干的领导能力、团队工作能力、活动组织能力等社会实践能力具有良好的锻炼。同时，有过活动组织和团队工作经历的同学毕业以后工作时能够更快、更好地适应工作岗位的要求。

从管理的角度讲，学生管理工作的任务繁重，许多充满挑战性的工作需要寻找新的切入点。在这种情况下，院校管理者需要改变以往的管理思路，寻找学生工作的新突破口。因此建立一支精干的学生骨干队伍给学院的工作予以协助，对不断拓展学生管理工作的思路，丰富学生管理的形式和手段，具有重要的意义。

高校的班委成员一般实行公开竞选。要想竞选成功，要让同学们知道自己打算怎样开展各种班级活动，通过什么办法来帮助他们学习和生活。一篇打动人心的竞选发言稿是获得竞选成功的重要法宝，它不仅让支持自己的同学为自己加油助威，还会让其他同学为自己的魅力所折服，愿意投票给自己，帮助自己赢得竞选。学院应尽量给大学生创造平等展示能力的机会，在选择骨干时要让学生公平竞争，让更多的大学新生有表现自己的机会。

团委、学生会的纳新工作都是公开的，在纳新前会下发通知，明确规定一些部门对其成员的特殊要求，因此，要根据职位要求与自己的实际情况有针对性地去报名，定位要合理，从基础工作做起。

三、做好学生骨干

工欲善其事，必先利其器。做一个合格的学生骨干，应该有一套合理解决问题的方法。及时发现问题，细致而准确地分析问题，用正确的方法解决问题，这是一名合格学生骨干应具备的一个基本功。一般来说，学生骨干需要具备以下五种素质。

1．政治思想素质

学生骨干作为学生基层组织各种活动和工作的组织者，必须具有较高的政治觉悟和思想品质。俗话说，“其身正，无令则行，其身不正，虽令不行。”学生骨干更应以身立教，为人楷模。同时，学生骨干要注意培养自身的思想政治觉悟，自觉认识所从事的学生工作的重要意义，明确所肩负的重托，增强责任意识，保持旺盛的工作热情，兢兢业业，积极工作。

2．业务素质

大学生都具有一定的专业知识和理论水平，且求知欲强，喜欢探索，这就要求学生骨干有较高的业务素质和合理的知识结构。一般来说，综合素质高的骨干更容易赢得同学的尊敬。

3．能力素质

大学生骨干的能力素质包括很多，其中主要的有以下四方面。

（1）交往能力。学生骨干要熟悉交往艺术，善于同各种类型的同学交朋友，学会与各种群体和组织打交道，只有这样才能和同学以及其他组织群体建立密切的关系，为开展各项工作创造一个良好的人际环境。

（2）决策能力。决策是组织管理行为基本要求。学生骨干应根据中心工作，结合本部门或本学院、本班的特点和具体工作实际，找出关键问题所在，及时做出有效可行的决策。

（3）组织能力。要把性格各异、素质不同的同学组织起来，合理安排，充分调动每个人的积极性，让大家团结互助，拧成一股绳，为共同目标的实现而努力，对学生干部的组织能力是一个很大的挑战。

（4）创新能力。学生骨干能不能干出成绩，能不能超越自我、超越别人，根本的区别是有无创新能力，在工作中表现为能否提出新见解、新方案，能否打开新局面。如果学生骨干因循守旧，本本主义，迷信书本和权威，一切按老规矩办事，那么就没有创新，没有发展。

（5）团队协作能力。学生骨干个体的素质固然十分重要，但如果集体素质不平衡，也难以充分发挥自己得作用。对于大学生骨干来说，合理的集体素质构成应该具有互补性，尤其是在性格、气质、能力上的取长补短和互相尊重。这种心理上及能力上的互补有利于集体团结。

4．心理素质

良好的心理素质是学生骨干开展工作的又一重要因素。它包括广泛的兴趣、丰富的情感和坚定的意志等方面。一个人如果兴趣狭窄，情感贫乏，意志薄弱，性格孤僻，缺乏主动精神和自主能力，人际关系不协调，是很难有大作为的。一个人有了广泛的兴趣，涉猎各方面的知识，能使自己更加接近和了解同学，增加和同学的共同语言，从而能有效地激起和培养组织成员的集体主义观念。丰富的情感是联络和沟通同学之间关系的有效途径，它可以增强人感染力和影响力，使自己得到其他同学的敬佩和信任。坚定的意志就是要求学生骨干要自觉地确定目标并为实现自己目标而努力奋斗，在工作中表现出主动精神和独立自主精神，勇于为自己的决定和行动承担责任。对工作中出现的挫折和干扰有顽强的自制力，善于控制自己的情绪，保持高度的自信心。

只有这样，才能带领同学完成预定任务。

第二节　加入社团组织

一、学生社团的产生

学生社团的产生，源于它满足了大学生成长成才的需要。

1．归属需要

大学生远离家庭和故乡，他们渴望与其他同学、老师有一种充满深情和友谊的关系，渴望成为某种团体或组织的一员，并在其中有一个位置。一般来说，大学生都具有集体感、群体感，渴望接触人，渴望有许多人同他们一起面对共同的现实，并真正团结在一起，一起面对共同的问题，携手共度难忘的大学生活。校园文化中的种种社团，正是大学生基于其归属动机而组织起来，并主动参与其中的组织。

2．交往需要

交往并在交往中建立起良好的人际关系，对于大学生的心理健康、身体健康都有非常重要的作用。正是这种交往动机，促使大学生积极参加社团活动，并在其中耕耘、创造，学习与各类人沟通的本领，为今后走上社会、融入社会，找到最适合的锻炼舞台奠定基础。

3．兴趣需要

大学学习生活依然紧张。上大学后，大学生会遇到各种矛盾和问题，常常会引起他们心理紧张，产生不适感。因此，在学习和日常生活之中，大学生希望得到松弛和娱乐，以此来调节情绪，达到休息的目的。学生社团提供了娱乐的机会，大学生可以根据自己的兴趣爱好，选择适合自己的社团，充分放松自己紧绷的神经，调节自己的情绪，释放自己的文艺体育才华。

4．成就需要

学生是整个校园文化的主体，他们正处于成长成熟的过渡阶段，他们已经逐渐告别少年时代的单纯与无忌，但同时又还没有学会适应社会的本领。他们还不具备在社会上应付一切的成熟与练达，并正处于站在山顶欲展翅高飞的预备期，因此他们比一般人群更加具有求索和执著的理性，同时骨子里也比一般人群充盈着更多的浪漫诗意。他们与现实的社会生活保持着一定的距离，却又对现实变动保持着最敏锐的感知。大学生是社会独特的一个群体。因此，学生社团是青春的、理想主义的、自由奔放的、理性与感性交融的组织。社团的出现，为充满理想与激情的大学生成才提供了实验基地。由这样的大学生组成的社团，为大学的校园文化带来的是活力、青春和朝气，带来的是理想和现实的统一，带来的是对社会发展最敏锐的认识，产生的是大学进步的动力，促进了大学的变革和进步。

二、学生社团的类型

高校的社团类别丰富，涉及面广，参与人数众多。一般而言，我国高校的学生社团大致可以分为五类，分别是理论学习类、志愿服务类、专业学术类、文学艺术类和体育健身类。不同类型的社团，其性质、特点和活动内容也各不相同。

1．理论学习类社团

这类社团以理论学习和研究为主，如毛泽东思想研究会，他们关注党和国家的路线方针政策及理论动态，通过学习研究，旨在提高理论水平。同时，这类社团强调理论学习与社会实践相结合，丰富灵活的活动形式与明确的思想主题相结合，注重实践创新，带领广大社团成员走出校园，深入社会，自觉实践。

2．志愿服务类社团

这类社团是由学生自发组织和自愿参与，以志愿服务活动为主体，强调奉献、友爱、互助和进步，倡导积极主流文化的学生群众性服务团体。服务领域涉及绿色环保、法律援助、济困助学、社区义工以及大型活动志愿服务等多个方面。随着社会的进步和人们素质的提高，志愿服务正在全国各地城乡蓬勃开展，特别是像奥运会、世博会那样的大型活动，高校学生组成的志愿服务团队发挥了极其重要的作用。高校的志愿服务类社团，作为青年学生体现社会责任感、奉献社会的有效载体，正在大学校园乃至全社会产生越来越大的影响。

3．专业学术类社团

这类社团以满足成员对知识的需求为基础，以提高社团成员的学术水平和实践能力为目的。通常与专业学习和学术研究结合紧密，有较强的专业实践性和多学科交流的特点，是第一课堂专业学习的有益延伸。这些社团强调专业兴趣，社团成员通过论坛、讲座、展览等学术交流活动，通过调研、服务社会等实践活动，通过各个级别和类别的学术比赛，真正达到丰富和拓展专业知识，将专业知识有效地运用于实践的目的。此类社团因涉及的专业领域不同而呈现出多样性，一般性的理工科专业的学生社团有计算机学社、物理学社、英语学社、地质学社、机电学社、生物学社、环境保护社等，文科专业方向的有法律援助学社、经济学社、社会学社、心理健康协会、新闻学社、民俗学社等。

4．文学艺术类社团

这类社团是以成员的文学兴趣、艺术特长和共同爱好为基础，以满足社团成员的精神生活而建立的非专业性文化、艺术社团。这类社团的活动形式活泼，大都以演出、展览、观摩、交流等方式进行，轻松、富有青春朝气，具有较强的娱乐性，因此在高校社团中处于主体地位，具有数量大、种类多、参与学生广泛的特征。

5．体育健身类社团

这类社团是具有相同体育爱好和兴趣的同学，为提升其在该项活动中的技术而组建起来的，以各类体育活动项目为分类的。社团往往通过组织活动和比赛，使团体成员得以切磋技艺，强身健体，同时还在广大学生中起到了普及体育运动、弘扬体育精神的作用。

三、学生社团的特征

1．自发性

学生社团具有自发性。虽然学生社团是在高校管理部门的许可下组织而成的，但作为一个非正式群体，学生社团本身在形成的过程中并不需要学校组织动员，也不需要行政安排。学生基于共有的观念、兴趣、爱好、追求自发组织，社团负责人志愿承担社团组建工作，经过简单的申请程序获得学校相关部门的审批，便可组成一个社团，社团的成立不需要社会的承认。高校学生社团新成员要对所加入的学生社团活动内容或活动范围有所了解，不能结合自身专业知识的特点，选择最适合自身发展需要的学生社团组织。

2．相对独立性

高校学生社团的独立性主要表现在其运作模式上。首先，学生社团的宗旨、成员的权利与义务、申请与加入是由社团自身决定的。其次，社团在开展活动的过程中，从活动形式和内容的策划、活动的前期宣传、获取活动经费赞助到最终的活动举办，基本上都是由社团成员独立完成。学生社团不是高校里的行政部门，但其发展壮大要接受党组织的领导，接受学生工作处或团委的指导，在开展活动的过程中，要遵守学校相关的制度和纪律。因此，高校学生社团的独立性又是相对的。

3．相容性

学生社团在发展中总是能够不断吸纳新成员，这也是社团得以持续发展的根本原因。社团的这种特点源自其相容性，即成员个体方向较统一，从而使社团群体方向逐渐走向统一。社团成员往往来自不同的专业、不同的年级和不同的地域，但他们有共同的兴趣、爱好、特长和观念，成员之间彼此具有相容性，因而在社团活动中能够表现出极高的热情和主动性，在彼此的交往和相处中相得益彰、互相促进、共同提高，进而增强了社团整体的凝聚力，使得社团活动得以有效地开展。

4．时代性

青年人既是时尚文化的追逐者，也是潮流文化的引领者，青年人身上体现的是时代的气息。由青年人所组成的高校学生社团也必然蕴含了这种时代特性。当今大学生所生活的校园环境是多元性文化的呈现地，他们能够通过互联网、报纸、杂志等各类媒介敏锐地捕捉到最前沿的文化，并将这种文化内涵带到社团之中。此外，当代高校学生社团已经突破了校园这个小的文化圈，他们主动走出校园，直接与各种社会组织展开交流与合作，吸收了许多社会上较为先进的理念和模式，这也促进了社团文化的快速更新和发展。例如，某些社团会引入企业管理和文化建设的模式，使得社团成员能够以一名准企业员工的身份切身体验到走向工作岗位以后的工作环境。高校学生社团是社会的有机组成部分，具有传播社会文化的功能。因此，其自身既可以受到社会主流文化的规范，又会受到社会非主流文化的浸染，表现了社团文化在一定历史时期的时代性。

四、理性选择社团

（1）不可贪多。有的人觉得社团活动丰富多彩，很有意思，就一连参加好几个社团，整天不是到这个社团开会，就是去那个社团值班，如此忙碌，难免顾此失彼，更有甚者严重影响学业，得不偿失。因此，新生可在入学后选择一两个自己感兴趣的、擅长的社团。

（2）选择不可过于草率。选择社团时，要综合多方面的因素和条件，考虑清楚后再做决定，切不可草率。一些大学生匆匆忙忙选了一个社团，待了一段时间后觉得不适合，就很快放弃，可谓“来也匆匆，去也匆匆”，结果什么也没学到。

（3）兴趣很重要。社团的种类丰富多样，但并非所有社团都适合自己。大学生选择社团时，首先考虑的应该是自己擅长什么和是否感兴趣。擅长文艺的大学生可以到话剧团、合唱团或舞蹈团，喜欢演讲的同学可以到演讲协会、文学社，爱好运动的大学生有各种体育社团作为挥洒兴趣的天地；珍惜环境爱好自然的大学生可以参加环境保护协会进行考察，喜欢新闻采编的大学生，院报、广播台、电视台是其施展才能的平台，热衷摄影的大学生不妨到摄影协会去体验一下。如此多的社团，只要感兴趣，总能找到适合自己的一个。

（4）不要有功利性目的。抱着功利的想法去参加社团是不可取的。有的大学生觉得参加社团可以在每年的综合测评或品德考评时加分，从而获得诸如“社团优秀干部、成员”之类荣誉；有的大学生希望能够在社团中混个“一官半职”，以此来提高自己的知名度；有的大学生认为如果不参加社团，自己的经历太单调，将来的毕业简历上内容不够丰富……这些想法无疑会使原本纯洁的社团文化蒙上一层不太纯洁的色彩。那么参加社团到底为了什么？社团为大学生提供了一个与人和社会接触的机会，从中可以提高自己的社交能力、实践能力、自制能力、生存能力，填补某些性格上的空白，也可以增进同学之间的相互了解，结识更多的新朋友。

（5）坚持原则，不占用学习时间。学校一般不主张在上课时间搞社团活动，学生个人也应把握这个原则。有些社团在学期初就要求成员上交课程表，这时学生有理由为了上课而拒绝社团工作。其实很多时候是自己没有坚持原则，却把社团工作当作不学习的借口。可取的做法是权衡利弊，处理好两者之间的关系，不要在工作的时候想着学习，在学习的时候想着工作，否则都做不好。

思　考　题

1. 通过对学生骨干的认识，你是否想要加入学生组织并成为其骨干成员？为什么？

2. 社团组织主要有哪些类型？如何理性选择社团？

第十二章　投身实践　参与实践活动

社会实践是高等教育的组成部分，也是素质教育的重要内容。它在高等教育中发挥着不可替代的作用，是联系大学生学习和生活的重要桥梁。社会实践有助于提高大学生的综合素质，提高大学生的创新能力，加强对大学生的思想政治教育，是培养高素质创新人才的必需环节，也是每个大学生必须要参加的课程。

第一节　勤工助学活动

勤工助学又叫勤工俭学，美、日等国称之为“工作助学”，英文为“work-study program”。勤工助学是学生利用课余时间，运用专业知识或个人特长、能力，有偿服务于社会，并将劳动所得作为学习、生活费用补充的一种劳动。大学生参加勤工助学活动，通过自己的劳动获得一定的收入，减轻家里的负担。同时，勤工助学有助于大学生接触和了解社会，在实践中增才干，长见识，提高自己的社会活动能力，丰富自己的社会阅历，培养独立自主、自力更生的精神。

一、参加勤工助学的动机

目前，大学生参加勤工助学活动不仅仅是为了经济原因，更多的是想以此深化专业知识学习，提高综合能力，为将来工作作准备。

二、勤工助学的类型

当前大学生在校内、校外从事的勤工助学活动主要有三种类型。

（1）劳务型。即学生在课余时间，利用自己的体力劳动，以时间和数量的计酬方式，获得报酬的一种劳务活动。例如，散发宣传材料、学生宿舍助管、承包卫生扫除、校园绿化、实验室管理等。

（2）智力型。即运用专业知识和技能开展社会服务等。例如，家教、企业兼职等。

（3）管理型。即学生利用课余时间创业办公司、开小商店等。

实践可以增强大学生的劳动观念和服务意识，让大学生体验用双手创造价值的自豪，学会如何处理奉献与收获的关系，培养自立能力和正确的价值观。

三、勤工助学需要注意的问题

（1）勤工助学活动必须坚持在课余时间进行，不得影响学业。学生的主要任务是学业，要以不误学业为前提。对于大学生参加勤工助学活动，学校是支持的，而且不同的部门还有不同的岗位可提供安排。学生根据自己的情况量力而行，如果自己的学业压力很大，成绩也不理想，可以考虑申请助学贷款，绝不能荒废学业，本末倒置。

（2）大学生参加勤工助学，要“向前看”，不要“向钱看”，不可以把勤工助学活动转变为以赚钱为主要目的的打工或者经商。参加勤工助学的时间也不可以过长，即使功课已经很好，可是学校里还有许多课外活动更有意义，更值得参加。

（3）要树立正确的劳动观念。有的大学生参加勤工助学活动时，只要工作量不大，工资待遇高，就踊跃参加；有些工资较高但要付出辛劳的活就不愿意做；而有些工作不太轻松同时工资也不高的活就更不愿意做。还有的同学在勤工助学过程中，想来就来想走就走，对自己的责任、义务认识不清，给对方单位留下非常不好的印象，这一点一定要避免。

（4）由于大学生社会经验不足，在校外参加勤工俭学的时候，要增强自我防范意识，以免上当受骗或受到非法分子的侵害。同时也要遵纪守法，遵守法律法规和学校的有关规定，如不能到学生宿舍里兜售商品，不能在校园里随便粘贴商品信息广告，不能随便设摊，不能参加非法传销或进行违法售卖等。违背这些规定，都要承担相应的责任。

第二节　顶岗实习活动

一、顶岗实习活动的内涵

实习是高校教学培养方案和教学计划的必要环节，是课堂教育和社会实践相结合的重要形式。实习的目的是增强学生实践能力，培养学生提高分析问题和解决问题的能力，以及综合运用所学基础知识和基本技能，也是学生最终完成学业不可或缺的阶段。

毕业实习指学生在毕业之前，即在学完全部课程之后到实习现场参与一定实际工作，通过综合运用全部专业知识及有关基础知识解决专业技术问题，获取独立工作能力，在思想上、业务上得到全面锻炼，并进一步掌握专业技术的实践教学形式。它往往是与毕业设计（或毕业论文）相联系的一个准备性教学环节，因此，毕业实习要选择与专业对口的实习岗位。

实习经历可以帮助大学生形成最基本的职场素养和职业道德，使大学生尽可能地缩短毕业后正式投身职场的适应期。同时，还能够帮助他们较为理性地调整原有的价值观、人生观和职业观，以便更好地规划自己的未来发展方向。

二、毕业实习的意义

1．理论与实践相结合

多数大学生在校期间的主要精力都放在学习和校园生活上，很少有机会外出体验和接触实际的工作环境，所以理论脱离实践成了大学生就业的“软肋”，导致出现“大学生就业难”的现象。实习让大学生深入社会中去锻炼，将自己所掌握的理论知识运用于工作实际，有助于大学生认识到自己在知识和经验方面的不足，加深对于自己专业知识的理解和巩固。实习还能帮助大学生增加自己的实践经验，拓宽自己的视野，提高自己在理论知识的指导下观察、分析和解决问题的实际能力。

2．完善职业定位

实习有助于大学生更全面地认识自己，了解自己及相关职业，进行正确的职业定位，科学规划自己的职业生涯。对于很多在校生来说，职业的概念很模糊，没有系统的职业规划，不清楚自己应该确立怎样的职业目标。很多同学即使确立了目标，也往往只是盲目跟随社会潮流，并不知道自己的目标设定是否真正适合自己。到底我们所期待从事的行业，我们所向往的公司是不是和自己的个性与兴趣契合？这个问题没有人能代替自己回答，只有通过自己的亲身实践去体会。

通过实习，大学生有机会接触各种不同性质的工作，也能够到不同的公司去感受不同的文化，从而更清楚地认识自己适合做什么，什么样的企业是自己喜爱的，哪些知识是有用的等。通过实践的反馈，进一步修改、完善自己的职业规划，同时发挥自己的优势，修正自己的不足，对自己的知识结构做必要补充和调整。

3．为正式就业做准备

借助实习得到的“职场第一次”的经历，大学生能够初步完成从理想到现实的心理过渡，和从学生到职业人的角色转换。实习的经历对于减轻就业竞争，以及初次走上正式工作岗位将要经历的现实冲击起到不容忽视的缓冲作用，能够为将来尽快适应新的工作岗位打下良好的基础。

实习可以说是求职的一次预演。而实习的经历可以帮助大学生熟悉求职的流程，能够更快地投入正式求职状态中去。

4．为就业成功增加筹码

从某种角度上讲，实习不但巩固了专业知识，同时还给自己在求职时增添了砝码。用人单位更愿意录用具有一定实习经验的应聘者。

三、寻找实习单位

寻找实习单位，首先要明晰自己的实习意向和实习目的。随波逐流，乱跟风是找不到适合自己的实习岗位的。

1．寻找实习单位的技巧

（1）不仅要会寻找实习信息，也要懂得发布自己的求职信息。时常在各大 BBS、求职网站上发布自己的求职信息，主动出击，往往能够收到意想不到的效果。此外，平时多看看这些版面，可以收集到很多相关的经验，增长很多见识，这些都是要慢慢积累的。

（2）敢于挑战，直面实习单位。现在各大招聘网站的沟通都非常便捷，如果对实习单位很感兴趣的话，不妨直接和招聘方在线沟通，如有机会，也可以直接打电话或者上门询问，要求面谈。另外，如果有些单位没有发布招聘实习生的通告而自己又对其非常感兴趣的话，也可以主动发简历或者电话咨询。

（3）日常的人际关系积累。对人脉关系的使用不能有临时抱佛脚的想法，对一起学习的同学和朋友，在平常可以经常联系，增进感情。院系的老师和外界的沟通也很广泛，因此，大学生可以和老师保持良好的沟通，这样在学习和实践中遇到问题可以及时向老师请教。

2．寻找实习信息的途径

途径一：各大公司网站的有关招聘的主页。

途径二：各个名校的 BBS 的求职版经常发布实习信息。

途径三：各大招聘网站会实时刊登实习信息。

途径四：由已经在那里工作或者曾经的工作的朋友、同学、亲戚推荐。

四、确保实习安全

大学生涉世未深，在寻找实习岗位时要特别注意人身、财产、交通等安全问题，提高警惕，注意识别和防范求职陷阱。

（1）多方面、多渠道详细了解公司情况及背景，认真确认求职信息的真实性，不能贸然行事。必要时可向当地人才服务机构或学校就业指导中心咨询、核实，也可以直接与该单位的上级主管部门或工商管理部门联系核实。

（2）警惕卷入任何形式的传销活动，防止钱财被骗，保护好个人的有效证件。在求职过程中如果遇到需要交纳一定现金或必须先购买某种产品才能获得实习机会的情况一定要慎重，要做到不缴不知用途的款，不购买自己不清楚的产品，不将证件及信用卡交给该公司保管，不随便签署协议。如发现异常情况，要及时向当地劳动保障监察部门或公安部门报警，寻求法律保护。

（3）填写个人信息要谨慎小心，特别是在网上投寄简历，一定要慎重填写个人基本信息（如本人联系方式、家庭住址及联系方式等）。

（4）在求职过程中要注意人身安全，特别是女生，不要单独到偏僻的地方或隐秘的地方（如宾馆、郊区）参加面试，最好有朋友陪同参加。在求职过程中要随时与老师、同学、家长保持信息畅通。此外，无论哪种形式的面试或预约，一定要给家人、老师或亲朋好友留下前去招聘单位的详细地址和联系电话（包括固定电话），以备查用。

第三节　志愿服务活动

一、大学生志愿服务概述

1．志愿者

“志愿者”的英文名为“Volunteer”。在西方国家，志愿者指的是“不受法律强制，在不为任何物质报酬的情况下，基于某种道义、信念、责任感，为社会提供服务，贡献个人的时间和精神从事社会公益事业的人”。在《中国注册志愿者管理办法》中，志愿者是指“不以物质报酬为目的，利用自己的时间、技能等资源，为社会和他人提供服务和帮助的人”。

综上所述，志愿者的特征具有以下几个内涵：①志愿者是无偿的；②志愿者与被帮助者处于平等的地位；③志愿者的出发点不是满足好奇心，而是对社会的回报；④志愿者不仅给予了他人帮助，而且得到了收获，是一种自我的成长；⑤志愿者不是指挥者或教育者，而是用生命来影响生命。

2．志愿精神

伟大的事业往往能够孕育出伟大的精神。中国青年志愿者协会将志愿精神概括为“奉献，友爱，互助，进步”。其中“奉献”是志愿精神的精髓，新时代，我国新兴产业蓬勃发展，经济结构不断优化，人民的生活质量不断提高，有更多的人不断地提升自身的内在素质，而最常见的方式就是“奉献”；“友爱”，全球化的时代友爱不再是在小范围表现出来，而是一个不分种族与阶层的平等之爱；“互助”，通俗来说就是互相帮助，助人自助；“进步”，大学生志愿者参在志愿服务时，不仅能够提高自身能力，促进自我价值的实现，更能促进社会的进步。

综上所述，志愿服务精神不仅是崇高的伦理精神，让社会变美好的信念，更是奉献精神、集体主义精神、爱国主义精神等多种精神的融合。志愿服务精神是公民自愿的，在不计任何物质报酬的前提下，志愿者有着乐善好施、扶贫济困、尊老爱幼、扶弱助残的传统美德，是一种体现“爱与善”的精神。

3．大学生志愿服务

大学生志愿服务是指高校中的在校大学生能够自觉自愿参加学校志愿组织或社会志愿组织，用自己所掌握的专业知识与技能，以自身发展为目的，无偿地为推动人类社会的进步而展开的各种服务活动。

随着志愿服务的不断深入和发展，大学生志愿者为志愿者群体注入了新的血液，成为志愿者组织的重要组成部分。大学生受过高等教育的熏陶，所以他们往往能够展现较高水平的专业化的志愿服务。然而，大学生志愿者是利用自己的课余时间，完成一些力所能及的志愿服务的志愿者，由于时间和经历的局限，所以，大学生志愿者所能完成的工作也存在一定的限制。

二、大学生志愿服务活动的特点

大学生志愿者积极活动于志愿服务的各个领域，对志愿服务的发展有一定的推动作用。同时大学生参与志愿服务，把服务他人与提高自己相结合，不仅实现了自身价值，更是实践了社会主义核心价值观，符合时代的要求，形成了自己独有的特点。

1．自愿性

大学生志愿服务的最根本的特点是自愿性，本着自我意愿，主动奉献出自己的时间与精力为他人和社会服务。大学生志愿者带着自愿性发挥个体的主观能动性，去真正体会到为人民服务的奉献精神。美国著名心理学家马斯洛认为，人生的最高境界是自我的实现和超越。大学生自愿参与志愿服务活动不求回报是一种精神的升华，具有崇高的精神价值。这种活动使大学生志愿者能够深深体会到自身价值的存在，这也是志愿者一直不懈追求的目标。

2．组织性

在大学生志愿服务的活动中，大学生志愿服务组织总能及时地进行部署安排，使每个环节紧紧相扣。

高校大学生志愿服务活动参加形式一般包括两种：一是大学生以个人身份参加的社会志愿服务活动，二是以高校内部相关单位为组织开展的集体志愿服务活动。从实际情况看，大学生志愿服务的组织性表现得更为明显，绝大多数大学生参加的还是依托高校平台组织开展的集体志愿服务活动。在高校相关组织中，往往设置社会实践与志愿服务部门，由他们进行志愿者的招募动员、培训、组织、激励，从工作机制到管理方法上都具有很强的组织性。

3．广泛性

近年来，参与大学生志愿服务活动的人员在不断增加，服务的领域也在不断拓宽。主要体现在：一方面是参加人数的广泛性。1993 年 12 月，2 万余名铁路青年率先打出“青年志愿者”的旗帜，在京广铁路沿线开展为旅客送温暖志愿服务，中国青年志愿者行动就此展开。此后将近 30 年的时间里，中国志愿者迅猛发展，北京奥运会中 10 万多大学生有条不紊的提供服务，之后的上海世博会、广州亚运会、G20 峰会、互联网大会、博鳌亚洲论坛、北京冬奥会等大型活动中，有数以百万名大学生志愿者积极参与其中。与其他类型的志愿者相比，大学生志愿者的数量最多，同时大学生志愿者不受人员性别、年龄、专业等方面的限制。另一方面是服务领域的广泛性。大学生志愿者有其先天的优势，除了人数基数大之外，他们接受过高等教育，自身素质比较高，知识也比较丰富，因此，自大学生志愿服务发展以来，就能够快速的融入社会服务中，与社会需求相适应。目前大学生志愿服务活动从国内延伸到了国外，国内主要领域有扶贫开发、助残助老、社区发展、环境保护、应急救援，以及各类大型赛事；从学雷锋活动到抗震救灾，从城市到农村，从广阔的西部到遥远的非洲，他们的身影无处不在。

4．育人性

大学生志愿服务体现了人文关怀。大学生志愿者在志愿服务中能够积极耐心地帮助弱势群体，为有需要的人提供高度关怀。就大学生而言，志愿服务倡导的人文关怀是双向的。当大学生受到来自别人的关怀时，同样也会将这种关怀传递给自己的服务对象，在这个过程中传递与服务，不仅使自己的生活充实，还能实现自身的价值。

当今社会充满了竞争，就业压力大，想要在大学期间以学生身份试探性的进入社会、适应社会，志愿服务无疑就是一个好的选择。大学生参加志愿服务，可以充分融入到社会生活中去，重新认识自己，促进自身的全面发展，同时使道德素质教育逐步内化，并巩固成为其自身的个体品质。这对于追求个性、强调自我的当代大学生来说，是一种更加现实有效的德育教育形式。

5．时代性

大学生志愿者组织具有“与时俱进”的特点。大学生志愿服务能与时俱进地引导、教育大学生。他们作为志愿者总能在第一时间响应政府的号召，去往祖国当下最需要帮助的地方。他们从社会发展的需要出发，从人民群众的愿望出发，精心设计富有吸引力的活动项目，这个过程也是普及志愿知识、传播志愿理念的一个过程，使志愿精神家喻户晓，深入人心。大学生志愿服务不管是从横向看还是从纵向分析，都表现出其鲜明的时代特征。

三、大学生志愿服务的内容

1．农村扶贫开发

农村扶贫就是动员和组织青年以志愿服务的方式到贫困地区开展服务，主要服务内容是基础教育、医疗卫生、农业科技推广、乡镇企业发展等方面。多年来，各高校积极参与其中。例如，组建大学生支教团，到贫困地区进行支教；开展大学生志愿服务西部计划；举办暑期三下乡活动，大学生志愿者深入农村基层和贫困地区开展扫盲和文化科技卫生服务，推进农村的经济社会发展。农村扶贫开发是我国社会建设发展的重中之重，需要更多的人参与进来，大学生志愿者能够坚守阵地，勇往直前，一年又一年的进行接力服务，在艰苦的地方奋斗，为实现全面建设社会主义现代化国家而努力。

2．社区建设

中国的志愿服务是从社区发展起来的，同时这个领域也是当代大学生参与人数最多的志愿服务工作。社区建设主要围绕两个方面展开：一是“青年志愿者一助一长期结对服务”，以孤寡老人、残疾人、生活困难的离退休工人、特困学生、国家优抚对象等困难群众为主要服务对象，通过志愿者组织牵线搭桥，由一名青年志愿者或一支青年志愿者服务队，为一个困难家庭提供经常性服务。二是大学生志愿者进社区活动，大学生利周末课余时间，就近就便以志愿方式为社区提供科教、文体、法律、卫生服务。

3．环境保护

保护环境是一项必须长期坚持的基本国策。共青团中央联合国家环保总局部门调动社会资源，集中组织、动员青年开展各类环保志愿服务，这些青年志愿者们不乏大量的大学生志愿者，他们开展了以植树造林、清除垃圾、整治水污染为主的环保志愿服务。在志愿服务过程中，不仅向大家宣传环境保护的重要性，增强了大众的环保意识，还帮助一些村民掌握节能经验，减少能源浪费。如今全国各地都在启动环保志愿服务系列活动，如“保护母亲河”、世界无烟日活动、植树活动，以及呼吁大家要文明旅游，向公众宣传环保理念，这些活动都展现了大学生志愿者的风采。

4．大型活动的志愿服务

改革开放以来，中国在发展经济、繁荣社会的同时，也积极参与重大国际活动，承担大国责任。在这些大型活动中处处可见大学生志愿者的身影，他们代表中国的新生代出现在各种场合，为各种国际国内的赛会提供服务，其中最著名的就是 2008 年的奥运会。那一年志愿者服务活动在志愿建设上是一个里程碑，志愿成为一个口耳相传的词。此后许多志愿组织如雨后春笋般冒了出来。在上海世博会期间，有 60 000 万多名大学生志愿者参与服务；2010 年广州亚运会共招募 240 000 万名大学生志愿者；2018 年的博鳌亚洲论坛会有 400 多名青年志愿者参与服务保障；2022 年的北京冬奥会和残奥会，有 1.4 万名首都高校师生作为赛会志愿者，提供保障服务。

5．救援服务

中国志愿事业在长期的发展历程中，积累了一定的日常服务和应急服务经验，打下了良好的基础。在应急救援服务中，大学生志愿者发挥了重要的作用。2017 年 8 月 8 日，四川九寨沟发生地震，地震发生后许多大学生自发去指挥中心报到，协助九寨沟县团委的工作，帮忙建立微信群，协调人员运送救灾物资等。这每一场灾难中，大学生志愿者在抗震救灾的关键时刻不计个人安危，始终与灾区人民在一起，极大鼓舞了灾区人民战胜困难的士气。

6．海外服务

海外服务计划由中国青年志愿者协会、团中央于 2002 年初正式启动实施的。首先根据受助国的切实需要，由主办单位和受助国双方签订合作协议，以公开招募、自愿报名、集中选拔的方式，派遣能力强和有相关专业背景的优秀中国志愿者到受助国开展志愿服务活动。近年来，我国已为亚洲、非洲、美洲的多个国家提供志愿服务。志愿者们在中英文教学、计算机培训、医疗卫生、农业技术、抗灾抢险、企业管理等方面开展志愿服务活动。这些标志着我国青年志愿服务不断走向世界，以更加积极的姿态展现中国睦邻友好的大国形象。

四、大学生志愿服务活动的意义

（一）有利于提高大学生的自身素质

1．提升大学生的思想道德修养

在建设中国特色社会主义发展过程中，对于当代大学生思想道德素质的要求是社会主义核心价值观中个人层面的内容，即爱国、敬业、诚信、友善。但是随着社会价值观多样化的出现，导致很多大学生出现思想上的动摇，表现在价值观上的扭曲，个人主义盛行，缺少国家观念和集体主义观念。大学生通过志愿服务可以树立正确的社会意识，比如在遭遇泥石流、大雪、暴雨等自然灾害时，很多大学生志愿者都表现出了舍己为人的精神风貌。在灾难和困难面前，以国家和民族为重，具备强烈的爱国主义精神，是当代大学生思想道德素质方面需要不断加强的部分。大学生在参与志愿服务活动的过程中，会接触到不同群体，特别是弱势群体，从而对社会现状有更加真实和深刻的理解。社会在不断的进步，但是却出现许多“道德冷漠”的事情，比如“小悦悦”事件、老人跌倒不扶事件等，很多人都抱着事不关己、高高挂起的处事态度，生怕自己惹上没有必要的麻烦，这是人性的冷漠，是道德的滑坡。我国作为一个文明大国，互帮互助、友爱他人一直都是中华民族的优良传统。大学生通过参加志愿服务实践，主动帮助需要帮助的人，可以养成良好的道德习惯，将我国优秀的道德修养发扬光大。

2．增强大学生的心理素质

由于当代大学生长期生活在学校里，所处环境比较简单，社会经历和经验相对较少，所以在遇到很多现实问题时，他们不知道如何解决，尤其是当失败到来时，他们会受到很大打击，不能自我调节心理，甚至出现恶性事件。志愿服务通过实践活动的方式让大学生有更多的机会接触社会、了解社会。在志愿服务过程中，大学生志愿者会与不同的人群进行接触，可以不断学习与他人进行良性沟通交流的技巧，提高社会交往能力。在志愿服务过程中，大学生志愿者会遇到诸多困难。通过积极克服和解决，大学生志愿者可以提高自身的受挫能力和处理问题的能力，因而不断成长，更加自信，对待问题会更倾向于采取积极健康的认知态度。在志愿服务过程中，当志愿者取得一定的成效时，会受到来自老师、同学以及志愿服务对象的赞许，他们也会得到自我肯定，这些都有利于大学生形成健康的心理素质，使其心理趋向成熟。

3．提高大学生的就业能力

大学生参与志愿服务活动，不仅可以磨炼他们的意志，而且可以从多方面提高其未来的就业能力。从人力资本的角度来说，大学生参与志愿服务活动，可以增加其就业人力资本和就业社会资本。

（1）志愿服务可以增加大学生的就业人力资本。第一，志愿服务为大学生提供了良好的社会学习机会，使大学生可以学到更多的专业知识和社会通识。第二，志愿服务活动的广泛开展，可以为大学生志愿者提供一个将知识转化为实践的有效平台。比如西部支教、扶贫开发、社区服务等，这些实践活动可以促进理论知识与实践的有机结合，提升大学生的实践能力。第三，参与志愿服务活动有利于提高大学生的处理问题能力。志愿服务活动是一项服务他人的公益活动，需要志愿者要有足够的耐心和细心，做事情需要脚踏实地，真抓实干，不可以有丝毫的大意。这些要求可以培养大学生志愿者做事的严谨态度和高效意识。在看待问题和处理问题时，他们会采取更加理性和成熟的态度及方式。

（2）志愿服务可以增加大学生的就业社会资本。大学生志愿服务活动是一项社会性活动，需要团队成员的通力合作才能实现目标的最优化。在志愿服务活动中，大学生志愿者能够认识和体会到团队合作的重要性。此外，参与志愿服务，还可以增强大学生就业的自信心。大学生参与志愿服务，有助于其学会处理各种人际关系，调整受挫心态，增强心理承受能力。

（二）有利于营造互助友爱的校园氛围

志愿服务具有优化高校环境的重要功能。大学生志愿者在帮助他人、服务社会的过程中，致力于倡导见义勇为、无私奉献、团结互助的良好社会风尚，在潜移默化中营造与人为善、助人为乐的校园氛围。

（三）有利于促进社会的稳定发展

1．实现社会资源使用合理化

大学生是高素质和高质量的人力资源的代表，应对这类资源进行充分的开发和优化。通过科技文化知识的培训，以及实战操作的经验，可以提高大学生志愿者理论联系实际的能力、研究能力、团队协作能力等。大学生通过参与国家和政府批准的各项计划，一方面，可以缓解大学生的就业压力，另一方面，可以弥补当地人力短缺的问题。大学生志愿者作为重要的社会资源，通过在全国各个地方开展志愿服务活动，可以实现人力资源的有效使用。

2．促进社会公平和谐发展

大学生志愿者以志愿服务秉承“奉献、友爱、团结、互助”的理念开展各种形式的活动，力图创造出一幅人与人之间，人和自然之间和谐相处的美好景象。而构建社会主义和谐社会的理念，立足于人民群众当家作主的基础，最终目的也是实现人与人之间、人与自然之间和谐共处、协调发展的社会格局。

大学生志愿服务所倡导的“奉献、友爱、互助、进步”精神，是大学生志愿服务活动的体现。无论大学生志愿者的事业如何扩展，关注人类发展、关怀人类群体仍然是它最重要、最基本的一面，坚守“以人为本”是其蕴涵的深层理念，这与构建社会主义和谐社会中“以人为本”的核心理念具有本质上的一致性。大学生志愿服务的精神及其活动，用一种生动的方式诠释了“以人为本”的理念。志愿精神所体现的人与人之间的相互关系，人与社会之间的相互融合，与建设社会主义和谐社会的“和谐”本质要求是一致的。其彰显了“奉献、友爱、互助、进步”的思想。

第四节　各类竞赛活动

一、大学生职业技能竞赛

（一）大学生职业技能竞赛的目的

大学生职业技能竞赛旨在通过竞赛考核与展示高校学生应掌握的专业核心技能与知识，推进相关专业建设与教学改革；实现专业与产业对接、课程内容与职业标准对接、教学过程与生产过程对接；提高职业教育的社会认可度；促进职业教育校企合作的深入开展；提升职业教育的社会服务能力。

（二）全国职业院校技能大赛

全国职业院校技能大赛（National Vocational Student Skills Competition）是教育部发起并牵头，联合国务院有关部门及有关行业、人民团体、学术团体和地方共同举办的一项公益性、全国性职业院校学生综合技能竞赛活动。全国职业院校技能大赛以“大赛点亮人生，技能改变命运”为主旨，每年举办一届，是专业覆盖面最广、参赛选手最多、社会影响最大、联合主办部门最全的国家级职业院校技能赛事。

2023 年全国职业院校技能大赛将于 5 月至 9 月，在 31 个赛区举行，共设 134 个赛项。大赛开幕式将于今年 5 月职业教育活动周期间（5 月 14 日至 20 日）在山东潍坊举行。

创建职业技能大赛，是我国教育改革的一项重大制度设计与创新，更是职业教育在人才评价机制和选拔机制上的一次重要尝试。一个国家人力资源的合理配置，既需要一批具有科学研究能力的学术型人才，也需要大量具有实际操作能力的实用型人才。“普通教育有高考，职业教育有大赛”，经过多年探索后提出的两条平行轨道的制度设计，充分说明了职业教育的重要性。

职业教育是与社会、生产实际联系最为紧密的教育。职业技能大赛是对职业教育深化改革、加快改革所取得成果的检阅平台，可以积极推动职业教育改革发展的新路子和职业院校技能竞赛的制度化建设，从而促进职业教育“以服务为宗旨、以就业为导向”办学方针的进一步落实，推动“工学结合、校企合作、顶岗实习”人才培养模式的不断完善。

职业教育在我国起步较晚，社会对职业教育的认可度较低。举办技能大赛给职业学校提供一个展示教学成果的平台，也为参赛选手提供了一个自我实践能力展示的平台。通过这个平台，大学生可开阔眼界，认识到自己今后努力的目标和方向，并找到自我价值。同时，技能大赛还能让职业学校的大学生感受到对职业教育的信心和对成才的渴求了解企业和社会对人才需求的要求与标准，认识到自己具备的实践能力和需求之间的差距，并在今后的学习中弥补不足，努力提升实践能力，最终实现自我社会价值。

二、大学生创新创业大赛

在经济新常态下，坚持就业优先，以创业带动就业不仅是解决大学生就业的有效途径，而且是实现大众创业、万众创新，带动中国新一轮发展的新引擎。

1．“挑战杯”大学生创业计划竞赛

“挑战杯”系列竞赛被誉为中国大学生科技创新创业的“奥林匹克”盛会，是由共青团中央、中国科学技术协会、教育部、中华全国学生联合会和地方省级政府共同主办，国内著名大学承办、新闻媒体联合发起的全国竞赛活动，是目前国内大学生极关注的热门的全国性竞赛，也是全国最具代表性、权威性、示范性、导向性的大学生竞赛。

“挑战杯”大学生创业计划竞赛采取学校、省（自治区、直辖市）和全国三级赛制，分预赛、复赛、决赛三个赛段进行。大力实施“科教兴国”战略，努力培养广大青年的创新、创业意识，造就一代符合未来挑战要求的高素质人才，已经成为实现中华民族伟大复兴的时代要求。作为学生科技活动的新载体，创业计划竞赛在培养复合型、创新型人才，促进高校产学研结合，推动国内风险投资体系建立方面发挥出越来越积极的作用。

2.“创青春”全国大学生创业大赛

“创青春”全国大学生创业大赛是为贯彻落实习近平总书记系列重要讲话和党中央有关指示精神，适应大学生创业发展的形势需要，在原有“挑战杯”大学生创业计划竞赛的基础上，共青团中央、教育部、人力资源社会保障部、中国科学技术协会、中华全国学联合会共同组织开展的赛事，每两年举办一次。

大赛以“中国梦，创业梦，我的梦”为主题，以增强大学生创新、创意、创造、创业的意识和能力为重点，以深化大学生创业实践为导向，着力打造权威性高、影响面广、带动力大的全国大学生创业大赛。

以此为带动，将大学生的创业梦与中国梦有机结合，打造深入持久开展“我的中国梦”主题教育实践活动的有效载体；将激发创业与促进就业有机结合，打造整合资源服务大学生创业就业的工作体系和特色阵地；将创业引导与立德树人有机结合，打造增强大学生社会责任感、创新精神、实践能力的有形工作平台。

3. “互联网+”大学生创新创业大赛

大学生是实施创新驱动发展战略和推进大众创业、万众创新的重要力量。他们既要认真扎实学习，掌握更多知识，也要投身创新创业，提高实践能力之中。中国“互联网+”大学生创新创业大赛，紧扣国家发展战略，是促进学生全面发展的重要平台，也是推动产学研用结合的关键纽带。

2020 年 11 月 17—20 日，第六届中国国际“互联网+”大学生创新创业大赛在广东华南理工大学举行，大赛以“我敢闯、我会创”为主题，积极克服疫情的不利影响，打造了一场汇聚世界“双创”青年同场竞技、相互促进、人文交流的国际盛会。第六届中国国际“互联网+”大学生创新创业大赛设置了高教、职教、国际、萌芽四大版块。2020 年，1088 所高校的 3.8 万余个项目入选“国家级大学生创新创业训练计划”，参与学生人数共计 16 万余人，项目经费达 7.6 亿元。

第六届中国国际“互联网+”大学生创新创业大赛高教主赛道省市优秀组织奖 10 个，高校集体奖 20 个，冠军 1 名、亚军 2 名、季军 3 名，单项奖项目 4 个，金奖项目 104 个、银奖项目 214 个、铜奖项目 772 个；“青年红色筑梦之旅”赛道省市优秀组织奖 8 个，高校集体奖 29 个，单项奖项目 4 个，金奖项目 23 个、银奖项目 59 个、铜奖项目 127 个；职教赛道单项奖项目 1 个，金奖项目 25 个、银奖项目 60 个、铜奖项目 128 个；萌芽版块单项奖项目 1 个，创新潜力奖项目 20 个。

第六届中国国际“互联网+”大学生创新创业大赛作为大众创业万众创新的重要平台，集中展示了蕴含在青年学生中的创新力量。项目科技水平大幅提升，从模式创新逐步转向技术创新，大批高精尖项目竞相涌现，体现了信息技术、航空航天、量子信息、新材料等重点领域的前沿趋势和最新成果，很多项目都已经进入行业发展的“无人区”，或者成为行业领跑者，青年学子创新创业的热情被激发点燃。

思 考 题

1. 勤工助学活动主要有哪几种类型？你是否想要参与勤工助学，为什么？
2. 如何寻找实习单位？实习过程中应注意哪些问题？
3. 大学生志愿服务活动主要涵盖哪些领域？你是否参与过志愿服务活动？对于志愿服务活动，你是如何认识的？

参 考 文 献

[1] 郑柏松，熊楚舒，李宁．高职院校新生入学教育教程[M]．北京：高等教育出版社，2020．
[2] 温道军．大学生入学教育读本[M]．青岛：中国海洋大学出版社，2019．
[3] 李国春，邓如涛．大学生入学教育[M]．长沙：湖南师范大学出版社，2019．
[4] 叶飞松．助力新起点：高职新生入学教育读本[M]．北京：中国人民大学出版社，2019．
[5] 张新有．新生入学教育[M]．镇江：江苏大学出版社，2018．
[6] 张大凯，聂彩林，胥长寿．高职学生入学教育读本[M]．北京：航空工业出版社，2018．
[7] 朱伟新．大学生入学教育读本[M]．北京：中国人民大学出版社，2016．
[8] 丁宁涛．高职大学生入学教育[M]．广州：华南理工大学出版社，2016．
[9] 万玉青，李运楼，李尊华．新生入学教育与适应训练指导[M]．北京：航空工业出版社，2016．
[10] 吴勇军，李久昌．高职新生入学教育读本[M]．郑州：河南科学技术出版社，2016．
[11] 赵强．大学生入学教育读本[M]．北京：中国人民大学出版社，2015．
[12] 鲁禄．高校入学教育新论[M]．兰州：兰州大学出版社，2013．
[13] 刘梦迪．大学生志愿服务德育研究[D]．西安：西安理工大学，2019．
[14] 吴丹丹．当代大学生志愿服务活动研究[D]．南京：东南大学，2018．
[15] 刘严泽．高职院校学生勤工助学现状、问题及改革途径研究[D]．苏州：苏州大学，2013．